Medienereignisse der Moderne

Medienereignisse der Moderne

Herausgegeben von
Friedrich Lenger und Ansgar Nünning

Einbandgestaltung: Peter Lohse, Büttelborn

Einbandbild: Der Untergang der Titanic,
Foto: bpk/Bildarchiv Preußischer Kulturbesitz, Berlin

Die Deutsche Nationalbibliothek verzeichnet diese Publikation in der Deutschen Nationalbibliografie; detaillierte bibliografische Daten sind im Internet über http://dnb.d-nb.de abrufbar.

Die Herausgabe dieses Werkes wurde durch die Vereinsmitglieder der WBG ermöglicht.
Satz: Janß GmbH, Pfungstadt
Gedruckt auf säurefreiem und alterungsbeständigem Papier
Printed in Germany

Besuchen Sie uns im Internet: www.wbg-darmstadt.de

ISBN 978-3-534-20367-3

Inhaltsverzeichnis

Friedrich Lenger

Einleitung

Medienereignisse der Moderne

„Was wir über unsere Gesellschaft, ja über die Welt, in der wir leben, wissen, wissen wir durch die Massenmedien.“[1] Dieser vielzitierte Satz Niklas Luhmanns beansprucht Gültigkeit für einen „Beobachtungszeitraum, der im Prinzip bis zum Wirksamwerden der Druckpresse zurückreicht“, das heißt für einen Zeitraum, in dem die Kommunikation unter Anwesenden zunehmend ergänzt, zum Teil wohl auch verdrängt wird durch Kommunikation mittels technisch vervielfältigter Medien.[2] Nun nimmt das von der Deutschen Forschungsgemeinschaft geförderte Gießener Graduiertenkolleg ‚Transnationale Medienereignisse von der Frühen Neuzeit bis zur Gegenwart‘, das die Ringvorlesung veranstaltet hat, auf die der vorliegende Band zurückgeht, in der Tat den gesamten Zeitraum seit der Durchsetzung des Buchdrucks in Europa in den Blick.[3] Gleichwohl liegt auf der Hand, dass sich (nicht nur) die technischen Kommunikationsbedingungen innerhalb dieses Gesamtzeitraums sehr grundlegend verändert haben.

Das gilt insbesondere für die in diesem Buch im Mittelpunkt stehende ‚Moderne‘, eine Epoche, um deren Kennzeichnung, Datierung und Abgrenzung verschiedene Disziplinen seit geraumer Zeit intensiv ringen. Darauf umfassend einzugehen, würde jedoch den Rahmen jeder Einleitung sprengen. Besonderes Interesse verdienen aus medienhistorischer Sicht aber solche Theorieansätze, die die Moderne selbst historisieren und in einer dergestalt historisierten Moderne den Massenmedien einen angemessenen Platz zuweisen. So hat etwa Peter Wagner eine historische Soziologie der Moderne entworfen, die im ausgehenden 19. Jahrhundert eine organisierte Moderne beginnen lässt, die sich in wichtigen Aspekten von einer vorhergehenden liberalen Moderne absetzt.[4] Andreas Reckwitz hat parallel dazu zu zeigen versucht, wie zeitgleich die audiovisuell geprägte Kommunikationskultur des Angestellten die Dominanz der klassisch-bürgerlichen Schriftkultur ablöst.[5]

Aus medienhistorischer Sicht fallen diese idealtypischen Konstruktionen sicherlich allzu holzschnittartig aus, lenken aber doch zumindest den Blick auf eine medien- und kommunikationsgeschichtliche Zäsur, die die Rede von einer nachbürgerlichen Moderne rechtfertigt. Unlängst ist sie auch als „massenmediale Sattelzeit“ bezeichnet worden.[6] Damit ist mit Blick auf ihren Beginn, also das ausgehende 19. Jahrhundert, zum einen das Vordringen der – immer stärker auch bebilderten – Massenpresse in dessen letztem Drittel gemeint, zum anderen die Revolutionierung der Raum-Zeit-Relation durch den Siegeszug der elektrischen Telegraphie, die Mitte der 1860er Jahre mit direkten Verbindungen zwischen England und Indien, Europa und den USA die Übermittlungsgeschwindigkeit von Nachrichten von räumlichen Distanzen unabhängig zu machen schien. Beide Entwicklungen gingen einher mit der Entstehung weltweit operierender Nachrichtenagenturen und seit den späten 1860er Jahren der Aufteilung der (Nachrichten-)Welt zwischen ihnen.[7]

Besonders gut greifbar ist der damit angesprochene mediengeschichtliche Wandel im Blick auf Schlüsselereignisse, die einen Prozess gesamtgesellschaftlicher Kommunikation auslösten und deshalb als Medienereignisse bezeichnet werden können. In ihnen verdichten sich nicht allein zentrale Thematiken der jeweiligen Zeit, sondern anhand ihrer medialen Repräsentation lässt sich auch sehr gut die Entstehung transnationaler Kommunikationsräume nachzeichnen. Beide Aspekte bezeichnen keine Spezifika der Moderne. Auch das Erdbeben von Lissabon im Jahre 1755 war ein weltweit kommentiertes Geschehen. Gleichwohl bedeutete die im vorliegenden Band behandelte Moderne hier einen Einschnitt nicht allein wegen der angedeuteten Globalisierung des Nachrichtenmarktes, sondern auch und vor allem wegen der zunehmenden Simultanität der Nachrichtenübermittlung. Hatte die Nachricht vom Lissaboner Erdbeben London erst Wochen später erreicht, erfuhren gut 200 Jahre später die amerikanischen Fernsehzuschauer schon am Tage der Ermordung Kennedys auch von den Reaktionen darauf in Japan oder der Sowjetunion. Das verstärkte das Medienereignisse überhaupt auszeichnende Charakteristikum der Selbstreferenzialität, also den Trend zur Berichterstattung über die Berichterstattung, auf das noch zurückzukommen sein wird. Zunächst aber vollzog sich der Übergang zur Moderne (im oben angedeuteten Verständnis) durchaus zögerlich. Die Kabelverbindung zwischen England und Indien etwa kam erst als Antwort auf den mit beträchtlicher Verzögerung ins Mutterland gemeldeten und seither im Englischen als ‚Indian mutiny‘ bezeichneten Aufstand zustande.[8] Darüber hinaus sorgten lange Belichtungszeiten und ungelöste technische Probleme bei der Integration von Photographien in den Zeitungsdruck dafür, dass die Aufnahmen der in Indien präsenten Photographen – wie zuvor schon während des Krimkrieges – erst gegen Ende des 19. Jahrhunderts massenhafte Verbreitung fanden und sich gegen bereits etablierte Bildmedien nur allmählich durchsetzten.[9] Das gilt es beim Blick auf die in diesem Band behandelten Medienereignisse zu beachten, die in ihrer zeitlichen Abfolge eben ganz unterschiedliche Medienensembles widerspiegeln, die teils von der Massenpresse, teils vom Radio und später vom Fernsehen dominiert wurden.

Nun sind Medienereignisse weit mehr als bequeme Indikatoren des mediengeschichtlichen Wandels oder der Emergenz globaler Kommunikationsräume. Vielmehr scheint die Thematisierung kultureller Problemlagen an Schlüsselereignisse geradezu gebunden, wie etwa die kurzen Konjunkturen des Themas ‚Klimawandel' im Gefolge einzelner Katastrophen oder anlässlich der Live-Earth-Konzerte im Sommer 2007 anzeigen. Zudem weisen Medienereignisse eine ganze Reihe von Gemeinsamkeiten auf, die für ihr Funktionieren offenkundig unverzichtbar sind. „Erst ein Minimum von Vorher und Nachher konstituiert die Sinneinheit, die aus Begebenheiten ein Ereignis macht."[10] Diese Sinnhaftigkeit, die überhaupt erst ein Ereignis konstituiert, ist also gebunden an die Integration des Geschehens in eine Erzählung. Letztere erfährt im Prozess der medialen Repräsentation regelmäßig einen Prozess der Konzentration und Verdichtung bis hin zur Kristallisation in einem einzigen Bild. Das auf zwei Hochhaustürme, von denen einer in Flammen steht, zusteuernde Flugzeug ist eine solche Ikone, die sich sowohl aufgrund ihrer unaufhörlichen Wiederholung als auch wegen ihrer ästhetischen Anmutung unauslöschlich in das Gedächtnis der Fernsehzuschauer des 11. September 2001 eingebrannt hat. Es steht seither nicht nur in New York stellvertretend für die Anschläge dieses Tages. Noch deutlicher veranschaulicht diesen Verdichtungs- und Ikonisierungsprozess das Photo Hanns Martin Schleyers als Gefangenem der RAF, in dem zumindest retrospektiv die Bedrohung durch die RAF zusammenfließt. Dabei hängt die Wirksamkeit und Erinnerungsmacht solcher zu Ikonen verdichteter Erzählmuster auch davon ab, dass sie von einer Vielzahl von Medien verbreitet werden. Fernseh- und Zeitungsbilder, Romane und Filme, aber auch Comics wie Art Spiegelmans ‚In the shadow of no towers' rufen immer wieder schlagbildartig die Eindrücke vom Geschehen des 11. Septembers ins Gedächtnis zurück. Zugleich bedürfen aber die Narrativisierung und Ikonisierung auch vorangehender Deutungsmuster, wie – nicht nur – am 11. September in der wiederholten Erinnerung an Pearl Harbor als einem vermeintlich vergleichbaren Ereignis deutlich geworden ist.

Der Hinweis auf die narrative Struktur auch von Medienereignissen hat bereits die Scheidung zwischen repräsentiertem Geschehen und medialer Präsentation problematisiert. Einige der Beiträge zu diesem Band zitieren hierzu die umfangreiche Literatur der daran anknüpfenden Theorie des Ereignisses, insbesondere des Medienereignisses. Hier soll es ausreichen zu unterstreichen, dass diese Problematisierung nicht an einen Typ von Medienereignis gebunden ist, der in der Moderne stark an Bedeutung gewinnt und dadurch gekennzeichnet ist, dass es nicht mehr um die Repräsentation historischen Geschehens, sondern um die Repräsentation eines Geschehens geht, das entweder von vornherein mit Blick auf die mediale Repräsentation inszeniert worden ist oder diese zumindest von Beginn an im Blick hat. Daniel Dayan und Elihu Katz haben diesbezüglich in einem einflussreichen Buch vom „live broadcasting of history" gesprochen und die Unterscheidung der hier differenzierten Medienereignistypen an einem Beispiel deutlich zu machen gesucht: „Thus, we are interested here in the Kennedy funeral – a great ceremonial event – and not the Kennedy assassination – a great news event."[11] Auch wenn man die hier eingeführte Unterscheidung zwischen zeremoniellen und Nachrichten-Ereignissen für nicht ausreichend hält, wird man die große Bedeutung von Ereignissen zugestehen müssen, die auch wegen ihrer medialen Wirkung inszeniert wurden. Von den in diesem Band behandelten Ereignissen ist das bei Thronjubiläen oder großen Sportereignissen wie Olympischen Spielen und Fußballweltmeisterschaften wohl am offensichtlichsten, aber es wäre auch an die Inszenierung des medientechnischen Fortschritts wie etwa bei der Einführung des Farbfernsehens oder an zum Ereignis stilisierte Medienformate wie *Big Brother* zu denken.[12]

Es geht in diesem Band also nicht in erster Linie darum, eine möglichst bunte Palette von Medienereignissen zu präsentieren, die vom Untergang der Titanic bis zur ersten Mondlandung, von den Attentaten auf Wilhelm I. bis zum Irak-Krieg allen Lesern erinnerliche Schlüsselevents vorstellen. Vielmehr geht es um die Funktionsweise verschiedener Typen von Medienereignissen in ihrem jeweiligen medienhistorischen Kontext und damit indirekt auch um die Förderung einer reflektierten Mediennutzung. Dabei fallen die inhaltlichen Schwerpunktsetzungen nicht nur wegen der thematisierten Ereignisse ganz unterschiedlich aus und reichen von der Frage, mit welchen Mitteln mediale Repräsentationen von Ereignissen als realistisch gekennzeichnet werden, bis zur Frage nach dem Stellenwert der Zeitstrukturen bei der Repräsentation und Produktion eines Ereignisses. Dennoch bietet die Mehrzahl der Autoren des Gießener Graduiertenkollegs ‚Transnationale Medienereignisse von der Frühen Neuzeit bis zur Gegenwart' eine gewisse Einheitlichkeit in den Grundfragestellungen. Diese Einleitung hat versucht, sie grob zu umreißen. Gleichwohl unterscheiden sich die Herangehensweisen der an diesem Kolleg beteiligten Disziplinen so deutlich voneinander, dass die Beiträge von Literaturwissenschaftlern (Isekenmeier, Nünning, Rupp), Historikern (Bösch, Dietze, Reichardt) oder Sozialwissenschaftlern (Leggewie, Morgner) auch jenseits der Individualität ihrer Verfasser ein ganz eigenes Gepräge haben. Zugleich aber war es uns wichtig, auch alternative und konkurrierende Ansätze einzubeziehen, sei es in Richtung der Medienphilosophie (Engell), der Erinnerungskultur (Uhl) oder auch des Überlappungsbereichs von Sport- und Zeitgeschichte (Becker, Brüggemeier).

Chronologisch setzt der vorliegende Band mit einem Beitrag zur Revolution von 1848 ein, der nicht zuletzt zeigt, wie entwickelt die Medienlandschaft gerade auch hinsichtlich nationenübergreifender Nachrichten- und Bildverbreitung schon vor dem Beginn der Moderne in dem oben skizzierten Verständnis war. Darauf folgen zwei Beiträge, die aus der jeweils ganz unterschiedlichen Perspektive des Attentatsopfers oder der Jubilarin zwei europäische Monarchen des späten 19. Jahrhunderts in den Blick nehmen, von denen die eine, Queen Victoria, kürzlich als „first media monarch" gewürdigt worden ist.[13] Eine solche Kennzeichnung ist aber letztlich weniger an die Person Victorias gebunden als an die oben skizzierte Durchsetzung der Massenpresse, die im ausgehenden 19. Jahrhundert auch die Monarchen anderer Nationen zu erhöhter Medienpräsenz zwang. Die Massenpresse und nicht zuletzt die Konkurrenz zwischen verschiedenen Blättern prägten auch die zeitgenössischen Berichte vom Untergang der Titanic, während die anhaltende Präsenz des Ereignisses sich immer wiederkehrenden Thematisierungen vor allem im Medium des Films verdankt. Man könnte hier in erinnerungskultureller Perspektive von Überschreibungen sprechen, denen auch die Beiträge zu den Olympischen Spielen von 1936 in Berlin und zum deutschen Gewinn der Fußballweltmeisterschaft von 1954 nachgehen. Insbesondere die Kontrastierung der ursprünglichen Berichterstattung mit der Kommentierung anlässlich der 50. Wiederkehr im Jahre 2004 macht deutlich, wie weit spätere Bedeutungszuschreibungen sich von den ursprünglichen Plots und Erzählmustern entfernen können. In medienhistorischer Perspektive fallen beide Sportereignisse in eine Zeit, die in hohem Maße vom Rundfunk geprägt wurde, während das Fernsehen seinen Siegeszug in Europa eigentlich erst in den 1960er und 1970er Jahren antrat. In den Vereinigten Staaten geschah dies etwas früher, so dass die Ermordung Kennedys bereits von einer beträchtlichen Zuschauerzahl im Rahmen einer Direktübertragung gesehen wurde. Dennoch bedurfte es – so argumentiert zugespitzt Lorenz Engell – des Apollo-Programms, um das Fernsehen als (Leit-)Medium zu etablieren. Durchsetzung bedeutete indessen – wie bei früheren Medieninnovationen auch – keineswegs die Verdrängung der bereits etablierten Medien. Man könnte sagen, dass die TV-Serie *Holocaust* nur deshalb zum Medienereignis werden konnte, weil sie in der Presse (und im Rundfunk) dermaßen intensive Resonanz fand. Mit dem 11. September und dem letzten Irak-Krieg greifen die beiden abschließenden Beiträge Ereignisse auf, die uns allen noch ganz unmittelbar vor Augen stehen. Dieses Vor-Augen-Stehen verdankt sich nicht zuletzt der gezielten Erzeugung des Eindrucks von Realismus, wie Guido Isekenmeier anhand der Fernsehbilder vom Irak-Krieg zeigt. Wie andere Beiträge auch ermöglicht er uns damit einen kritischen Blick auf die mediale Repräsentation von Ereignissen, hinter die wir nicht zurückkönnen, weil es keinen unmittelbaren Zugriff auf das Geschehene gibt. Das sollte uns aber nicht hindern, daran erinnert nachdrücklich Claus Leggewies Beitrag, ereignishaft verdichtete Konflikte auch jenseits ihrer medialen Spiegelung ernst zu nehmen und hinsichtlich der beteiligten Akteure genau zu analysieren. Nicht nur im Terrorismus des 21. Jahrhunderts handelt es sich hier um blutigen Ernst.

Die Beiträge zu diesem Band sind erstmals im Wintersemester 2006/2007 im Rahmen einer Ringvorlesung an der Justus-Liebig-Universität Gießen vorgestellt worden, die das Gießener Graduiertenkolleg ,Transnationale Medienereignisse von der Frühen Neuzeit bis zur Gegenwart' in Zusammenarbeit mit dem Zentrum für Medien und Interaktivität, dem Sonderforschungsbereich ,Erinnerungskulturen' und dem im Rahmen der Exzellenzinitiative geförderten International Graduate Centre for the Study of Culture organisiert hat. Die Herausgeber fühlen sich dem Koordinator des Graduiertenkollegs, Marko Karo, für seine umsichtige und unermüdliche Unterstützung zu großem Dank verpflichtet und danken darüber hinaus den Kolleginnen und Kollegen, die diese Gießener Forschungseinrichtungen maßgeblich tragen, sowie der Deutschen Forschungsgemeinschaft, die das Graduiertenkolleg ,Transnationale Medienereignisse' seit November 2003 fördert.

Anmerkungen

1 Niklas Luhmann, Die Realität der Massenmedien, 3. Auflage, Wiesbaden 2004, S. 9.

2 Ebd., S. 21.

3 Vgl. stellvertretend unseren Ausstellungskatalog: Unvergessliche Augenblicke. Die Inszenierung von Medienereignissen, Museum für Kommunikation Frankfurt, Frankfurt a. M. 2006.

4 Vgl. Peter Wagner, Soziologie der Moderne. Freiheit und Disziplin, Frankfurt a. M. 1995.

5 Andreas Reckwitz, Das hybride Subjekt. Eine Theorie der Subjektkulturen von der bürgerlichen Moderne zur Postmoderne, Weilerswist 2006, bes. S. 381 ff.

6 Habbo Knoch/Daniel Morat, Medienwandel und Gesellschaftsbilder 1880–1960. Zur historischen Kommunikologie der massenmedialen Sattelzeit, in: dies. (Hrsg.), Kommunikation als Beobachtung. Medienwandel und Gesellschaftsbilder 1880–1960, München 2003, S. 9–33, hier S. 10.

7 Vgl. nur John B. Thompson, The Media and Modernity. A Social Theory of the Media, Stanford, CA 1995, S. 151 ff.

8 Vgl. Astrid Erll, Prämediation – Remediation. Repräsentationen des indischen Aufstands in imperialen und postkolonialen Medienkulturen (von 1857 bis zur Gegenwart), Trier 2007.

9 Vgl. vor allem Ulrich Keller, The Ultimate Spectacle. A Visual History of the Crimean War, Amsterdam 2001.

10 Reinhart Koselleck, Darstellung, Ereignis und Struktur, in: Gerhard Schulz (Hrsg.), Geschichte heute. Positionen, Tendenzen, Probleme, Göttingen 1973, S. 307–317, hier S. 307; vgl. vor allem Ansgar Nünning, Wie aus einem historischen Geschehen ein Medienereignis wird: Kategorien für ein erzähltheoretisches Beschreibungsmodell, in: Georg Maag/Martin Windisch (Hrsg.), Der Krimkrieg als erster europäischer Medienkrieg, Münster 2007.

11 Daniel Dayan/Elihu Katz, Media Events. The Live broadcasting of History, Cambridge, MA 1992, S. 9.

12 Vgl. z. B. Mathias Mertens, Druck auf Knopf: Farbfernsehen begann, in: Unvergessliche Augenblicke, S. 86–92.

13 John Plunkett, Queen Victoria: The First Media Monarch, Oxford 2003.

Rolf Reichardt

„das größte Ereignis der Zeit"[1]

Zur medialen Resonanz der Pariser Februarrevolution

Deutsche Pressemeldungen: „Zum dritten Male schallt die Freiheit über unsere Berge"[2]

„Revolution in Paris – Die Republik proclamirt" lautete die fett gedruckte Schlagzeile eines Plakats im Quart-Format, das am „Samstag, 26. Februar 1848, Abends 7 Uhr" – so die minutiöse Datierung – als *Extrablatt zur Kölnischen Zeitung* veröffentlicht wurde. Diese erste deutsche Meldung von der Februarrevolution war ebenso sensationell wie lapidar:

> „Wir erhalten so eben Berichte aus Paris vom 24. Februar, wonach an jenem Tage dort eine förmliche Revolution ausgebrochen ist. [...] Das Nähere, so wie heute Nacht etwa eingehende Berichte, theilen wir in der zweiten Ausgabe der Sonntags-Nummer mit."

Tatsächlich erhielt die *Kölnische Zeitung* von einem Reisenden aus Paris gerade noch rechtzeitig die neueste Nummer der Tageszeitung *La Presse,* um daraus in der angekündigten sonntäglichen Mittagsausgabe eine geradezu enthusiastische Schilderung der Feststimmung zu übersetzen, die in der französischen Hauptstadt nach der Entlassung des Ministeriums Guizot am 23. Februar herrschte:

> „Acht Uhr Abends. Alle Viertel von Paris haben von freien Stücken illuminirt; die Straßen von St. Denis und St. Martin und die ganze Boulevardlinie gewähren ein feenhaftes Schauspiel. Das Volk durchwogt in Massen mit Fackeln die Straßen. Man singt patriotische Hymnen und fährt fort zu rufen: ‚Es lebe die Reform!'"[3]

Noch in der Abendausgabe desselben Tages rückte die *Kölnische Zeitung* ihre weiteren Revolutionsnachrichten auf die Titelseite, denn sie konnte nun aus vier Briefen von Pariser Korrespondenten vom 24. Februar schöpfen.[4] Und nachdem sie in einem neuen *Extrablatt* versichert hatte: „Paris ist ruhig!"[5], eröffnete sie schließlich ihre erste Märznummer mit einer eigenen, kompakten Darstellung der „pariser Ereignisse", die vermutlich von Chefredakteur Johannes Binkowski stammte:

„Die Reform-Manifestation, welche die pariser Bevölkerung, Frankreich, die ganze Welt, gespannt hielt, hat den unerwartetsten Ausgang genommen. – Unerwartet für die Regierung, aber noch viel unerwarteter für die Opposition! [...] Und – unergründliche Fügung der Fursehung! – die Emeute ist gekommen; sie ist innerhalb dreier Tage von einem Atome Schnee zu einer Lawine herangewachsen, sie hat den Juli-Thron zerschmettert, die Regierung vernichtet, die Opposition ins Nichts verwiesen und der bestürzten Welt ihren Sieg durch ein Wort verkündigt, das uns alle wie ein Donnerschlag getroffen, dessen Widerhall vielleicht morgen schon ‚Allgemeiner Krieg' lauten wird. – Dieses Wort heißt: – *Republik!*"[6]

Im Medium einer liberalen deutschen Zeitung hat sich hier innerhalb kürzester Zeit aus der ersten Pariser Fremdmeldung das ebenso umfassende wie komprimierte eigene Bild eines zeitgenössischen Ereignisses von internationaler Wirkung entwickelt – längst bevor Nachrichten über die Berliner, Wiener und Mailänder Barrikadenkämpfe die europäische Dimension der 48er Revolution offensichtlich machten. Das Ereignis ‚Februarrevolution', wie es die *Kölnische Zeitung* darstellt, erhält seine Dramatik und überragende Bedeutung dadurch, dass es fünf Hauptelemente in sich vereinigt:

- erstens vorbereitend die internationale Aufmerksamkeit für das politische Geschehen in Paris schon vor Ausbruch der Februarunruhen;
- zweitens die überraschende Zuspitzung und plötzliche Wendung dieses Geschehens;
- drittens die unaufhaltsame Naturgewalt der Volkserhebung, die einer höheren Vorsehung zu gehorchen scheint;
- und viertens rückblickend eine Neuperspektivierung der Geschichte Frankreichs. Denn was anfangs als kleine ‚Emeute' erschien, erweist sich im Ereignisverlauf als folgerichtige Fortsetzung, ja als Vollendung der französischen Revolutionen von 1789 und 1830 und bekräftigt somit die demokratisch-republikanische Zielrichtung der Zeitgeschichte. Und da Frankreich nach wie vor als politisches Experimentierfeld Europas galt, bedeutete diese erneute und verstärkte Verbindung von Revolution und Republik für das monarchische Deutschland eine ganz besondere politische Provokation.
- Damit hängt schließlich – fünftens – eine vorausschauende Schlussfolgerung zur möglichen europäischen Resonanz und Wirkung des Ereignisses zusammen: „Die dritte pariser Revolution enthält Lehren, welche zu benutzen der befremdende Charakter derselben uns ja nicht verhindern darf. [...] Die dritte pariser Revolution ist kein Zwischenfall; sie ist die Frucht einer achtzehnjährigen Verkennung des Geistes Frankreichs und der Zeit."[7] Angesichts der noch amtierenden Zensur war das eine vorsichtig verklausulierte, letztlich aber deutliche Warnung an die deutschen

Fürsten, die verhängnisvollen Fehler des Bürgerkönigs Louis-Philippe – ‚Egoismus', Distanzierung vom Volk und Verstöße gegen die Freiheitsrechte der *Charte* – zu vermeiden. Schon allein wie die *Kölnische Zeitung* hier von der Narration der Februarrevolution zur Reflexion über dieselbe übergeht, ist aufschlussreich; kennzeichnet es doch überragende Medienereignisse, dass sie im Anschluss an die Berichterstattung eine internationale Debatte auslösen.

Doch nicht allein die Artikel der *Kölnischen Zeitung*, auch ihre journalistische Strategie und ihr publizistischer ‚Kontext' trugen zur medialen Profilierung der Februarrevolution bei.

Gemeint ist zum einen die planvoll gesteigerte Aktualität des auf Schnelldruckpressen von König & Bauer hergestellten Blattes. Nicht genug damit, dass die *Kölnische Zeitung* ohnehin dreimal täglich erschien – anlässlich der Februarrevolution brachte sie überdies Extrablätter heraus, welche die sechsspaltigen Folio-Seiten der Hauptausgaben auf ein handliches Format reduzierten und – statt deren kaum überschaubare Textfülle auszubreiten – die Neugier des Publikums mit wenigen Schlagzeilen anfachten. Mehr noch: Kurz vor Einführung der elektrischen Telegraphie[8] wusste die Kölner Redaktion die von den Nachrichtenagenturen Havas und Reuter neu eingerichtete Taubenpost der Strecke Paris – Brüssel – Aachen so geschickt zu nutzen, dass sie die aktuellen Informationen aus der französischen Hauptstadt sechzehn Stunden früher erhielt als alle anderen deutschen Tagesblätter.[9] Als am 28. Februar in der Berliner Zeitungshalle[10] einer zahlreich versammelten Menschenmenge die neuesten Pariser Nachrichten vorgelesen wurden,[11] war die *Kölnische Zeitung* zweifellos eine der ersten Informationsquellen. Begann sich mit dem Nachrichtenfieber um die Februarrevolution, wie ein Zeitzeuge berichtet, in den Berliner Lesekabinetten, Wirtshäusern und Kneipen doch ein neuartiges ‚öffentliches Leben' zu entfalten:

> „Die wenigen Blätter, welche Nachrichten aus Paris brachten, genügten der Lesewut des Publikums in keiner Weise. Sobald eine neue Zeitung ankam, durfte sie nicht ein einziger in Beschlag nehmen; der sie erhielt, wurde durch den Ruf der zahlreichen Mitgäste gezwungen, auf einen Stuhl oder Tisch zu steigen und laut den Inhalt zu verlesen. Und kaum war die Vorlesung beendet, da begann sofort eine aufgeregte Debatte über den Inhalt der Zeitung."[12]

Umso mehr dürften es in der rheinischen Domstadt selbst zuallererst die Revolutionsmeldungen der *Kölnischen Zeitung* gewesen sein, die leidenschaftliche Kundgebungen unter der Bevölkerung auslösten:

> „Die Republik in Frankreich! Ein Blousenmann unter den Häuptern der Regierung! Gleichheit und Brüderlichkeit! Das war für das Kölner Volk zum Entzücken,

> und die Marseillaise spielte in allen Caffeehäusern mit Gesangbegleitung. Umsonst zischten andere darein und ließen zur Sühne das ‚Heil dir im Siegerkranz' spielen, aber die Musik wurde ausgepfiffen, sie musste verstummen."[13]

Auf jeden Fall erwarb sich die *Kölnische Zeitung* mit ihren Berichten über die Februarrevolution so großes Ansehen, dass sie ihre Auflage bis April 1848 von 9500 auf 17 400 Exemplare steigern konnte.[14] Damit überflügelte sie das hinsichtlich der journalistischen Qualität damals führende deutsche Blatt, die Augsburger *Allgemeine Zeitung*, die auf ihrem Höhepunkt – ebenfalls im April 1848 – eine Auflage von 11 800 Exemplaren erreichte.[15]

Mit dieser ‚revolutionär' beschleunigten Aktualität verband sich 1848 zum anderen – so meine These – eine verstärkt international vernetzte Berichterstattung, teils in Form von Paraphrasen, meist aber in Form von auszugsweisen Übersetzungen der Reportagen anderer Tageszeitungen. In ihren Artikeln über die Barrikaden der Februarrevolution zitierte die *Kölnische Zeitung* vor allem die Pariser Blätter *La Presse, Journal des Débats, Le Constitutionnel, La Gazette des Tribunaux* und *La Réforme*, griff aber, wenn diese ausblieben, auch auf *Le Commerce belge* und die Brüsseler *Indépendance* zurück. In Berlin schöpften entsprechende Berichte der traditionsreichen *Haude- & Spenerschen Zeitung* und der neu gegründeten *Berliner Zeitungs-Halle* (abgesehen von der *Réforme*) aus denselben Pariser Zeitungen sowie zusätzlich aus *Le Conservateur, Le National* und *Le Siècle*, während umgekehrt auf französischer Seite *La Presse* anhand der *Kölnischen Zeitung* und der *Berliner Zeitungs-Halle* über die deutsche Märzrevolution berichtete.[16] Ausgehend von den Reportagen über eine kleine Gruppe spektakulärer Ereignisse in vier Zeitungen wird so mittels zitierter Auszüge ein Informationsnetz von wenigstens dreizehn Blättern sichtbar. Nun hatte das Verfahren, aus Versatzstücken abonnierter Zeitungen eine ‚neue' Zeitung herzustellen, zwar eine lange Tradition; doch in der Tagespresse von 1848 gewann es offenbar eine neue Qualität: In dem Maße, wie die großen Tageszeitungen 1848 fremde Nachrichten nicht mehr stillschweigend übernahmen, sondern ausdrücklich und systematisch nachwiesen,[17] vermittelten sie den Rezipienten nicht nur den Eindruck journalistischer Seriosität, sie förderten zugleich das Bewusstsein des internationalen Zusammenhangs der Information, ja letztlich der Ereignisse selbst. Hier beginnt sich eine transnationale Öffentlichkeit abzuzeichnen, die bei einer systematischen Analyse internationaler Presse-Zitate ohne Zweifel noch deutlicher sichtbar würde.

Wenn die *Kölnische Zeitung* 1848 auch eine Spitzenposition in der deutschen Presselandschaft einnahm, vermittelte sie doch inhaltlich ein ganz ähnliches Bild der Februarrevolution und ihres Fortgangs wie die Mehrheit der gemäßigt-liberalen Blätter im deutschen Sprachraum. So berichtete ein Korrespondent der Augsburger *Allgemeinen Zeitung* halb begeistert, halb beunruhigt vom überwältigenden Schauspiel der neuen politischen Öffentlichkeit, des patriotischen Engagements und der aufwallenden Emotionen im revolutionären Paris:

> „Alles, alles hier ist collosal, übernatürlich groß, die Einbildungskraft vergrößert das Nächste, wie das Fernste; Furcht, Hoffnung, ja Zweifel treten in ungeheuren Dimensionen auf. Auf den Quais folgt ein Zug dem andern [...]. Mehr als 100 Clubs debattieren jeden Abend über das Wohl des Vaterlandes; neben großen, erhabenen Leidenschaften bläht sich Privathaß, Verleumdung, gemeine Tücke; die Einen schüren den republikanischen Eifer, die Andern hetzen den reactionären Groll [...]“[18]

Abgesehen von dieser vorherrschenden Mittelposition in der Tagespresse, die anschließend in monographischen Ereignisberichten ausgeschrieben wurde,[19] schwankte das Urteil über die Februarrevolution in anderen deutschen Printmedien zwischen militanter Solidarisierung und Dämonisierung.[20] Auf demokratischer Seite motivierte es etwa den Wiener Zensurflüchtling Hermann Rollett zu Kampfliedern, welche die ‚deutschen Männer‘ aufforderten, dem Beispiel der aufständischen Pariser zu folgen.[21] Und die berühmte Mannheimer Petition vom 27. Februar 1848 verstand die soeben gemeldeten Pariser Ereignisse als entscheidenden Impuls einer parallelen Freiheitsbewegung in Deutschland und darüber hinaus:

> „Eine ungeheure Revolution hat Frankreich umgestaltet. [...] Ein Gedanke durchzuckt Europa. Das alte System wankt und zerfällt in Trümmer. Aller Orten haben die Völker mit kräftiger Hand die Rechte sich selbst genommen, welche ihre Machthaber ihnen vorenthielten. Deutschland darf nicht länger geduldig zusehen [...]“[22]

Dagegen deutete die konservative Presse etwa in Berlin die „schlimme[n] Nachrichten aus Paris“ als Vorboten eines französischen Angriffs;[23] und die *Historisch-politischen Blätter für das katholische Deutschland* wurden von den überraschenden Pariser Ereignissen „in solch schreckenvolles Staunen versetzt“, dass sie ihnen eine umfangreiche Artikelserie widmeten. Darin beschrieben sie die Februarrevolution als „Buben=Juden=Pöbel=und Demagogenregiment unter den Namen der Volkssouverainetät“, das nur „Chaos und Anarchie“ hervorbringe, als „grauenvollste Verwilderung der Geister“ und verderbliche Herrschaft einer zügellosen Presse, die Religion, Sitte und Gesetz gleichermaßen untergrabe.[24]

Doch beides lief auf dasselbe hinaus: Ob sie die Februarrevolution nun verurteilten oder begeistert begrüßten, in jedem Fall trugen gerade auch die kontroversen Darstellungen und Stellungnahmen dazu bei, der öffentlichen Meinung die große Bedeutung des Ereignisses dauerhaft einzuprägen.

„Paris est subitement inondé de journaux"

Die in den Revolutionsnachrichten deutscher Blätter besonders oft zitierte Pariser Tageszeitung *La Presse* kann in mehrfacher Hinsicht als französisches Pendant der *Kölnischen Zeitung* gelten. Auch sie war 1848 ein bereits fest etabliertes Organ, das zuvor durch Fortsetzungsromane, Ausweitung des Anzeigenteils und Halbierung des Preises eine wachsende Leserschaft gewonnen hatte und somit bestens gerüstet war, um sofort und breitenwirksam über die Revolution zu berichten. Auch sie erschien täglich dreimal: morgens, mittags sowie abends. Und um die mit den Februar-Ereignissen explodierende Nachfrage zu befriedigen, wurden ihre Morgen- und ihre Nachmittagsausgabe nun jeweils zweimal gesetzt und auf modernen Marinoni-Schnellpressen gedruckt (6000 Exemplare pro Stunde[25]), wie die Redaktion den Lesern mitteilte:

> „Die Nachfrage der Abonnenten ist so groß, dass wir La Presse viermal setzen lassen müssen: zwei Sätze für die erste Ausgabe, die morgens um fünf Uhr erscheint; zwei Sätze für die zweite Ausgabe im Quartformat, die mittags um zwei Uhr herauskommt. [...] Wir treffen alle Maßnahmen, damit die Zeitung allen unseren Abonnenten in Paris bis spätestens 7 Uhr morgens zugestellt werden kann."[26]

Wenn *La Presse* ihre Auflage im März 1848 tatsächlich von rund 35 000 auf 70–78 000 Exemplare mehr als verdoppeln konnte,[27] so markierte das zwar eine Spitzenposition, war aber strukturell typisch für die etablierte französische Tagespresse überhaupt, die mit der Revolution beschleunigt zu industrieller Produktion, Preissenkungen und wachsendem Absatz auch im Kleinbürgertum überging.[28] Hier bestätigt sich, was wir an der *Kölnischen Zeitung* beobachtet haben: Wie das Medienereignis ‚Februarrevolution' primär von der Tagespresse konstituiert wurde, so brachte es umgekehrt derselben Presse umso mehr Profit, je systematischer diese die aktuelle Berichterstattung mit den Gesetzen ‚moderner' Massenproduktion zu verbinden wusste. Insofern bewirkte die medial vermittelte Revolution eine publizistisch-technische ‚Revolution' gerade desjenigen Mediums – der allgemeinen politischen Tageszeitung –, das eigentlich nichts genuin Revolutionäres an sich hatte und nach dem Medienereignis sein journalistisches Alltagsgeschäft fortsetzte.

Was die Aktualität der Nachrichten betrifft, war *La Presse* nicht nur durch ihren Sitz in der Hauptstadt der Revolution im Vorteil, sondern auch durch das Ansehen und die politischen Beziehungen ihres Hauptredakteurs, der an den Beratungen zur Regierungsbildung teilnahm und somit oft aus erster Hand berichten konnte. Doch mit der Nähe zum Ort des Ereignisses wuchs auch das Aktualitätsbedürfnis der Zeitungsleser. Honoré Daumier hat dies prägnant ins Bild gesetzt – bezeichnenderweise in einer Kreidelithographie der Serie *Actualités* (N° 139), die sowohl in der satirischen Zeitung *Le Charivari* wie auch einzeln veröffentlicht wurde. Man sieht ein dichtes Gedränge nachrichtenhungriger Bürger auf einem öffentlichen Platz. Im Vordergrund erkennt man drei plebejische Zeitungsausruferinnen, die Arme voller großformatiger Blätter. Ein Käufer hat sich zu ihnen vorgekämpft, schlägt die neu erworbene Zeitung aber enttäuscht auf: „Comment“, beschwert er sich, „j'achète votre journal et je n'y trouve pas les nouvelles d'aujourd'hui!“ – und erhält darauf die ironische Antwort: „M'sieu, les nouvelles d'aujourd'hui étaient dans le journal d'hier!“[29]

Dass Daumiers Szene auf einem öffentlichen Platz spielt, ist ebenfalls bezeichnend; bewirkte die Februarrevolution doch unmittelbar einen sprunghaften Anstieg des Straßenverkaufs an immer mehr akut politisierte kleine Handwerker, Krämer und Arbeiter, nicht zuletzt an die Aktivisten der Demonstrationen und Barrikadenkämpfe selbst. Bei dieser Straßenkundschaft wurden fast alle 80 000 Exemplare der neu gegründeten radikaldemokratischen Pariser Tageszeitung *La Liberté* abgesetzt,[30] von *La Presse* immerhin 20 000 Stück.[31] Diesen Teil der Auflage ließ Girardin eine Zeitlang sogar vorab drucken und für nur fünf Centimes pro Nummer kolportieren, weil er hoffte, mit seinen Artikeln mäßigend auf die Aufständischen einzuwirken[32]: Ereignis und Medium traten hier in ganz unmittelbaren Kontakt. Die solchermaßen von der Februarrevolution erweiterte Kultur des Straßenvertriebs und der öffentlichen Diskussion der politischen Tagespresse blieb über das Medienereignis hinaus erhalten, wie eine journalistische Einschätzung vom Mai 1849 bezeugt:

> „Die Leser der politischen Presse in Paris teilen sich etwa folgendermaßen auf: Ungefähr 60 000 Exemplare der politische Zeitungen gehen direkt an die Abonnenten, 40 000 an die Lesekabinette. [...] Ungefähr 200 000 Nummern jeglicher Couleur werden täglich auf der Straße verkauft. Und die Zahl der Wechselleser, die keine Zeitung abonniert haben, sondern unregelmäßig in den Cafés, in den Lesekabinetten oder in Klubs Zeitung lesen oder die sich die Zeitung von Freunden oder Bekannten ausleihen, beläuft sich etwa auf 30 000.“[33]

Schließlich glich *La Presse* der *Kölnischen Zeitung* auch hinsichtlich ihrer liberalen Ausrichtung. Nachdem Girardin angesichts der sich überstürzenden Ereignisse und weil ihn der Papiermangel zu Notausgaben in kleinerem Format zwang, in den ersten Tagen nur fragmentarisch über die Februarrevolution berichtet hatte, ordnete er die Fülle der Nachrichten in der Sondernummer vom 29. Februar zu einer zusammenfassenden Schilderung[34] und stellte einen Leitartikel voran, der das Volk aufrief, die vor achtzehn Jahren im Keim erstickte Revolution zu vollenden, zugleich aber Freiheit und Ordnung zu versöhnen: „La révolution de 1830 fut glorieuse et stérile; il faut que la révolution de 1848 soit féconde sans être moins glorieuse!“[35] Und Girardin ging noch weiter vom Ereignisbericht zur revolutionsgeschichtlich perspektivierten Debatte über, indem er der neu erkämpften Republik eine kosmopolitische Mission zuschrieb:

> „Die französische Republik, die am 22. September 1792 ausgerufen wurde, hat den europäischen Krieg entfacht. Sie war eine Brandfackel. – Die französische Republik, die am 24. Februar 1848 ausgerufen wurde, muss den Frieden befestigen, indem sie die Welt aufklärt. Möge sie die Fackelträgerin dieser Aufklärung sein! – Wir bedrohen keine Nationalität; wenn uns aber eine unterdrückte Nation ruft, dann lasst uns stark genug sein, ihr zu helfen. […] Wir erklären feierlich, dass wir uns ein durch und durch republikanisches Europa wünschen […]. Hüten wir uns, Revolutionäre im alten Wortsinn zu sein, das heißt aus blindem Hass gegen die Könige das Blut der Völker zu vergießen; aber scheuen wir uns nicht, Republikaner zu sein – Republikaner des 19. Jahrhunderts.“[36]

Das zu einem guten Teil durch die Presse ‚gemachte‘ Medienereignis ‚Februarrevolution‘ bewirkte seinerseits eine regelrechte Presserevolution. Diese bestand nicht allein in der technischen Modernisierung und inhaltlichen Politisierung führender Tageszeitungen sowie in steigenden Auflagen und breiterem Absatz bis hin zu unterbürgerlichen Schichten; sie führte auch zu zahlreichen Gründungen neuer Blätter – allerdings je nach Land in unterschiedlicher Weise. Während die Zeitungswelle etwa in Köln, Berlin und Sachsen zeitlich wie politisch vor allem mit der deutschen Märzrevolution zusammenhing,[37] erwuchs sie in Paris ganz unmittelbar aus der Februarrevolution selbst und verstärkte deren mediale Resonanz. Begünstigt durch die Abschaffung von Kaution, Stempelsteuer und Zensur, schaltete sich eine Reihe engagierter Politiker mit eigenen Zeitungen in die politische Debatte ein,[38] vor allem aber wurde Paris gleichsam über Nacht von einer nie zuvor gesehenen Flut plebejischer Blätter überschwemmt, um im Bild eines kritischen Beobachters zu bleiben:

> „Nach dem 24. Februar wird Paris mit einem Schlag von Zeitungen überschwemmt […]. Jeden Tag, jede Nacht speien die Druckerpressen der Hauptstadt gleich Wasserfällen Milliarden von Papierbögen auf das Straßenpflaster, und vom großformatigsten bis zum kleinsten Blatt erheben sie alle den einzigartigen Anspruch, das Volk zu lehren, was es tun soll, ja der Regierung die Richtschnur ihres Handelns vorzuschreiben. Noch nie, zu keiner Zeit, hat man jemals eine solche Flut erlebt.“[39]

Dabei verzeichnete dieser Zeitzeuge nur 127 „journaux rouges“. In Wirklichkeit waren es 450 neue revolutionäre (Straßen-)Zeitungen und zeitungsartige Pamphlete, die von Februar bis Juni 1848 in Paris erschienen: eine einschließlich der Titelvignetten[40] ‚proletarisch‘ aufgemachte Presse, darunter zahlreiche Organe der ebenfalls neu gegründeten Arbeiterclubs. Zumeist nur kurze Zeit von journalistischen Autodidakten herausgegeben, fanden diese pro Nummer für fünf bis zehn Centimes vertriebenen Blätter teilweise beachtlichen Absatz: 5 – 12 000 Exemplare erreichte beispielsweise die von Sobrier für den Club des Clubs redigierte *Commune de Paris*, auf 15 – 20 000 Exemplare kam die Tageszeitung *La Vraie République* von Alphonse Bianchi und auf 20 000 Stück *Le Tocsin des Travailleurs* vom Club de l'Organisation du Travail.[41] Ohne direkt über die Ereignisse der Februarrevolution im engeren Sinne zu berichten, verstärkte diese Arbeiterpresse doch deren mediale Resonanz, indem sie ihre politischen Folgen leidenschaftlich diskutierte, das Geschehen auch ihrerseits in die revolutionäre Tradition einordnete und dies nicht selten schon im Titel zum Ausdruck brachte: etwa die Zeitung *Le Bonnet Rouge* des Arbeiters Daroux oder *Le Journal des Sans-Culottes* von Constant Hilbey, auch ‚le Marat de la Seconde République‘ genannt, oder auch der 14-tägig erscheinende *Père Duchêne de 1848*, der es einmal sogar auf 80 000 Exemplare brachte.[42]

Indessen: Wie beachtlich die so weit skizzierte Resonanz der Februarrevolution in der Textpresse auch war – sie übertraf diejenige der Julirevolution bei weitem an Reichweite und Intensität –, so machte sie doch nur einen Teil des Medienereignisses aus. Dieses hatte in Form von Liedern und Bildern ganz wesentlich auch eine ‚audio-visuelle‘ Dimension.

Auf die Chansons, welche in Frankreich von Februar bis Mai 1848 auf Hunderten gedruckter Liedflugblätter kursierten,[43] kann hier nur kurz eingegangen werden. Da sie zumeist öffentlich auf Straßen und Plätzen gesungen wurden, waren sie mit den revolutionären Märschen und Massendemonstrationen besonders eng verbunden. Schon bei den ersten Pariser Unruhen stimmten die Demonstranten die verbotene *Marseillaise* an, auf deren Timbre in den folgenden Tagen laufend neue Verse gedichtet wurden.[44] Gleichzeitig nutzten plebejische Straßensänger andere beliebte und allgemein bekannte Melodien, um die Ereignisse emotional aufzuladen und symbolisch zu überhöhen. So dichtete ein gewisser E. Villemin auf das Timbre ‚Ah! que de chagrins dans ma vie‘ ein neues Lied, das zunächst die Dramatik der Barrikadenkämpfe evozierte, um anschließend den Anbruch eines neuen Zeitalters der Freiheit und Brüderlichkeit zu beschwören:

> „Die Gewehrsalven des Aufstands lassen
> Glocken und Trommeln dröhnen!

Erhebt euch, Pflastersteine und Barrikaden,
Brecht hervor, Ströme der Vorstädte!
Marschiert ohne Furcht, Gott selbst ist mit euch,
Euer Panier ist die Brüderlichkeit,
Eure Führerin ist die Ehre, und euer Blut lässt
Den heiligen Baum der Freiheit Frucht tragen.“[45]

Und ganz ähnlich wie Girardin in *La Presse*[46] interpretierte der bekannte Liederdichter Pierre Dupont die Pariser Ereignisse als Vorboten einer neuen republikanischen Epoche. Dabei legte er diese kosmopolitische Botschaft in den sechsmaligen Refrain, der sich dem Publikum beim wiederholten gemeinschaftlichen Singen besonders tief einprägte:

„Völker, kommt alle herbei,
Seht die neue Republik,
Lieblich wie eine Turteltaube,
Wehrhaft wie eine Festung;
Brüder, scharen wir uns um sie.“[47]

Das Netzwerk der internationalen Bildpresse oder „le fameux jeu du trône"

Die europäische Revolution des Jahres 1848/49 erweist sich auch darin als Medienereignis, dass sie unverhofft eine ungeahnte Masse im Druck vervielfältigter Bildsatiren und Allegorien hervorbrachte.[48] Doch nicht von ihnen soll hier die Rede sein, sondern von serienweise veröffentlichten Ereignisbildern zur Februarrevolution. Sie erschienen zum einen in der traditionellen Form zusammenhängender Stichfolgen auf Einzelblättern. So brachte die Pariser *Librairie Ethnographique* im Sommer 1848 zwölf lithographierte Schlüsselszenen der Pariser Ereignisse mit begleitenden Erzähltexten heraus;[49] die Brüder Bulla in Paris verlegten zusammen mit Gambart & Co. in der Londoner Oxford Street als Koproduktion wenigstens neun Camaieu-Holzstiche wechselnder Künstler zur *Révolution 1848*[50]; und zwei Berliner – der Witzblatt-Illustrator Wilhelm Scholz und der Redakteur des *Eulenspiegel* Gustav von Szczepanski – verspotteten in sechs Federlithographien die Entmachtung des Königs Louis-Philippe.[51]

Zum anderen und vor allem wurden Ereignisbilder und begleitende Texte zur Februarrevolution serienweise im neuen Medium der illustrierten Wochenzeitungen verbreitet. Europaweit um 1842/43 gegründet, perfektionierte diese Bildpresse die technischen Möglichkeiten der Xylographie – von der ‚fließbandmäßigen' Gruppenarbeit der Zeichner und Stecher (Herstellung eines Bildes in 48 Stunden) bis zur unbegrenzten Vervielfältigung der Texte und Bilder in einem einzigen Druckvorgang – und tauschte ihre Clichés zudem untereinander aus.[52] Dank der Revolutionsereignisse konnte sie ihren Absatz erheblich steigern: allen voran die *Illustrated London News* von Herbert Ingram (66 000 Exemplare), gefolgt von der Pariser *Illustration* von Jean-Baptiste-Alexandre Paulin (35 000 Stück) sowie der *Illustrirten Zeitung* von Johann Jakob Weber in Leipzig (15 000 Stück), die ihren Erscheinungsrhythmus infolge der Februarrevolution auf zwei Nummern pro Woche beschleunigte, und schließlich dem Turiner Blatt *Il Mondo illustrato.*

Wurden diese verhältnismäßig teuren bebilderten Zeitungen hauptsächlich von Angehörigen der Mittelschichten abonniert, so veranstaltete Paulin nach der Pariser Junischlacht eine regelrechte internationale Massenverwertung, indem er die Revolutionsbilder der *Illustration* und ihrer ausländischen Schwestern nachdrucken ließ und – begleitet von einem durchgehenden erzählenden Text – zu einem Album vereinigte: „œuvre qui n'a d'analogue dans aucun temps et dans aucun pays."[53] Das in einer singulären Spitzenauflage vervielfältigte Werk war für den Straßenverkauf zu niedrigen Preisen kalkuliert und bereits Anfang August konnte Paulin die erste von hundert Lieferungen dieser *Journées illustrées de la Révolution de 1848* in seinem Wochenblatt geradezu triumphierend ankündigen:

> „Noch nie war eine Veröffentlichung mehr für das Volk bestimmt als dieses. Anzuzeigen ist ein nationales, ein europäisches, ja ein universales Werk. […] Die erste Lieferung wird in 200 000 Exemplaren gedruckt und in einigen Tagen zum Verkauf ausgeliefert, bei allen Buchhändlern und an allen Straßenecken kostet sie fünfzehn Centimes."[54]

Alle diese illustrierten Publikationen lieferten dem Publikum so umfangreiche und differenzierte Bildreportagen der Aufsehen erregenden Pariser Ereignisse, dass eine vergleichende bildsprachliche Analyse ihrer Erzählsequenzen nötig wäre um herauszuarbeiten, welche Aspekte der Februarrevolution damals besondere Aufmerksamkeit fanden, wie sie dargestellt wurden und welche Funktion ihnen bei der Wahrnehmung des Medienereignisses zukommt.[55] Die Schlüsselszenen reichen vom Protestmarsch der Studenten und Arbeiter („Vive la Réforme! A bas Guizot!") am 22. Februar und der Fraternisierung der Nationalgarde mit der Volksmenge am folgenden Tag über die ‚Promenade des Cadavres' nach der Füsillade auf dem Boulevard des Capucines („Aux Armes! Vengeance!") und dem Barrikadenbau in der Nacht vom 23. auf den 24. Februar bis hin zur Abdankung Louis-Philippes, zur Proklamation der Republik am 25. Februar und zum feierlichen Begräbnis der Opfer der Februarrevolution am 4. März. Im begrenzten Rahmen des vorliegenden Beitrags sei nur ein Beispiel herausgegriffen – die „Saturnalien" um den Königsthron.

Wie der Textautor der *Journées illustrées*, nach eigenem Bekunden ein Augenzeuge, berichtet, drangen die siegreichen Aufständischen am Abend des 24. Februar jubelnd in die Tuilerien ein. Das Volk – „le peuple“ – schlug die prunkvolle Einrichtung der königlichen Gemächer kurz und klein: „Pour lui tout ce décor est la royauté matérialisée; il brise l'idée dans la chose.“ Doch die besondere Aufmerksamkeit der Bilderstürmer galt dem Thronsaal: „Puis, comme l'idée bouffonne est toujours au fond des événements les plus graves, le fameux *jeu du trône*, commencé en 1830, se continue en 1848.“[56] Tatsächlich hatten schon die Julikämpfer von 1830 reihum ausprobiert, wie tief man auf dem Thron Karls X. einsank: eine kollektive antiroyalistische Symbolhandlung, die Eugène Forest damals so prägnant ins Bild gesetzt hatte,[57] dass Honoré Daumier sie 1848 fast ‚wörtlich‘ adaptieren konnte.[58] Denn nun wiederholten die Revolutionäre den profanierenden Akt:

> „Der Reihe nach bestieg jeder den mit Samt überzogenen und mit goldenen Troddeln geschmückten Sessel, machte es sich bequem, sagte seinen Spruch und machte dem Nächsten Platz. Man spielt den entthronten König, während sich das Königtum in einer Mietkutsche aus dem Staube macht.“ Und wie um den Ernst des Spiels zu bestätigen, ging auch noch ein bedeutungsvoller Schuss los. „Plötzlich ein lautes Krachen, und die Büste Louis-Philippes zerbirst in tausend Stücke. Das ist die bildliche Hinrichtung des Königtums.“[59]

Die zugehörige Illustration zeigt eine wild bewegte Szene (Abb. 1). Bewaffnete Arbeiter und Nationalgardisten dringen soeben in den Thronsaal der Tuilerien ein. Ihr Anführer lenkt die Blicke der Ankommenden (und der Betrachter) mit ausgestrecktem Arm zum erhöhten Königsthron. Einer der Neuankömmlinge bereitet den Aufstieg vor, indem er seine Füße schon einmal auf die unteren Stufen setzt. Derweilen rücken oben zwei Blusenmänner den Thron für die bevorstehenden ‚Sitzproben‘ zurecht. Andere hinter ihnen sind dabei, die schweren Vorhänge von den Wänden zu zerren, den Thron-Baldachin zu zerreißen und mit einem Beil den Wandschmuck zu zertrümmern. Durch ihre Arbeitskleidung, ihre an Jakobinermützen erinnernde Kopfbedeckung, ihre kraftvollen Bewegungen und wilden Physiognomien sind diese bärtigen ‚démolisseurs‘ deutlich als Proletarier gekennzeichnet. Zu ihnen gehört freilich auch eine Frau, die mit aller Kraft an einer Stoffbahn des Baldachins zerrt. Vor dem Thron sitzt ein Milizionär mit breitkrempigem Hut; er hat das Gewehr abgesetzt und stützt seinen linken Arm nachdenklich auf das Knie, als würde er über das Geschehen um ihn herum nachsinnen und den Betrachter auffordern, das Gleiche zu tun.

Man sollte nun meinen, die *Journées illustrées* hätten diese expressive Darstellung einer besonders symbolträchtigen Episode der Februarrevolution

Abb. 1: Wie sich das Volk des Throns bemächtigt. Unsignierter Holzstich, 14,5 × 21,5 cm (Zeichnung), in: *Journées illustrées de la Révolution de 1848*, 3. Liefg. (August 1848), S. 11.

einfach aus der Wochenzeitung *Illustration* übernommen. Dort findet sie sich aber nicht. Als Vorlage diente vielmehr ein Stich aus der Doppelnummer der *Illustrated London News* vom 4. März 1848, die einschließlich der Titelvignette[60] ganz der neuen ‚Französischen Revolution' gewidmet war. Der auch hier unsignierte Stich (Abb. 2) stammt wahrscheinlich von Paul Gavarni, dem langjährigen Mitarbeiter des Pariser *Charivari.* Auf der Flucht vor Gläubigern hatte der gefeierte Zeichner und Lithograph bei den *Illustrated London News* Unterschlupf gefunden und schuf für das Blatt 1848 eine Reihe ähnlich ausdrucksstarker Stiche über die Revolutionsereignisse in der französischen Metropole.[61] Wie dem auch sei – bei aller genauen Übereinstimmung unterscheidet sich die Londoner Darstellung der Thronschändung[62] von der Reproduktion in den *Journées illustrées* durch ein wesentliches Detail: Sie unterschlägt die phrygische Mütze, welche der plebejische Kämpfer hinter dem Thron auf einem Stab hochhält und welche auch die Kopfbedeckungen seiner Mitstreiter als Freiheitsmützen identifiziert. Ohne das aufgesteckte Symbol jedoch wird die Szene ambivalent und verliert einen Teil ihrer revolutionären Botschaft, der Freiheitsstab mutiert zur Brechstange, und die ‚démolisseurs' lassen sich als neue ‚Vandalen' deuten. Diese revolutionskritische

Abb. 2: Das Volk im Thronsaal der Tuilerien. Unsignierter Holzstich, in: *Illustrated London News*, N° 305 & 306 (4. März 1848), S. 138.

Modifikation der *Journées illustrées* erscheint umso auffälliger, als ein zuvor erschienenes französisches Flugblatt[63] dieselbe Szene exakt und ohne Abstriche nach dem Londoner Vorbild reproduziert hatte.

Es war denn auch diese – revolutionäre – Darstellung der Thronszene mit aufgesteckter Phrygenmütze, die in den neuen bebilderten Zeitungen international Karriere machte. Ohne weiteren Kommentar erschien sie am 18. März 1848 in der Leipziger *Illustrirten Zeitung*[64] und einen Monat später im Turiner *Il Mondo illustrato.*[65] Anschließend wurde sie in 's-Gravenhage für die Zeitschrift *De Tijd* lithographiert[66] – wie die niederländische Bildpublizistik überhaupt eine Fülle Pariser und Londoner Darstellungen der Februarrevolution reproduzierte[67] – und mit einem kurzen kritischen Text versehen: „De troon des konings wird uit de Tuilleriën gehaald en door het volk in triumf naar het plein der Bastille gebragt en aldaar verbrand aan den voet der Julij-kolom, te midden van een onbeschrijfelijke uitgelatenheid."[68] Ein amerikanischer Verleger reproduzierte den Londoner Stich sogar als Farblithographie, welche die revolutionäre Botschaft des Bildes noch steigerte, indem sie sowohl die Mütze auf der Stange als auch die Kopfbedeckungen der Plebejer rot färbte und ihnen damit eindeutig eine jakobinische Bedeutung gab.[69]

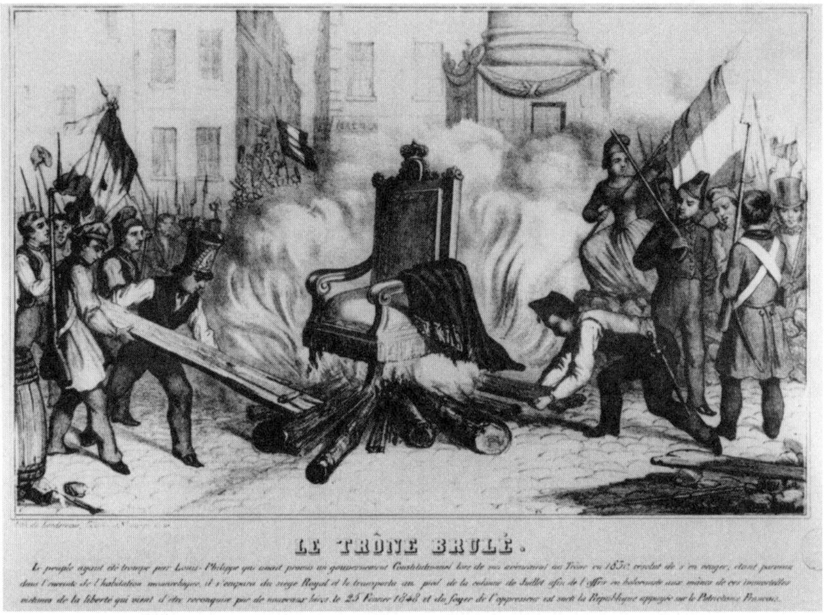

Abb. 3: Der brennende Thron. Unsignierte Lithographie, 29,0 × 42,0 cm, Paris: Lordereau 1848 (BnF, Est., de Vinck 13529).

Mit dieser weit verbreiteten Szene war ‚le fameux jeu du trône' aber noch nicht zu Ende, anders als 1830 – und wie schon das niederländische Zitat angedeutet hat – bestand das ‚Spiel' 1848 vielmehr aus zwei weiteren Akten, die mehr in den traditionelleren Bild- und Textmedien dargestellt und kommentiert wurden. Im zweiten Akt des Spektakels veranstalteten die Aktivisten der Februarrevolution mit dem Thron von Louis-Philippe einen öffentlichen Umzug, wie die *Journées illustrées* kurz und bündig berichten: „Unter Trommelwirbeln, die zum Angriff riefen, wurde der Thron im Triumph die Boulevards entlang und über die Barrikaden getragen. Die Volksmenge der Februar-Kämpfer gab ihm das Geleit, fast jeder trug irgendeinen Fetzen von der Wandbespannung des Thronsaals."[70] Dazu brachte das Album nochmals eine zuerst in der *Illustration* vom 4. März veröffentlichte Bildreportage von Henri Valentin[71]: Auf ihr betrachten Hüte schwenkende Zuschauer eine waffenstarrende satirische Prozession, angeführt von Trommlern, einem Reiter und einer Trikolore mit der Aufschrift „Vive la République". Mitten im Zug der begeistert gestikulierenden und rufenden Blusenmänner schwankt der Thron des abgedankten Königs als Trophäe auf den Schultern muskulöser Arbeiter.

Der Triumph- und Schandzug, von dem gleichzeitig auch ein international verbreitetes fliegendes Bildblatt berichtete,[72] führte von den Tuilerien durch die rue St. Honoré „zur Bastille".

Auf dem Bastilleplatz, am Fuß der Julisäule, spielte der dritte und letzte Akt des Revolutionsspektakels – das Autodafé: „Arrivé aux pieds de la colonne de Juillet, le cortège brûla solennellement le trône aux cris de Vive la République!"[73] Diese symbolträchtige Kollektivhandlung setzten die vervielfältigten zeitgenössischen Medien wenigstens fünfmal ins Bild. Ein zweisprachiges Blatt der gleichzeitig in Paris, London und New York veröffentlichten großformatigen Lithographie-Serie *Annales de la République française*. 1848 bot eine Übersicht des Bastilleplatzes mit der majestätischen Julisäule im Hintergrund. Davor wogt eine Volksmenge mit wehenden Fahnen. Dem rauchenden Königsthron zustrebend, bahnen sich Gruppen von Milizionären den Weg durch die im Vordergrund aufragenden Barrikaden.[74] Eine ähnliche Darstellung bot die Lithographie von Jules David als Teil einer in Paris und London verlegten Serie zur *Révolution de 1848*.[75] Dagegen führten zwei andere – französische – Blätter den Akt des „Brandopfers" in ‚Großaufnahme' vor Augen. Das eine gesellt den aufständischen Milizionären, die den brennenden Thron umringen, eine Allegorie der Freiheit mit Trikolore hinzu (Abb. 3) und rechtfertigt das Autodafé ausdrücklich als gerechte Antwort des Volkes auf das gebrochene Verfassungsversprechen des Bürgerkönigs:

> „Da es von Louis-Philippe getäuscht worden war – er hatte bei der Thronbesteigung 1830 eine verfassungsmäßige Regierung versprochen –, beschloss das Volk, sich zu rächen. Als es in die Behausung der Monarchie gelangte, bemächtigte es sich des königlichen Sitzes und trug ihn zum Fuß der Julisäule, um ihn als Brandopfer den Manen der unsterblichen Freiheitskämpfer darzubringen: diesen neuen Helden des 25. Februar 1848, welche die Freiheit zurückerobert haben. Mitten im Hort der Unterdrückung hat sich durch die Kraft des französischen Patriotismus die Republik erhoben."[76]

Das andere Blatt, ein Produkt der „Fabrique d'Estampes de Dembour et Gangel" in Metz, verzichtet auf die Figur der Liberté, betont aber in der Legende, welche historische Dimension und Endgültigkeit das Autodafé dadurch erhält, dass es ausgerechnet auf dem ‚lieu de mémoire' der ehemaligen Bastille inszeniert wird: „La Bastille en 1789, fut démoli[e] par le peuple. 1830, vit s'élever sur ses ruines ce monument [la Colonne de Juillet], et en 1848 le dernier Trône Royal fut dévoré par les flâmmes et ses cendres furent dispersées." Eine populäre Gedenkmedaille schließlich sah in dem Autodafé sogar den Vollzug der „göttlichen Gerechtigkeit" (Abb. 4). In emblematischer Verdichtung zeigt sie neben der Julisäule, in deren Krypta man 1840 die Überreste der

Abb. 4: Gottes Gerechtigkeit. Unsignierte Medaille, Legierung, gegossen, Durchm. 72 mm, Paris 1848. Reprod. nach Jean-Pierre Collignon, *Médailles politiques et satiriques, décorations et insignes de la 2e République française, 1848–1852*, Paris/Lille 1984, N° 028.

gefallenen Helden der Julirevolution beigesetzt hatte, den brennenden Thron mit den Initialen Louis-Philippes – ein denkwürdiges Ereignis, dem die Inschrift auf der Rückseite zusätzliche geschichtliche Weihe verleiht: „Le dernier trône de France condamné au feu par la victoire du peuple, est réduit en cendres au pied de la colonne de Juillet, sur la tombe des martyrs de 1830. 24 février 1848.“ Dem entsprach ein Lied, das der Chansonnier Auguste Allais noch am selben Abend des 24. Februar auf den ‚brennenden Thron‘ dichtete und das bezeichnenderweise auf das Timbre ‚La Colonne‘ zu singen war. Es stimmte einen ebenso triumphalen wie kosmopolitischen Ton an:

„Irland, Deutschland, Italien,
Ihr so lange geschändeten Völker,
Wohlauf, vereint euch unter diesem Ruf:
Durch uns seid ihr gerächt,
Denn auf öffentlichem Platze haben wir
Den Thron verbrannt; und während man
Seine Asche in alle Winde streute, erscholl
Unser Ruf: Es lebe die Republik!“[77]

Ob italienische und deutsche Demokraten diesem Aufruf folgten und in den Triumphgesang der Pariser Bilderstürmer einstimmten, ist bisher nicht bekannt; eher empörten sich deutsche Royalisten darüber, dass „der Thron der Orleaniden von rohen, trunkenen Haufen des wildesten Gesindels, wie es sich in den Schlupfwinkeln einer Hauptstadt verbirgt, niedergerissen und vor der Julisäule glorreich verbrannt wurde [...]".[78] Umso mehr wetteiferten französische Bildermacher darin, den ‚Thronsturz' des Bürgerkönigs symbolisch zu überhöhen: Schon ein Thron, den ein pustender Blusenmann mitsamt Krone, Hut, Stiefeln und der *main de justice* Louis-Philippes durch die Luft wirbelt, genügte, um die Austreibung der Monarchie durch den ‚frischen Wind der Republik' für jedermann sinnfällig zu machen.[79]

1848: Medienrevolution – Revolution der Medien

Das Medienereignis ‚Februarrevolution' einigermaßen umfassend darzustellen, würde ein ganzes Buch erfordern. Dabei müsste auch die erbitterte und blutige Pariser Junischlacht einbezogen werden, die international vielleicht noch mehr Aufmerksamkeit erregte als die Februarereignisse von 1848. Obwohl die vorliegende Erkundung daher nur exemplarisch vorgehen konnte, erscheinen ihre partiellen Beobachtungen nicht untypisch für das europäische Medienereignis ‚48er Revolution' im Allgemeinen. Sie seien zum Schluss thesenartig zusammengefasst.

Zuallererst waren es die französischen ebenso wie die ausländischen Tageszeitungen, die sensationsheischend von der Pariser Februarrevolution berichteten und diese damit international zum Medienereignis machten. Was die Zeitgenossen daran besonders faszinierte, waren die trotz aller Krisensymptome überraschende Plötzlichkeit der Erschütterung, die patriotische Begeisterung der Aufständischen, die spektakulären Barrikadenkämpfe, der unrühmliche Abgang von Louis-Philippe, die Ausrufung der Republik und der Pressefreiheit und nicht zuletzt Symbolhandlungen wie die Verbrennung des Königsthrons. Im Anschluss an die Ereignisberichte wurde das Geschehen von der Textpresse sogleich kommentierend in die Revolutionsgeschichte eingeschrieben und in seiner tieferen Bedeutung diskutiert. Die Berichterstattung ging in eine Debatte über, die in Frankreich und im Ausland zum Teil unterschiedliche Züge annahm: Bestärkte die Revolution den Stolz vieler Franzosen, der Welt erneut ein politisches Lehrbeispiel zu geben, so waren die Beobachter etwa in den Niederlanden und in Deutschland gespalten, ob sie die Pariser Revolution als Befreiung begrüßen sollten oder eine französische Invasion wie 1792 zu befürchten hätten.

Verglichen mit der Zeit der Julirevolution gewannen die größeren Zeitungen 1848 eine neue mediale Qualität. Sie berichteten nicht nur schneller und somit aktueller als früher, indem sie die neuen Möglichkeiten sowohl einer beschleunigten Nachrichtenübermittlung als auch moderner Schnelldruckpressen nutzten; sie erschienen auch in wesentlich größeren Auflagen und zu niedrigeren Preisen. Mediale Ereigniskonstitution und sprunghafte Entwicklung des Mediums gingen hier also Hand in Hand: Je aktueller und sensationeller die Textpresse über das Medienereignis berichtete, desto mehr wurde sie selbst zum profitablen Massenprodukt.

Das Medienereignis Revolution revolutionierte die Medien außerdem insofern, als es vor allem in Paris, ansatzweise aber auch in der französischen Provinz und in ausländischen Städten wie Köln und Berlin eine nie gesehene Flut radikaler Arbeiterzeitungen und Pamphlete, Lieder und Karikaturen hervorrief, welche die von den Nachrichten ausgelöste politische Debatte emotionalisierte, intensivierte und sozial erweiterte. Gemeinsam mit der verstärkt ambulant vertriebenen Tagespresse beförderten diese populären Medien eine politisierte, zunehmend ‚plebejische' Öffentlichkeit der Clubs und der Straße. Erst diese medial verdichtete Straßenkultur machte die ‚Februarrevolution' vollends zum Kommunikationsereignis, verstärkte ihre breite Resonanz und ihren Appellcharakter.

Wenn 1848 von Paris über Mailand bis nach Wien und Berlin eine Kette gleichartiger Barrikadenkämpfe ausbrach, wenn es sich also mehr als 1830 um eine europäische Revolution handelte,[80] so lag das nicht zuletzt an der zunehmend internationalen Vernetzung der Nachrichtenmedien. In der Tat: Nicht nur, dass die Textpresse sich systematischer und ausdrücklicher als früher auf ausländische Blätter sowie auf die ersten Nachrichtenagenturen bezog; hinzu kamen erstmals Bildreportagen der neuen illustrierten Zeitungen. Im Maße, wie diese Zeitungen ihre Holzstiche untereinander austauschten, schufen sie ein transnationales Repertoire genormter Bilder, das über die Länder- und Sprachgrenzen hinweg tendenziell identische Vorstellungen vom Medienereignis ‚Februarrevolution' erzeugte.

Kurzum: Aktualisierung und Beschleunigung, technische Modernisierung, Popularisierung, international vernetzte Berichterstattung der Text- und Bildpresse – mit diesen Charakteristika ihrer in vieler Hinsicht neuartigen Resonanz dürfte die Februarrevolution wesentlich dazu beigetragen zu haben, das politische Medienereignis im Zeitalter der Massenmedien vorzubereiten.

Anmerkungen

1 Fanny Lewald, *Erinnerungen aus dem Jahre 1848*, Braunschweig 1850, S. 81.

2 Adresse der Bewohner Speyers an die Einwohner Münchens im März 1848, abgedruckt in: Karl Obermann (Hrsg.), *Flugblätter der Revolution. Eine Flugblattsammlung zur Geschichte der Revolution von 1848/49 in Deutschland*, Berlin 1970, S. 12.

3 *Kölnische Zeitung* N° 58 vom 27. Februar 1848 (zweite Ausg.), [S. 3].
4 Artikel ‚Revolution in Paris. Die Republik proclamirt', in: *Kölnische Zeitung* N° 58 vom 27. Februar 1848 (dritte Ausg.).
5 *Extrablatt zur Kölnischen Zeitung* vom 28. Februar 1848, nachmittags halb drei Uhr.
6 Artikel ‚Die pariser Ereignisse. Köln, 29. Febr.', in: *Kölnische Zeitung* N° 61 vom 1. März 1848 (erste Ausg.) Hervorhebung in der Quelle.
7 Ebenda.
8 Beginnend mit dem 24. Juli 1848 wurden erste Telegraphenlinien von Berlin nach Frankfurt/M. und bis zur belgischen Grenze verlegt.
9 Von Aachen gelangten die Tauben-Briefe per Eisenbahn nach Köln; vgl. *Die Kölnische Zeitung von ihrer Gründung bis zur Gegenwart* (Umschlagtitel: *125 Jahre Firma M Dumont Schauberg*) [Köln 1902], S. 3. Siehe auch Hans Traub, *Die Augsburger Abendzeitung und die Revolution im Jahre 1848*, München 1925, S. 42.
10 1847 im Zentrum von Berlin eröffnet, bot die Zeitungshalle ihrem Publikum gegen Eintrittsgebühr von morgens 8 bis abends 11 Uhr an die 600 abonnierte Periodika in vierzehn Sprachen
11 Ursula E. Koch, La presse et son public à Paris et à Berlin (1848/49). Une étude explorative, in: Ilja Mieck/Horst Möller/Jürgen Voss (Hrsg.), *Paris und Berlin in der Revolution 1848*, Sigmaringen 1995, S. 19–78, hier S. 63.
12 Adolf Streckfuß, *Berliner März 1848*, Berlin 1948, S. 24.
13 Wilhelm Zimmermann, *Geschichte der deutschen Revolution*, Karlsruhe 1851, S. 20.
14 *Die Kölnische Zeitung von ihrer Gründung bis zur Gegenwart* (Umschlagtitel: *125 Jahre Firma M Dumont Schauberg*) [Köln 1902], S. 3. Siehe auch Rudolf Stöber, *Deutsche Pressegeschichte von den Anfängen bis zur Gegenwart*, 2. Aufl., Konstanz 2005, S. 237.
15 Elke Blumenauer, *Journalismus zwischen Pressefreiheit und Zensur. Die Augsburger „Allgemeine Zeitung" im Karlsbader System (1818–1848)*, Köln/Weimar/Wien 2000, S. 43.
16 Rolf Reichardt, Barrikadenszenen der 48er Revolution: Plurimediale und transnationale Wahrnehmung, in: Horst Carl/Joachim Eibach (Hrsg.), Interkulturelle Kommunikation 1650–1850: Fremdwahrnehmungen – Identitäten – Medienereignisse, Hannover-Laatzen 2007 (im Druck).
17 Die Augsburger *Allgemeine Zeitung* berichtete von 1818–48 aus über 140 Zeitungen des In- und Auslandes, ihre Leitartikel und kommentierenden Beiträge betrafen freilich vor allem deutsche Angelegenheiten. Vgl. Elke Blumenauer, *Journalismus zwischen Pressefreiheit und Zensur. Die Augsburger „Allgemeine Zeitung" im Karlsbader System (1818–1848)*, Köln/Weimar/Wien 2000, S. 105 und 110.
18 Bericht der Augsburger *Allgemeinen Zeitung* vom 30. März 1848; zitiert nach Wilhelm Kreutz, Das Bild der Pariser Februarrevolution in Deutschland, in: Mieck/Möller/Voss (Hrsg.), *Paris* (wie Anm. 11), S. 241–261, hier S. 252.
19 Vgl. u. a. die anonymen Darstellungen: *Frankreich's jüngste Revolution. Gedrängte Zusammenstellung der Ereignisse zu Paris in den Tagen des Februar 1848*, Crossen

1848; *Die Revolution zu Paris 1848*, o. O. [1848]; *Die Französische Revolution, oder: Die Vernichtung des französischen Königthums und die Errichtung der Republik ...*, Krefeld 1848.

20 Vgl. besonders die Übersicht von W. Kreutz (wie Anm. 18), passim.

21 Vgl. die Lieder *Alarm. Im Februar 1848* und *Februarstrophen. 1848*, in: Hermann Rollett, *Republikanisches Liederbuch*, Leipzig 1848, S. 8–12; mit der Musik abgedruckt in: Ulrich Otto, *Die historisch-politischen Lieder und Karikaturen des Vormärz und der Revolution von 1848/49*, Köln 1982, S. 276–278.

22 Zitiert nach Obermann (Hrsg.), *Flugblätter* (wie Anm. 2), S. 55.

23 So die *Vossische Zeitung* vom 28. Februar und die *Allgemeine Preußische Zeitung* vom 3. März 1848, zitiert in Pierre-Paul Sagave, *Berlin und Frankreich 1685–1871*, Berlin 1980, S. 153.

24 *Historisch-politische Blätter für das katholische Deutschland* 21 (1848), S. 361–384, 409–422, 640–674, 681–716 und 745–794; die Zitate nach W. Kreutz (wie Anm. 18), S. 252 f.

25 Gilles Feyel, Des presses à bras aux presses à réaction: la presse quotidienne et l'industrialisation de son impression dans le premier XIXe siècle, in: Gérard Bonnet (Hrsg.), *Imprimerie, édition et presse dans la première moitié du XIXe siècle*, Perpignan 2004, S. 55–91, hier S. 84 f.

26 *La Presse*, 13e année, vom 10. März 1848, Titelseite: „Telle est l'affluence des abonnés à La Presse, que nous sommes obligés de faire quatre compositions; deux pour la première édition qui paraît à cinq heures du matin et deux pour la seconde édition, en demi-feuille, qui paraît à 2 heures après midi. [...] Nous prenons toutes les mesures pour que le journal puisse être distribué à tous nos abonnés, à Paris, au plus tard à 7 heures du matin."

27 Koch, La presse (wie Anm. 11), S. 50; Gilles Feyel, *La Presse en France des origines à 1944. Histoire politique et matérielle*, Paris 1999, S. 114.

28 Marc Martin, Les métamorphoses de la presse quotidienne française au XIXe siècle, in: *Revue française d'Histoire du Livre*, N. S., n° 110/111 (2001), S. 133–149.

29 Honoré Daumier, *Inconvénient d'acheter un journal qui publie les nouvelles douze heures avant les autres*, in: *Le Charivari*, Jg. 17, N° 181 vom 29. Juni 1848; abgeb. in: Rolf Reichardt (Hrsg.), *Französische Presse und Pressekarikaturen 1789–1992*, Mainz 1992, Cover Rückseite.

30 Ursula E. Koch, Macht und Ohnmacht der Presse um 1848: Frankreich und Deutschland im Vergleich, in: Dieter Dowe/Heinz-Gerhard Haupt/Dieter Langewiesche (Hrsg.), *Europa 1848 – Revolution und Reform*, Bonn 1998, S. 771–812, hier S. 781.

31 G. Feyel, Des presses (wie Anm. 25), S. 86.

32 ‚A nos abonnés', in: *La Presse*, 13e année, n° 4309 (28. Februar 1848), Titelseite der Morgensausgabe, Spalte 1.

33 Probe-Nr. des *Journal des Amis de l'Ordre* vom Mai 1849, zitiert nach Koch 1995 (wie Anm. 11), S. 62. „Les lecteurs politiques de Paris se divisent à peu près de la manière suivante: Il y a environ 60 000 abonnés directs aux journaux politiques, et 40 000 abonnés aux cabinets de lecture. [...] Il se vend chaque jour sur la voie

publique environ 200 000 numéros de journaux de toutes nuances. Et le nombre des lecteurs flottants qui ne s'abonnent à aucun journal et qui lisent irrégulièrement, soit dans les cafés, soit dans les cabinets de lecture, soit dans les cercles, soit empruntant le journal à leurs amis ou connaissances, est d'environ 300 000."

34 ‚Les six derniers jours', in: *La Presse*, 13e année, N° 4308 (25.–29. Febr. 1848), 2. Seite, Sp. 2–6.

35 ‚Au Peuple', ebenda, Titelseite.

36 Ebenda. „La République française proclamée le 22 septembre 1792 a allumée la guerre européenne. Elle fut une torche! – La République française proclamée le 24 février 1848 doit fortifier la paix en éclairant le monde. Qu'elle en soit le flambeau! – Ne menaçons aucune nationalité; mais s'il en est une opprimée qui nous implore, soyons assez forts pour la secourir. [...] Proclamons hautement que nous souhaitons que l'Europe toute entière soit républicaine [...]. Craignons d'être révolutionnaires dans la vieille acception qui faisait couler le sang des peuples par haine aveugle contre les rois, mais ne craignons pas d'être républicains, républicains du dix-neuvième siècle!"

37 Die Neugründungen beliefen sich in Köln auf 20, in Berlin auf etwa 66 Titel, in Sachsen betrug die Zuwachsrate sogar 150 Prozent. Vgl. nacheinander Koch 1998 (wie Anm. 30), S. 797–799; Wolfram Siemann, Revolution und Kommunikation, in: Christoph Dipper/Ulrich Speck (Hrsg.), *1848 – Revolution in Deutschland*, Frankfurt/M. 1998, S. 301–313, hier S. 304; Andreas Neeman, Kontinuitäten und Brüche aus einzelstaatlicher Perspektive. Politische Milieus in Sachsen 1848 bis 1850, in: Christian Jansen/Thomas Mergel (Hrsg.), *Die Revolutionen von 1848: Erfahrung – Verarbeitung – Deutung*, Göttingen 1998, S. 172–189, hier S. 174.

38 Dies waren auf der Linken in erster Linie *La Vraie République* von George Sand, *L'Ami du Peuple* von François-Vincent Raspail, *Le Bien public* von Alphonse de Lamartine, *Le Peuple constituant* von Félicité de Lamennais, *Le Représentant du Peuple* von Pierre-Joseph Proudhon; die Gegenseite vertraten *L'Assemblée nationale* der Konservativen und *L'Opinion publique* der Legitimisten.

39 [Gaëtan Delmas], *Les Journaux rouges. Histoire critique de tous les journaux ultra-républicains publiés à Paris depuis le 24 février 1848*, 2e édition, Paris: Giraud & Dagneau 1850, S. 1 f.: „Après le 24 février, Paris est subitement inondé de journaux [...]. Chaque jour, chaque nuit, les presses de la capitale, nouvelles cataractes, vomissent, sur le pavé, des milliards de carré de papiers, qui, tous, du plus petit au plus grand, ont la singulière prétention d'apprendre au peuple ce qu'il doit faire; de tracer au gouvernement la ligne de conduite qu'il doit tenir. Jamais, à aucune époque, on n'a vu pareil débordement."

40 Anne-Marie Ambroise-Rendu, Les journaux du printemps 1848: une révolution médiatique en trompe-l'œil, in: *Revue d'histoire du XIXe siècle*, n° 19 (1999), S. 35–64.

41 Dies sind nur einige wenige Angaben nach der grundlegenden Studie von Rémi Gossez, Presse parisienne à destination des ouvriers, 1848–1851, in: Jacques Godechot (Hrsg.), *La presse ouvrière, 1819–1850: Angleterre, États-Unis, France, Bel-*

gique, Italie, Allemagne, Tchécoslovaquie, Hongrie, Paris 1966, S. 123–190; zur Entwicklung der Gesamtauflage der Pariser Arbeiterpresse die zusammenfassende Grafik ebd., S. 182 f.

42 Viele dieser Zeitungen sind leicht zugänglich in dem von der Firma EDHIS und Maurice Agulhon besorgten Reprint: *1848. La Révolution démocratique et sociale* (= *Les Révolutions du XIX*[e] *siècle*, 3e Série), Bd. 7–10, Paris 1984.

43 Vgl. die mit * markierten Kurztitel in: Bibliothèque Impériale. Département des Imprimes: *Catalogue de l'Histoire de France*, Bd. IV, Paris 1857, S. 6–8, 10 f., 15–18, 32, 36 und 51.

44 A. Constant, *La Marseillaise du peuple*, Flugblatt vom Februar 1848, abgedr. in: Pierre Barbier & France Vernillat, *Histoire de France par les chansons*, t. 7: *La République de 1848 et le Second Empire*, Paris: Gallimard 1959, S. 14–16; s. a. von dem Zimmergesellen Albe Bernard, *La Marseillaise de l'union ouvrière* (1848), ebd., S. 22 f.; sowie E. De Chaumont, *La Marseillaise des Cotillons* (Juni 1848), ebd., S. 28 f.

45 „L'émeute, au bruit des fusillades,
Fait gronder cloches et tambours!
Montez, pavés et barricades,
Débordez, torrents des faubourgs!
Marchez sans peur, Dieu même vous seconde,
Votre bannière est la fraternité,
L'honneur vous guide et votre sang féconde
L'arbre saint de liberté."

E. Villemain, *Les Barrricades. Chansons républicaines*, Paris: Chamerot, 25. März 1848. Zahlreiche weitere Beispiele in den anonymen Liedersammlungen: *Recueil de chansons républicaines*, Nantes [1848]; und *La Voix du Peuple ou les Républicains de 1848. Recueil des chants populaires, démocratiques et sociaux publiés depuis la Révolution de Février*, Paris: Librairie chansonnière de Durand [1848]; sowie Philippe Eugène, *Nouveau chansonnier républicain*, Paris: Giroux & Vialat 1848; und Herbert Schneider (Hrsg.), *La République clandestine (1840–1856): Les chansons de Charles Gille*, Hildesheim 2002. – Ich danke Herbert Schneider, dass er mir Einblick in seine Sammlung revolutionärer Chansonniers gewährt hat.

46 ‚Les six derniers jours', in: *La Presse*, 13e année, N° 4308 (25.–29. Febr. 1848), 2. Seite, Sp. 2–6.

47 „Peuples, venez de toutes parts,
Voir la République nouvelle,
Douce comme une tourterelle,
Formidable comme un rempart;
Frères, serrons-nous autour d'elle."

Pierre Dupont, *La jeune République*, in: ders., *Muse populaire. Chants et poésies*, 5e édition, Paris: Garnier 1858, S. 143–146.

48 Ségolène Le Men, Europa 1848: Die Allgegenwart des Bildes, in dem Ausst.-Kat. des Germanischen Nationalmuseums: *1848: Das Europa der Bilder*, [Bd. I:] *Der Völker Frühling*, Nürnberg 1998, S. 19–41.

49 *Tableaux historiques des principaux événements de la Révolution française de 1848. Douze planches imprimées à deux teintes. Avec texte explicatif*, Paris 1848, 63 S.
50 Ungezählte Serie dokumentiert im Katalog der Collection de Vinck im Kupferstichkabinett der Bibliothèque nationale de France: *Un siècle d'histoire de France par l'estampe, 1770–1871*, Bd. VII, Paris 1955, Nr. 13.431, 13.461, 13.474, 13.500, 13.511, 13.514, 13.517, 13.530, 13.915.
51 *Berliner Randzeichnungen zur Geschichte der Gegenwart. Erstes Heft: Variationen über Louis Philipp*, Berlin: W. Scholz 1848.
52 Jean-Pierre Bacot, Trois générations de presse illustrée au XIXe siècle, in: *Réseaux* 111 (2002), S. 217–234; ders., *La presse illustrée au XIXe siècle. Une histoire oubliée*, Limoges 2005, S. 43–67 mit weiterführenden Literaturangaben.
53 *Journées illustrées de la Révolution de février 1848. Prospectus*, [Paris 1848], S. 1. Ebenda heißt es ausdrücklich: „L'*Illustration* anglaise nous fournira un riche contingent de gravures, l'*Illustration* allemande a des dessins pleins de vérité sur les sujets de son histoire nationale; et le *Mundo illustrato* de Turin lui-même sera mis par nous à contribution, sur les affaires d'Italie."
54 *Illustration*, N° 284 (5. August 1848), S. 352. Dazu Jean-Pierre Bacot, 1848 et l'*Illustration*. La double naissance du reportage illustré et de la post-réception des gravures, in: Marie-Ève Thérenty/Alain Vaillant (Hrsg.), *Presse et plumes: journalisme et littérature au XIXe siècle*, Montpellier 2004, S. 185–194. „Voici une publication populaire s'il en fut, publication nationale, européenne, universelle. [...] La première livraison est tirée à 200 000 exemplaires et sera mise en vente, dans quelques jours, chez tous les libraires et au coin de toutes les rues à quinze centimes."
55 So der Ansatz von Hans-Jürgen Lüsebrink/Rolf Reichardt, *Die ‚Bastille'. Zur Symbolgeschichte von Herrschaft und Freiheit*, Frankfurt/M. 1990, S. 59–92.
56 *Journées illustrées*, 4. Liefg., 1848, S. 11.
57 Eugène Forest: *Cré Couin! ... comme on s'enfonce la dedans*, kolorierte Lithographie 22,2 × 18,5 cm, Paris: Lith. Mendouze/Osterwald ainé, 1830 (BnF, Est., Hennin 14.414).
58 Honoré Daumier: *Le Gamin de Paris aux Tuileries*, Kreidelithographie 25,0 × 36,0 cm, in: *Le Charivari*, 17e année, N 64 (4. März 1848). Legende: „Cristi! ... comme on s'enfonce là dedans."
59 „Chacun monte à son tour sur le fauteuil de velours à torsades d'or, s'y installe, dit son mot, et cède la place à un autre. Pendant que la royauté se sauve dans une voiture de louange, on joue au roi détros . [...] Tout à coup une décharge retentit, c'est le buste de Louis-Philippe qui vole en éclats. La royauté vient d'être exécutée en effigie."*Journées illustrées*, 4. Liefg., 1848, S. 11.
60 Diese zeigt im Hintergrund statt der – sonst üblichen – Silhouette von London diejenige von Paris mit Notre-Dame; im Vordergrund das aufständische Volk beim Barrikadenbau; das alles halb verdeckt durch die schwungvolle zusätzliche Titelzeile „The French Revolution".
61 Fabrice Bensimon, *Les Britanniques face à la révolution française de 1848*, Paris 2000, S. 196.
62 Der zugehörige Text ist äußerst knapp: „*The work of Destruction at the Tuileries*, on

Thursday, is illustrated in the five succeeding Engravings. First is the Throne-Room, whence the Royal seat of State was carried out, broken into pieces, and burnt." Vgl. *Illustrated London News*, N° 305 & 306 (4. März 1848), S. 146.

63 Charles Vallet: *Le peuple dans la salle du trône*, Kreidelithographie, Paris: Decan 1848 (BnF, Est., Qb1, M 113465).

64 *Der Thronsaal in den Tuilerien am 24. Februar*, unsignierter Holzstich, 16,0 × 23,0 cm (Zeichnung), in: *Illustrirte Zeitung*, Bd. X, N° 246 (18. März 1848), S. 94.

65 Delangle nach Ratté: *Il trono di Luigi Filippo distrutto dal popolo il 24 febbraio 1848*, Holzstich 17,0 × 23,0 cm (Zeichnung), in: *Il Mondo illustrato*, Jg. 2, N° 11 (15. April 1848), S. 164

66 *Het volk in de Troonzaal der Tuillerien*, unsignierte Kreidelithographie, 10,0 × 13,0 cm (Zeichnung), in: *De Tijd: merkwaardigheden der letterkunde en geschiedenis van den dag; voor de beschaafde wereld/uitg. door eene vereenigung van letterkundigen*, Teil 7 (1848), nach S. 204.

67 Wolfgang Cilleßen, „*De Gouden Eeeuw herboren in de Fransche Republiek van 1848*" – Die niederländische Rezeption der Februarrevolution in Paris, in: Ders. & Rolf Reichardt (Hrsg.), *Revolutionäre und gegenrevolutionäre Grundpositionen in der europäischen Bildpublizistik 1789–1848* (Druck in Vorbereitung).

68 *De Tijd*, Teil 7 (1848), S. 215.

69 N. Currier: *The French Revolution. Scene in the Throne-Room of the Tuileries, Feby. 24th* 1848, Paris/New York/London: Godard/Goupil/Gambard, April 1848.

70 *Journées illustrées*, 4. Liefg., 1848, S. 12. „Le trône fut promené triomphalement sur les boulevards à travers les barricades et au son des tambours battant la charge. Il était escorté d'une foule de combattants portant presque tous quelques oripeaux arrachés aux tentures des appartements."

71 Henri Valentin: *Le peuple promenant le trône de Louis-Philippe le 24 février 1848*, Holzstich 11,7 × 18,1 cm, in: *L'Illustration*, Bd. XI, N° 262 (4. März 1848), S. 8.

72 Raunheim & Naissant: *Le trône des Tuileries transporté par le peuple à la Bastille*, kolorierte Lithographie, 22,2 × 31,5 cm, Paris/London: Lebrasseur/Gambart & Cie 1848 (BnF, Est., de Vinck 13.526). Dieses Blatt bildete die N° 3 der Serie *Révolution française 1848*.

73 *Journées illustrées*, 4. Liefg., 1848, S. 12.

74 Victor Adam & Jules Arnout: *Le peuple brûle le trône … / The people burn the throne …* Camaieu-Lithographie 27,6 × 37,8 cm, Paris/New York: Goupil, Vibert & Co/London: Gambart & Cie, 1848 (BnF, Est, de Vinck 13.532).

75 Jules David: *Le Trône brûlé à la Colonne de Juillet 24 février*, Camaieu-Lithographie, 29,0 × 42,0 cm, Paris/London: Bulla & Jouy/Gambart et Cie 1848 (BnF, Est., de Vinck 13.530).

76 „Le peuple ayant été trompé par Louis-Philippe qui avait promis un gouvernement Constitutionnel lors de son avènement au Trône en 1830, résolut de s'en venger; étant parvenu dans l'enceinte de l'habitation monarchique, il s'empara du siège Royal et le transporta au pied de la colonne de Juillet afin de l'offrir en holocauste aux mânes de ces immortelles victimes de la liberté qui vient d'être recon-

quise par de nouveaux héros le 25 Février 1848 et du foyer de l'oppression est sorti la République appuyée sur le Patriotisme Français."

77 „Irlande, Allemagne, Italie,
Peuples si longtemps outragés,
Allons, que ce cri vous rallie,
De par nous, vous êtes vengés.
Car nous avons, sur la place publique,
Brûlé le trône, et nos voix s'élevant
Quand on jetait sa cendre au vent
Criant: Vive la République!"
Auguste Allais, *Vive la République*, in: Pierre Barbier/France Vernillat, *Histoire de France par les chanons*, Bd. 7: *La République de 1848 et le Second Empire*, Paris 1959, S. 13; s. a. das anonyme Lied *La Blouse entrée dans le palais des rois* (1848), abgedr. ebd., S. 20–22.

78 *Historisch-politische Blätter für das katholische Deutschland* 21 (1848), S. 365; zitiert nach W. Kreutz (wie Anm. 18), S. 252.

79 *Un coup de vent*, Federlithographie, in: *Journal pour rire*, N° 5 (März 1848), S. 25.

80 Rolf Reichardt, Februarrevolution, in: *Enzyklopädie der Neuzeit*, Bd. III, Stuttgart 2006, Sp. 848–859.

Carola Dietze

Von Kornblumen, Heringen und Drohbriefen

Ereignis und Medienereignis am Beispiel der Attentate auf Wilhelm I.

Ereignisse geschehen nicht, Ereignisse werden gemacht. Ereignisse werden zu Ereignissen, weil gesellschaftliche Gruppen bestimmten realen oder fiktiven, bereits geschehenen oder erst erwarteten Handlungen und Vorkommnissen eine Bedeutung zuweisen, auf sie reagieren, über sie sprechen und schreiben, sie deuten, sie in ihre Argumentations- und Handlungsstrategien einbeziehen, sie erinnern. Welche Bedeutung die Handlungen und Vorkommnisse haben, steht dabei nicht fest – sie enthalten ihre Deutung nicht selbst. Doch ist ihre Interpretation auch nicht völlig offen. Ihre Bedeutung entsteht in sozialen Interpretations- und Aushandlungsprozessen in einem spezifischen kulturellen und historischen Kontext auf Grund bestimmter Anhaltspunkte.

Das Attentat des Klempnergesellen Max Hödel am 11. Mai 1878 ist dafür ein gutes Beispiel. In den Aufzeichnungen Wilhelms I., die sich im Brandenburgisch-Preußischen Hausarchiv finden, beschreibt der Kaiser das Geschehen wie folgt:

> „Als ich am 11. Mai 78 mit meiner Tochter der Groß Herzogin von Baden in meiner offenen Calèche vom Thiergarten zurückkam, und um ½ 4 Uhr N. M. [nachmittags] die Linden rechts hinauf fuhr, fiel, bevor wir das Haus der Russ[ischen] Botschaft erreichten, ein Schuß von rechts kommend in größter Höhe gegen den Wagen. Da ich im Gespräch mit meiner Tochter war u. links gegen sie gewendet saß, konnte ich nichts [sic] sehen, woher der Schuß kam noch wer ihn abgab u. sagte mir, daß hinter dem Wagen ein Schuß gefallen sei. Als dann Augenblick darauf ein 2. Schuß fiel u. mein Jäger vom Bock sprang u. der Wagen anhielt, richtete ich mich im Wagen auf u. nach rückwärts sehend, sah ich einen Menschen davonlaufen der schon die innere Promenade erreicht hatte u. meinen Jäger u. 10–12 Menschen demselben nachlaufen [...]. Da sich sofort ein Haufen Menschen um meinen Wagen versammelte u. ein Artillerie Offizier herrantrat [sic] u. nach meinen Befehlen fragte, worauf ich ihm sagte, er möge mir Nachricht nach dem Palais bringen, sobald der Thäter gefaßt sein würde, befahl ich weiter nach Hause zu fahren. [...] Ich war, trotzdem daß meine Tochter sehr bewegt war, doch nicht über-

zeugt, daß von einem Attentat die Rede sei, da die Groß Herzogin mir erst viel später erzählen konnte, wie sie den ganzen Vorgang gesehen habe, so daß mir nun erst klar wurde, daß von einem Verbrechen die Rede sein müsse [...] Wilhelm 11/5 78."[1]

Der Kaiser, Opfer eines Attentatversuchs, bemerkte von diesem nichts. In das Gespräch mit seiner Tochter vertieft, hörte er zwar Schüsse, bezog sie aber nicht auf sich. So wäre er seelenruhig weitergefahren, wenn der Kutscher nicht den Wagen angehalten hätte, damit einer der Begleiter zusammen mit Passanten dem flüchtenden Hödel nachsetzen konnte. Zudem umschloß eine Menschenmenge die Kutsche. Doch selbst diese Reaktionen seiner unmittelbaren Umgebung konnten den achtzigjährigen Kaiser nicht davon überzeugen, dass auf ihn ein Attentat versucht worden war. Erst auf Grund eines ausführlichen Augenzeugenberichts seiner Tochter begann Wilhelm I. zu glauben, dass soeben jemand nach seinem Leben getrachtet hatte. Und erst in dem Moment, in dem er diese *Deutung* seiner Umwelt übernahm, bekam das Geschehen für ihn *Bedeutung*: Wilhelm I. wurde klar, „dass von einem Verbrechen die Rede sein müsse".

Das historische Ereignis – so lässt sich an diesem Beispiel im Anschluss an Egon Flaig und etwa gegen Martin Seel und Johanne Villeneuve zeigen – ist als solches nicht über objektive Kriterien definiert. Es ist kein Vorgang, der auf allgemein nachvollziehbare Weise das Kontinuum der Zeit sprengt, mit der Kontinuität der historischen Bewegung bricht oder etwa in eine geschichtliche Kontinuität *ein*bricht. Was genau sollte so eine geschichtliche Kontinuität auch sein und wie hat man sich den Einbruch des Ereignisses dahinein vorzustellen? Betrachtet man die Schüsse Hödels – also die Handlung, die das hier vorzustellende Ereignis auslöst – sowie die unmittelbare Reaktion Wilhelms I. darauf, kann höchstens von einer kurzen *Unter*brechung die Rede sein, nämlich der Fahrt ins heimatliche Palais.[2] Ebenso wenig lässt sich das Ereignis über einen objektiven Gehalt an Überraschung oder Ungeheuerlichkeit definieren – von beidem fehlt im Bericht Wilhelms I. jede Spur. „Wäre die Überraschung ein konstitutiver Bestandteil des Ereignisbegriffs, dann wären Ereignisse schlicht und einfach ein Resultat unseres mangelnden Wissens oder unserer unzureichenden Informationsverarbeitung", wie Flaig argumentiert hat. Und was als ungeheuerlich gilt, hängt „an normativ gestützten Erwartungen".[3] Schließlich ist es auch nicht notwendig die Bewegung oder eine vermeintlich objektive Veränderungsdynamik, die das Ereignis ausmachen. Zumindest in dem angeführten Falle scheint eine solche Dynamik nicht zwangsläufig gegeben.[4] Gleichwohl war der Attentatsversuch Max Hödels sofort ein Ereignis ersten Ranges, und zwar mit weitreichenden Folgen.

Wie man den Zeitungen entnehmen kann, hatten sich schon eine halbe

Stunde nach dem Vorfall Unter den Linden „große Menschenmassen“ vor dem kaiserlichen Palais versammelt, die mit Hurra-Rufen „in begeisterter Weise ihre Sympathien“ kundgaben.[5] Den Berichten zufolge strömten die „Menschenmassen“ bis in den Abend hinein aus den „entlegensten Vorstädten“ zum Palais, „die Volkshymne singend“.[6] Wiederholt musste sich Wilhelm I. am Fenster oder auf dem Balkon dem Publikum zeigen. Zudem kamen die gesamte königliche Familie, die Staatsminister, Moltke, die Generalität, die Botschafter und das Präsidium des Reichstags zur Beglückwünschung in das Palais. Abends fuhr der Kaiser in Begleitung des Kronprinzen und der Großherzogin von Baden ins Opern- und Schauspielhaus. Auf seinem Wege waren die Straßen beflaggt, „illuminiert“ und von bengalischem Feuer beleuchtet.[7] Von der „Volksmenge“, die sich auf den Straßen versammelt hatte, wurde er „mit stürmischen Zurufen begrüßt“. Und als der Kaiser die Oper betrat, erhob sich das gesamte Publikum, begrüßte ihn wiederum mit „stürmischen Hochrufen“ und stimmte unter Musikbegleitung die Nationalhymne an.[8]

Die *Frankfurter Zeitung* berichtete noch am selben Tag in ihrer Abendausgabe mit zwei kurzen telegraphischen Depeschen über den Vorfall in Berlin.[9] Am nächsten Morgen wurde das Geschehen in der *Frankfurter Zeitung* unter der Überschrift „Das Attentat auf den Kaiser“ gleich auf der ersten Seite kommentiert: „Die ruchlose, abscheuliche That, deren Schauplatz heute Berlin war, wird nicht nur in Deutschland, sondern in der ganzen Welt die Gemüther aufs heftigste erregt und mit tiefem Abscheu vor dem Frevel, wie zugleich mit innigster Freude über das Misslingen erfüllt haben“, so urteilte das liberale Blatt, um gleich darauf seine Deutung des Falles zu etablieren: „Die Engländer haben Recht, wenn sie alle Attentate auf ihre Regenten als Akte des Wahnsinns behandeln, und wir in Deutschland können ein Attentat, das gegen das Leben des Kaisers gerichtet ist, gegenwärtig auch kaum anders auffassen. Wenigstens“, so die mit defensivem Unterton vorgetragene Bitte, „möge jede andere Auffassung, die, wie sich leicht denken lässt, von manchen Seiten mit Eifer ergriffen und verbreitet wird, so lange schweigen, bis über die Person des Ruchlosen und die Motive seiner That Aufklärungen vorliegen, die ein Urtheil erlauben.“[10] Auf diese Weise versuchten die Herausgeber die Interpretation eines Hochverrats von Seiten der Sozialdemokratie in Frage zu stellen und eine alternative Deutungsmöglichkeit anzubieten.

Was Handlungen oder Vorkommnisse zu Ereignissen werden lässt, ist kein objektiver Bruch mit der historischen Kontinuität, keine ihnen innewohnende Veränderungsdynamik oder Ungeheuerlichkeit, sondern die Behandlung durch Akteure.[11] Ereignisse sind vergangene oder zukünftige, reale oder fiktive Handlungen und Vorkommnisse (Revolutionen, Staatsstreiche oder Börsencrashs ebenso wie Naturereignisse, Prodigienerscheinungen oder das mehrfach angekündigte Ende der Welt), die aus der Normalität alltäglicher Erfahrung, dem ‚Erfahrungsraum' und ‚Erwartungshorizont' der Zeitgenossen herausfallen und denen vor einem spezifischen historischen Hintergrund eine besondere Signifikanz zugewiesen wird.[12] Ereignisse haben demnach zwei analytisch zu trennende Ebenen: ein Geschehen und die Reaktionen darauf. Diese Reaktionen können wiederum den Ausgangspunkt für weitere Reaktionen darstellen. Grundsätzlich gilt: Je mehr Menschen dem Geschehen Bedeutung beimessen und je größer die Bedeutung, die sie ihm beimessen, desto größer das Ereignis. Es gibt also keinen qualitativen Sprung, der die Grenze zum Ereignis markieren würde. Dabei enthalten Handlungen und Vorkommnisse, die die Grenzen des Alltäglichen und Erwartbaren überschreiten, ein höheres Potential zur Veränderung als alltägliche und vertraute Situationen: Indem sie den Erfahrungsraum verschieben, verändern sie auch den Erwartungsraum und sind in besonderer Weise deutungsbedürftig und deutungsoffen.[13]

Zentral für das Hervorbringen und die Wirkung von Ereignissen ist folglich die kollektive Verarbeitung und Interpretation des je individuell als bedeutsam erfahrenen Geschehens durch die Zeitgenossen. Sie erfolgt mit Hilfe von Zeichensystemen, vor allem der Sprache. „Was dieses Sprechen angeht, das gerade da das Ereignis macht, wo es vorgibt, es einfach nur auszusagen, zu beschreiben oder mitzuteilen, öffnet sich uns ein riesiges Feld für die kritische Analyse", so Jacques Derrida. Denn: „Eine Interpretation tut, was sie sagt, während sie gleichzeitig vorgibt, eine von ihr unabhängige Realität bloß auszusagen, zu zeigen oder zu übermitteln. Tatsächlich ist die Interpretation produktiv und in gewisser Weise immer schon performativ."[14] Der Augenzeugenbericht, den die Großherzogin von Baden ihrem Vater gab und der den Kaiser das gerade Erlebte erst als Attentat und somit als Verbrechen deuten ließ, ist ein Beispiel für den performativen Charakter sprachlicher Interpretationen; ein weiteres wäre die Deutung des Hödel'schen Attentats als Tat eines Wahnsinnigen durch die *Frankfurter Zeitung*. In Deutungen dieser Art „wird geprüft, ob die individuelle Einschätzung für die anderen Mitglieder eines Kollektivs valid ist oder nicht", man verständigt sich über den Sinn der Handlung, die das Ereignis ausgelöst hat, man konstruiert seine Bedeutung, setzt Begriffe und hat somit Teil an der Konstitution des Ereignisses, bringt es mit hervor.[15]

In diesem Prozess kommt den Medien wegen ihrer großen Reichweite und Verbreitung als Mittel der überindividuellen Kommunikation ein besonderer Stellenwert zu.[16] Dabei reflektieren auch Flugblätter, Zeitungen, Radio-, Fernseh- oder Internetbeiträge nicht einfach das Ereignis, sondern sie konstituieren es zuallererst für eine größere Öffentlichkeit. Dem trägt der Begriff des Medienereignisses Rechnung. In einem und durch ein Medienereignis findet eine merkliche Intensivierung von Kommunikationsprozessen statt; die Kommunikation überschreitet soziale und räumliche Grenzen, Kommunikationsräume verdichten sich, es treten Wechselwirkungen zwischen ihnen ein. Auch die Medien selbst sowie ihre Berichterstattung werden hierbei Thema und Gegenstand medialer Kommentare und Beobachtung. Inhaltlich zeichnen sich Medienereignisse dadurch aus, dass sie in besonderem Maße Debatten und Kontroversen auslösen beziehungsweise dass in ihnen gesellschaftlich virulente Kontroversen und Diskussionen ausgetragen werden. In einem Medienereignis wird um Meinungsführerschaft gerungen; es geht um die Herstellung von Sinn und das Ausschließen dessen, was als Un-Sinn gilt oder zu gelten hat. Deshalb lösen Medienereignisse Prozesse der Identitätsbildung und Abgrenzung aus, sie wirken gemeinschaftsstiftend. Medienereignisse bilden Ereignisse ab und sind zugleich Teil des Ereignisses.

Wie an den Schilderungen oben deutlich geworden ist, wurde das Attentat Hödels jedoch nicht allein durch mediale Interpretationen zum Ereignis, sondern auch durch direkte Kommunikation, Handlungen und die Verwendung von Symbolen. Man denke etwa an die Menschen, die vor dem Palais zusammenströmten, um den Kaiser zu sehen und ihm zuzujubeln, die das Ereignis diskutierten, ihre Häuser beflaggten, bengalische Feuer anzündeten oder im Theater aufstanden und die Nationalhymne sangen, als Wilhelm I. eintrat. Diese Handlungen und Äußerungen waren zum überwiegenden Teil symbolisch intendiert: Die Akteure wollten damit ihre Solidarität mit dem Kaiser und ihren Patriotismus ausdrücken und antworteten so auf die „Propaganda der Tat“, auf die Symbolik also, die den fehlgegangenen Schüssen des Klempnergesellen Max Hödel auf das Oberhaupt des Staates innewohnte. Solche körperlichen Handlungen, außersprachlichen Mittel oder sprachlichen Äußerungen stellen John L. Austin zufolge illokutionäre oder perlokutionäre Akte dar, insofern als sie Mitteilungen sind, die Antworten oder Nachspiele hervorrufen.[17] Sie sind folglich auf ähnliche Weise performativ wie mediale und andere sprachliche Äußerungen und waren ebenso daran beteiligt, das Ereignis „Attentat“ zu schaffen, wie die Berichte und Interpretationen in den Medien.

Im Folgenden werden an Hand ausgewählter Beispiele die vielfältigen Bestandteile, die das Ereignis des Attentats auf Wilhelm I. ausmachten, aufgezeigt, um auf diese Weise das Ereignis in seiner Bedeutung und Funktionsweise vorzuführen. Das besondere Augenmerk gilt dabei dem Verhältnis von Handlungen, direkter Kommunikation, der Verwendung von Symbolen und der medialen Berichterstattung, also der Frage, wie sich das Ereignis außerhalb der Medien und das Medienereignis innerhalb des Gesamtereignisses „Attentat" zueinander verhielten.[18] Dabei wird der Attentatsversuch Max Hödels im Zusammenhang mit den Reaktionen auf das Attentat von Carl Nobiling behandelt, das rund zwei Wochen später, am 2. Juni 1878, ebenfalls Unter den Linden in Berlin erfolgte. Während Hödels Revolverschüsse den Kaiser verfehlten, trafen Nobilings Schrotsalven Wilhelm I. an Kopf, Rücken und Armen, verletzten ihn aber nicht tödlich. Beide Attentate wurden von Zeitgenossen im Zusammenhang gesehen und gedeutet. Sie gaben Anlass zu einem übergreifenden Ereignis und müssen deshalb auch hier im Zusammenhang gesehen werden.[19]

Die Attentate auf den Kaiser waren ein Angriff auf die Staats- und Gesellschaftsordnung des Deutschen Reiches. Als solche verlangten sie eine Reaktion in Wort und Tat. Gleichgültigkeit oder Neutralität waren nicht möglich oder besser: Wer eine unbeteiligte Haltung einnahm, konnte bereits in Verdacht geraten. Das galt national wie international: Während in Berlin die königliche Familie, die Staatsminister, die Generalität, die Botschafter und das Präsidium des Reichstags persönlich bei Wilhelm I. vorsprachen, um ihm ihre Glückwünsche zu überbringen, fanden sich in den verschiedenen deutschen Staaten und im Ausland ähnliche Delegationen bei den Repräsentanten Preußens oder des Deutschen Reiches ein. So berichtete etwa der Polizeipräsident in Frankfurt am Main an das Innenministerium, dass „das am 11. dss Mts. [dieses Monats] gegen Seine Majestät den Kaiser und König gerichtete ruchlose Attentat auch hier in allen Schichten der Bevölkerung lebhafte Entrüstung und das Mißlingen desselben ebenso große und einhellige Freude hervorgerufen" habe.

> „Viele Personen aus allen Ständen haben als Ausdruck derselben Veranlassung genommen, mir ihren Besuch zu machen und ihre Theilnahme auszusprechen. Zu diesen Personen zählen namentlich die hiesigen Consuln, insonderheit die Berufs-Consuls von Rußland, Italien und Frankreich, welche sogleich nach dem Bekanntwerden der schmachvollen That und der glücklichen Bewahrung Seiner Majestät bei mir erschienen, um in wärmster Weise ihre Glückwünsche darzubringen."[20]

Das persönliche Vorsprechen und Überbringen von Worten der Anteilnahme war ein diplomatischer Akt, der performativ ist, insofern er Wirklichkeit schuf. Die Handlung – das persönliche Erscheinen der Konsuln – verlieh den Worten Gewicht und erhöhte damit ihre Glaubwürdigkeit sowie ihren Wert.

Personen und Korporationen, die nicht persönlich erscheinen konnten, schickten Telegramme oder Briefe. „Eben infames attentat erfahren. – bitte allerunterthaenigsten glueckwunsch zu gluecklicher errettung aus lebensgefahrt sr. [seiner] majestaet vermelden zu wollen", lautet das Telegramm, das etwa der Graf Fürstenberg-Stammheim noch am Abend des 11. Mai 1878 nach Berlin sandte. Und Alfred Krupp ließ um 7 Uhr und 55 Minuten von Essen aus an Graf von Pückler, den Chef des Königlichen Hof-Marschall-Amtes, telegraphieren: „Wir danken alle Gott dem Schirm unseres Kaisers, Krupp."[21] Aber auch die Tischgesellschaft im Hotel Mönnig zu Coesfeld, der Kriegerverein in Niedermarsberg (Westfalen), die Deutschen Kolonien in Triest, Milan, Moskau, Rio de Janeiro, Juiz de Fóra, Dom Pedro und auf Neuseeland, die Primaner des Wernigeroder Gymnasiums sowie viele Adlige, Bürger und insbesondere Bürgerinnen aus Deutschland und Österreich traten mit der Bitte an das Hofmarschallamt, dem Kaiser ihre Glückwünsche zum glimpflich überstandenen Attentat beziehungsweise ihre besten Wünsche für die Genesung auszusprechen.[22] Die Zeche Alstaden schickte einen Brief mitsamt einer mehrseitigen Unterschriftenliste, in die sich die Angestellten und Arbeiter des Betriebs eingetragen hatten, und auch aus Köln kam ein Brief mit einer Unterschriftensammlung von Bürgern und Bürgerinnen der Stadt.[23]

Nach dem zweiten Attentatsversuch erreichten darüber hinaus Geschenke und Blumen in großer Zahl den Hof: Frau B. Guttentag aus Breslau übersandte eine selbst gefertigte Decke, H. Reifemate und seine Ehegattin eine Stickerei ‚Wartburg', S. Bahnsen aus Reinbeck schickte dem Kaiser Erdbeeren und R. Wilke aus Horstenstein Honig. Das Kollegium der Stadt Goslar überreichte ein Album mit photographischen Ansichten der Stadt, der Kreisrabbiner in Rotenburg an der Fulda J. Strauß übermittelte ein gedrucktes Exemplar der „Rede", mit der er „den Gefühlen der Pietät gegen Sn. [Seine] Majestät [...] an heiliger Stätte entsprechenden Ausdruck" gegeben hatte, und P. Runge, Lehrer am Kaiserlichen Lyceum zu Colmar, erlaubte sich, seine selbst komponierte Verherrlichung des Kaisers für einen vierstimmigen gemischten Chor mit dem Titel *Salvum fac imperatorem* ehrerbietigst zu überweisen. Ferdinand Schaffner aus Hamburg sandte eine Schlafdecke aus „einer echten weichen Elchenhaut", J. G. Segel aus Den Haag Heringe und von „den Deutschen aus Bordeaux" traf ein Brief mit einer „bescheidenen Sendung von hundert Flaschen der allerbesten Weine" ein, von denen die Spender hofften, dass sie „mit Gottes Segen den hohen Zweck Eure Majestät auf's neue zu stärken wirksam erfüllen werden".[24] Zudem erhielt das Königliche Hofmarschallamt Dutzende von Blumensträußen, darunter viele aus Kornblumen, der Blume also, die der Kaiser wohl wegen ihrer preußisch-blauen Farbe und in Erinnerung an seine Mutter Luise einst zu seiner Lieblingsblume erklärt hatte.[25]

Das Abschicken von Telgrammen und Briefen sowie das Verfertigen und Übersenden der Geschenke an den Kaiser stellte primär ein Zeichen der Anteilnahme mit dem Monarchen dar. Der Gehalt der Zeichen verfehlte seine

Wirkung auf den greisen Kaiser nicht: „Manche Stunde muß er ganz ruhen, oft schlummert er, längeres Sprechen greift ihn an", beschrieb die Großherzogin von Baden etwa zwei Wochen nach Nobilings Attentat den Zustand ihres Vaters in einem Brief an eine Hofdame: „Ab und zu macht er wohl einen Scherz, aber wir finden ihn trotz zunehmender Kräftigung doch oft sehr traurig, da neben seiner Hülflosen Lage ihn wohl mancher trüber Gedanke drücken mag. Ein Blumenmeer umgiebt ihn, und die rührenden Zeichen der Liebe thun ihm wohl. [...] Die Fülle von Kornblumen ist kaum zu beschreiben, von Nah und Fern kommen die Gaben der Liebe."[26] Diesen Handlungen war jedoch zugleich eine starke politische Symbolik eigen. Explizit wird dieser politische Gehalt beispielsweise in den Antwortschreiben des Königlichen Hofmarschallamtes. Der Hauptlehrer F. J. Sänger aus Köln hatte eine Glückwunschadresse eingesandt, deren „kalligraphische Ausführung einzig und allein von 12 und 13 jährigen Knaben", seinen Schülern, herrührte. Hofmarschall Graf von Perponcher-Sedlnitzky teilte ihm in seiner Antwort mit, dass Seine Majestät die Adresse mit besonderem Interesse entgegenzunehmen geruht und ihn beauftragt habe, „Ihnen für diese Aufmerksamkeit und die ausgesprochene patriotische Gesinnung den herzlichsten Dank" auszusprechen.[27] Dass der Glückwunsch an Wilhelm I. als Ausweis vaterländischer Gesinnung gelten konnte, zeigt darüber hinaus die Bitte des Privatlehrers Justus Zimmermann um eine amtliche Bestätigung, dass er sich in die Liste der Stadt Köln zur Beglückwünschung Seiner Majestät des Kaisers eingetragen habe. Da der Bitte entsprochen wurde, erschien sie dem Hofmarschallamt anscheinend keineswegs abwegig.[28]

Einen öffentlich sichtbaren politischen Wert erhielten diese individuell und persönlich vorgebrachten Teilnahmebekundungen, Telegramme, Briefe und Geschenke auf lokaler Ebene durch eine Ausstellung am Hof. Auf Initiative der Kaiserin Augusta wurde am 20. Juli 1878 eine Ausstellung im Gardes-du-corps-Saal des Berliner Schlosses eröffnet. Gezeigt wurden die „aus Anlaß der beiden Attentate an Seine Majestät den Kaiser u. König gerichteten Adressen und Einsendungen, insoweit solche durch ihre Ausstattung oder sonst irgend wie bemerkenswerth und ein allgemeines Interesse in Anspruch zu nehmen geeignet sind", wie es in einem Schreiben des Grafen Pückler an den Chef des Geheimen Zivilkabinetts heißt.[29] Die Ausstellung wurde durch Inserate in allen bedeutenden Zeitungen Berlins angekündigt. Das Eintrittsgeld von 50 Pfennigen ging dem Kaiserin-Augusta-Hospital zu. Bis Mitte August wurden 619 Mark eingenommen, woraus sich schließen lässt, dass mindestens 1238 Personen in das Palais kamen, um sich die Adressen und Geschenke an den Kaiser anzusehen, die vom Hof für bemerkenswert gehalten wurden.[30]

Auch Bürger und Bürgerinnen des Deutschen Reiches gaben der Solidarität mit dem Staatsoberhaupt auf öffentliche Weise Ausdruck. An vielen Orten fanden in Kirchen und Synagogen Gottesdienste statt, die auf das Attentat eingingen. Viele der Predigten erschienen später im Druck. In Frankfurt am Main wurde als „öffentlicher Ausdruck des Dankes und der Freude über die glückliche Errettung Seiner Majestät [...] am Vormittage des 12. dss Mts. (Sonntags), unmittelbar nach dem Gottesdienste eine Stunde lang ein feierliches Läuten sämmtlicher Glocken des neuen, schönen Domgeläuts veranstaltet".[31] Nicht allein in Berlin, sondern auch in anderen Orten des Reiches beflaggte man die Häuser und veranstaltete spontan Feste zu Ehren des Kaisers, beispielsweise in Greifswald:

> „Zur öffentlichen Kundgebung der allgemeinen Freude über die glückliche Errettung Sr. [Seiner] Majestät des Kaisers von Deutschland, Wilhelm I., bitten wir unsere Mitbürger, festlich zu flaggen. Zur besonderen Feier findet statt: In der Mittagsstunde: Geläut der Kirchenglocken von St. Nicolai, um 3 Uhr: Auszug der Jäger-Kapelle vom Markt nach dem Gesellschaftsgarten, von 4 Uhr ab: Fest-Concert im Gesellschaftsgarten (Eintritt frei), Um 7 Uhr: Zug durch die Stadt vom Gesellschaftsgarten aus, auf dem Markte Hoch auf den Kaiser."[32]

Wie aus Dresden überliefert ist, äußerten Herren ihre vaterländische Gesinnung darüber hinaus, indem sie sich eine Kornblume an das Revers steckten.[33]

Durch die Zeitungsberichterstattung bekamen diese Handlungen auch für das überregionale und internationale Publikum Bedeutung. „Im Laufe des Sonntags und Montags liefen aus allen Theilen Preußens und Deutschlands, sowie von fast allen Höfen Europas Glückwunsch-Telegramme, sowie Nachrichten über die allseitig stattgefundenen Kundgebungen der öffentlichen Teilnahme für den Kaiser ein", hieß es etwa am 14. Mai 1878 in der *Provincial-Correspondenz*. Und das offiziöse Wochenblatt, das als Stimme Otto von Bismarcks galt, zitierte die Sonntagspredigt Dr. Kögels, des Hofpredigers im Berliner Dom: „Unserem König gehört unsere Liebe, frei, ganz, voll. Die alten preußischen, die neuen Reichsfahnen, die gestern von allen Dächern wogten und wallten, [...] sie rauschen's herab heut zu Jung und Alt: ‚ehret den König!'"[34] Auf diese Weise lieferte die Zeitung die offizielle Interpretation der vielerorts sichtbaren Symbole gleich mit. Doch berichteten die Medien nicht nur über die Reaktionen aus der Bevölkerung, sondern sie trugen auch zu ihrer Entstehung bei. So hieß es beispielsweise einen Tag nach Hödels Attentat, in der Vossischen Zeitung: „die Nachricht des unseligen Attentats wird doch bei Allen nur einen Eindruck, den des Entsetzens, hervorrufen, und die Liebe des deutschen Volkes zu seinem Kaiser wird sich in tausend Zeugnissen jetzt sicher nur umso leuchtender und lebensvoller der Welt kundgeben."[35]

Diese journalistische Einschätzung hat vor allem Aufforderungscharakter: Sie informiert über die opportune Gefühlslage und deutet gewünschte Handlungsoptionen an.

In der internationalen Berichterstattung waren die Glück- oder Genesungswünsche ebenfalls Thema: Die *Times* aus London, die *Washington Post* und die *New York Times* hatten schon am Tag zuvor auf der Grundlage eines Telegrams der Nachrichtenagentur Reuters vom 12. Mai aus Berlin berichtet: „Telegrams congratulating the Emperor on his escape are continually arriving from German Princes and European Sovereigns.“[36] Ausführlich wurde insbesondere auf lokale Ereignisse im Zusammenhang mit dem Attentat eingegangen. So berichtete das österreichische *Volksblatt für Stadt und Land* am 16. Mai 1878 zunächst allgemein davon, dass die Bevölkerung, die Presse und die Volksvertretung in Deutschland sich beeilt hätten, ihren Monarchen zu „seiner Rettung aus Mörderhand“ zu beglückwünschen, und fuhr dann fort: „Hier in Wien fanden sich schon Sonntag Früh sämtliche Botschafter und Gesandten, zahlreiche hervorragende österreichische Würdenträger und Mitglieder der Aristokratie im Hotel der deutschen Botschaft ein, um dem Grafen von Stolberg-Wernigerode ihre Gratulationen darzubringen.“ Angesichts des Kulturkampfes galt dabei die besondere Aufmerksamkeit des konservativ-katholischen Blattes dem Umstand, dass auch der päpstliche Nuntius sich persönlich zur deutschen Botschaft begeben hatte.[37]

Die vorangegangenen Beispiele führen eine Vielzahl von Handlungen, Symbolen und nichtmedialen Äußerungen vor Augen, mit denen die Institutionen und Repräsentanten des Deutschen Reiches, Teile der deutschen Bevölkerung, deutsche Staatsangehörige außerhalb Deutschlands sowie Angehörige und Repräsentanten anderer Staaten auf die Attentate Max Hödels und Carl Nobilings reagierten: Besuche, das Verfassen und Versenden von Glückwunschtelegrammen und -briefen, das Herstellen, Auswählen und Übersenden von Geschenken, Glockengeläut, Beflaggung, die Organisation von Umzügen und Festen, die Teilnahme daran sowie das Anstecken von Kornblumen. Sprachliche und nichtsprachliche Akte sind dabei miteinander verwoben, ergänzen oder steigern sich gegenseitig und werden von einem Zeichensystem in ein anderes übersetzt, wie das Beispiel des Hofpastors Kögel zeigt, der die Beflaggung in seiner Predigt als Aufforderung, den König zu ehren, deutete.

Analog zu den medialen Interpretationen, die das Medienereignis ‚Attentat‘ schufen, waren auch die aufgeführten Handlungen, Symbole und Äußerungen performativ, also wirklichkeitsstiftend, und zwar in zweierlei Hinsicht: Zum einen brachten sie das Ereignis ‚Attentat‘ als Ereignis hervor. Zum anderen waren sie nicht nur Ausdruck der Verehrung für den Kaiser und der

Verbundenheit mit der Gesellschaftsordnung des Deutschen Reiches, sondern schufen diese Verbundenheit zugleich neu. Diese Tatsache wurde schon von den Zeitgenossen gesehen, wie ein Beitrag in der *Wiener Zeitung* vom 19. Mai 1878 zeigt:

> „In erster Reihe ist die einmüthige Herzlichkeit der an die Adresse des Kaisers gerichteten Kundgebungen zu constatiren. Angesichts der frevelhaften Bedrohung seiner erhabenen Person verschwanden alle Parteiunterschiede, und wenn das Attentat einerseits einen Blick in die Tiefe sittlicher Verkommenheit und Entartung eröffnet, so hat es andererseits das reiche Maß von Liebe und Verehrung, dessen der Kaiser sich im In- und Auslande erfreut, ihm selbst und dem ganzen Volke wieder einmal zur rechten Erkenntniß gebracht. Es darf schon heute das Facit constatiert werden, daß [...] der monarchische, vaterländische Sinn des eigenen Volkes bei diesem traurigen Anlasse eine neue Förderung und Festigung erfahren hat, von welcher der durchaus spontane Ausdruck der Liebe und Verehrung in schönster Weise Zeugnis ablegt."[38]

Die Wirkungsweise performativer Akte – hier: das Hervorbringen der Kaisertreue durch Handlungen, Symbole und Äußerungen, die diese ausdrücken – ist klar erfasst. Zugleich ist der Kommentar selbst wiederum wirklichkeitsstiftend, und zwar insofern als er die Reaktionen im Deutschen Reich in tendenziöser Weise interpretierte. Denn es kann keine Rede davon sein, dass angesichts der Bedrohung des Kaisers alle Parteiunterschiede verschwanden. Im Gegenteil.

Der Posener Schriftsetzer Eduard Primasch hatte am Nachmittag des 2. Juni 1878 in einem Lokal in leicht angetrunkenem Zustand einem anderen Gast gegenüber die politischen Bestrebungen der Sozialdemokraten erläutert. Kurz darauf erfuhren beide durch Extrablätter die Nachricht vom Attentat Nobilings auf den Kaiser. Als man ihm nun auf Grund seiner Ansichten Vorwürfe machte, sprang Primasch nach Aussage der ihn anzeigenden Zeugen auf, schlug sich vor die Brust und sagte: „Der Schweinehund von 1848 der verfluchte Kartätschenprinz, der Hund muß weg! Der soll heute nicht weg?" Er bedauerte, dass der Kaiser nicht gut getroffen worden sei, und erläuterte auf die Frage, was das denn nütze: „Wenn der Alte weg ist, kommt der Kronprinz dran und nach dem die Prinzen bis zum kleinsten Kinde – sie werden alle erschossen." Wiederholt versicherte er den Zeugen zufolge, „daß im nächsten Jahr Republik sein werde", und soll schließlich erklärte haben: „wenn er ein Messer hätte, würde er mit ruhigem Blute den Kaiser selbst tötden [sic]". Daraufhin veranlassten einige der Anwesenden seine Verhaftung.

Seinen eigenen Aussagen bei der polizeilichen Vernehmung zufolge hatte Eduard Primasch, 1825 in Stettin geboren, während der Zeit als Wandergeselle mit einer Meißner ‚Turner Kompanie' die revolutionären Barrikadenkämpfe in Dresden mitgemacht, wo er durch Kugelsplitter verwundet wurde. Nach dem Aufstand entkam er aus Dresden zurück nach Meißen und setzte nach einiger Zeit seine Wanderung durch Deutschland und Österreich fort. Im Jahre 1853 ließ er sich in Nordostdeutschland nieder und heiratete. 1878 war er Vater von drei Kindern. In Posen engagierte er sich in der sozialdemokratischen Vereinigung und war stellvertretender Vorsitzender im ‚Leseverein Concordia'. Laut Bericht der Staatsanwaltschaft erklärte er, schon seit 1848 „einen Hass auf den Kaiser" zu haben, „weil derselbe damals mit Kartätschen auf seine eigenen Landsleute habe schießen lassen". Der Bericht an das Justizministerium hielt darüber hinaus fest, er habe es als seine „aus politischer Erfahrung, Lectüre und Vereinsthätigkeit geschöpfte Ueberzeugung" hingestellt, dass „die republikanische Regierungsform die beste und zu erstrebende sei". Zwar versuchte Primasch der Annahme entgegenzutreten, dass seine persönlichen Ansichten auch die der Sozialdemokratie und besonders der ‚Concordia' seien. Dieser Rettungsversuch nützte dem Leseverein allerdings nichts: Den Akten des Justizministeriums zufolge wurde die Schließung der ‚Concordia' umgehend veranlasst. Primasch wurde zu vier Jahren Gefängnis verurteilt.[39]

Das Beispiel Eduard Primaschs gibt Einblicke in die Mediennutzung im letzten Drittel des neunzehnten Jahrhunderts, hier: die Rezeption der Nachricht vom Attentat auf den Kaiser durch Extrablätter in einer Gastwirtschaft – eine typische Situation. Zudem verweist das Beispiel auf die strukturellen Voraussetzungen des Ereignisses ‚Attentat': Es deutet darauf hin, dass die um 1848 erfolgte Politisierung fortlebte und die Erfahrungen aus der gescheiterten Revolution einige Bevölkerungsgruppen vom Haus des preußischen Königs und deutschen Kaisers und damit auch von dem Staat, in dem sie lebten, tiefgreifend entfremdet hatten. Entscheidend für den hiesigen Kontext ist jedoch, dass das Beispiel Primaschs „den Sprecher als Täter einer Handlung" vor Augen führt,[40] in diesem Fall der Straftat einer Majestätsbeleidigung. Und auch diese sprachliche Äußerung, die zugleich eine Handlung ist, war ein konstitutiver Bestandteil des Ereignisses und auch speziell des Medienereignisses ‚Attentat', und zwar auf mehreren Ebenen zugleich.

Die Äußerungen Primaschs waren in ihrem unmittelbaren Kontext vor allem eine Verteidigung seiner Person und politischen Position sowie Ausdruck politischer Hoffnungen. Primaschs Partner im Gespräch über die politischen Ziele der Sozialdemokratie war der neunundvierzigjährige Buchdrucker Wilhelm Kaersts. In seiner Aussage gegenüber dem ermittelnden Kriminalkommissar betonte Kaersts, dass er dem Gewerkverein angehöre und „also Gegner der Sozialdemokraten" sei. (Allerdings gehörte auch Primasch dem Gewerkverein an – die Mitgliedschaften schlossen sich also nicht zwangsläufig aus.) Bevor die Nachricht vom Attentat die Wirtschaft erreichte, habe er in seinem Gespräch mit Primasch versucht, diesem „seine Ansichten zu widerlegen". Dabei will Kaersts unter anderem geäußert haben, dass „wenn sich die Ziele der Sozialdemokraten verwirklichen sollten", „ja alle bestehenden Verhältnisse umgestürzt werden" müssten; „es müßten ja keine Fürsten vorhanden sein". Daraufhin soll Primasch prophezeit haben, dass es im nächsten Jahr in Deutschland keinen Kaiser und keinen Kronprinzen mehr geben werde, nichts mehr, da sitze ein Bürger auf dem Thron: „wir haben im nächsten Jahr mindestens 300 Abgeordnete im Reichstage, die werden dies nachher besorgen." Kaersts verließ wenig später das Wirtshaus. Als er vom Attentat Nobilings erfuhr, kam er jedoch zurück und ging, wie er aussagte, aus Ärger über das vorangegangene Gespräch und in Erregung über die Nachricht vom Attentat „wie ich allerdings einräume in heftigster Weise auf den noch anwesenden Primasch her und machte ihm heftige Vorwürfe, daß durch solche Zielverfolgung nun schon wieder ein Attentat da sei". Daraufhin soll Primasch ähnlich erregt wie oben zitiert geäußert haben, dass der Kaiser wegmüsse.

Ebenso wie die Nachricht vom Attentat und die darauffolgenden Reaktionen monarchistisch gesinnte Bürger und Bürgerinnen ihre Liebe zum Kaiser neu erfahren ließ, radikalisierte sie bei Demokraten die Kritik an der Monarchie und an Wilhelm I. Die Auseinandersetzung zwischen Primasch und Kaersts, die zuvor auf abstrakter Ebene geführt worden war, erhielt mit der Nachricht vom Attentat für beide eine neue Tragweite und Dringlichkeit. Hätte Kaersts nichts von Nobilings Schüssen in Berlin erfahren, wäre er zu Hause geblieben und Primasch ein sozialdemokratisch orientierter, aber unbescholtener Bürger Posens geblieben. Die Nachricht vom Attentat Nobilings ließ Kaersts jedoch in die Gaststätte zurückkehren und seinen Gesprächspartner wegen der von ihm vertretenen Ansichten direkt angreifen. Der angegriffene Primasch verteidigte die von ihm zuvor eingenommene Position – dass die Republik die bessere Staatsform sei und man die Monarchie abschaffen müsse. Mit dem Geschehen in Berlin hatte sich jedoch plötzlich der Erfahrungsraum und damit auch der Erwartungshorizont verschoben: Nun wollte Primasch seine Hoffnung nicht länger allein auf das Mittel des Parlamentarismus setzen, sondern trat auch für die Ermordung des Staatsoberhaupts und seiner Familie ein. Hier lässt sich der für das Ereignis kennzeichnende interpretative Konstruktionsprozess beobachten, mit dem Akteure den strukturellen Kontext in Handlungschancen und -grenzen übersetzen.[41] Die neue Erfahrung enthielt Primaschs Deutung nach neue Handlungsaufforderungen und -motivationen. In dieser Hinsicht war er nicht der Einzige. Überall im Reich gab es Menschen, die nun dem Kaiser zu drohen oder abfällig über ihn zu sprechen wagten und infolgedessen angezeigt wurden, weshalb die Äußerungen aktenkundig wurden.

Andere schrieben anonyme Briefe an den Kaiser, den Kronprinzen, lokale Repräsentanten Preußens, die Staatsanwälte und Richter, welche die Untersuchung gegen Hödel und Nobiling leiteten, oder auch an die Attentäter: „Lieber Herr Hödel! Es thut mir und uns allen sehr leid, daß Sie nicht besser schießen gelernt haben befor Sie solche Wichtige Schrite thaten, entpfangen Sie übrigens meinen und Unseren besten Dank für Ihren guten Willen und Seien Sie fest überzeugt das 24 von uns bereit sind das zu vollführen was Inen unglücklicherweise nicht gelang", hieß es beispielsweise in einem Schreiben, das im Namen „von uns wirklichen Deutschen in London" mit dem Pseudonym „Immergrün" unterzeichnet und an „Herrn Hödel von Schkaditz im Gefängnis in Berlin, Germany" adressiert war.[42] Und Staatsanwalt Tessendorf, der die Untersuchungen in Berlin leitete, erhielt am 11. Juni 1878 von ‚K' aus Neustadt in Holstein die Prophezeiung:

> „Mein Herr, Vergeblich ist Ihre Arbeit, niemals werden Sie *uns* unterdrücken! Wenn Sie auch *scheinbar* siegen, moralisch sind Sie mit Ihrer elenden Partei stets besiegt, denn Sie stehen im Sold eines Tyrannen, Sie sind Tyrannenknechte! [...] Wir erhalten die Republik, ich versichere es Ihnen [...] Sie halten den Lauf der Weltgeschichte nicht auf. Alea est jacta. [...] Es lebe die Republik, die deutsche Freiheit und Hoedel und Nobiling. Nieder mit dem Kartätschenprinzen von 48, nieder mit seiner ganzen Sippe und Giftbrut."

Während dieses Schreiben seinen Adressaten erreichte und auch die lokalen Stellvertreter Preußens die ihnen zugedachten Zeilen zur Kenntnis nehmen konnten, scheinen die Briefe an den Monarchen und seine Familie sowie die an die Attentäter in der Regel nicht ihr Ziel erreicht zu haben, sondern wurden sofort an die Polizei und das Innenministerium weitergegeben, um Recherchen nach den Absendern einzuleiten.

Genau wie die Gratulationen und die Geschenke an den Kaiser bekamen auch diese Handlungen für das überregionale und internationale Publikum vor allem durch die Zeitungsberichterstattung Bedeutung. So erwähnte etwa das schon zitierte *Volksblatt für Stadt und Land* aus Wien die Drohbriefe, die in Berlin eingingen, schrieb von 37 Personen, die wegen Majestätsbeleidigung allein in Berlin festgenommen worden seien, und schilderte zwei Fälle ausführlicher, unter anderem den Eduard Primaschs: „Der *Buchdrucker Primasch*, stellvertretender Vorsitzender des hiesigen social demokratischen Lesevereins ‚Concordia' in *Posen* wurde Sonntags nach dem Bekanntwerden des Attentats wegen beleidigender Äußerungen über den Kaiser *verhaftet* und vom Kreisgerichte wegen Majestätsbeleidigung *zu vier Jahren Gefängnis ver-*

urtheilt.“[43] Angesichts des Kulturkampfes hielt sich das konservativ-katholische Blatt mit expliziten Beifallsbekundungen zugunsten dieser staatlichen Verfolgungsmaßnahmen zurück und blieb auch skeptisch gegenüber dem Sozialistengesetz. Allerdings hatte es seinen Lesern schon zuvor erklärt, die Ursache für das Attentat Hödels könne nur in der sozialdemokratischen Agitation gefunden werden, darin „daß in die Volksklassen künstlich und in teuflischer Weise die Verwirrung des Geistes hineingetragen“ und jedes religiöse, sittliche und patriotische Gefühl ausgetrieben werde. Insofern hatte der Bericht über die Festnahme des stellvertretenden Vorsitzenden eines sozialdemokratischen Lesevereins die Funktion, diese gleich nach Bekanntwerden des Attentats geäußerte Einschätzung zu bestätigen.

Auch *The Times* in London, die *New York Times* und die *Washington Post* berichteten über die Verhaftungen in Deutschland, wobei die amerikanischen Zeitungen sich in der Wiedergabe der Fakten in der Regel auf englische Blätter stützten.[44] Primasch war diesen Berichten zufolge schon beinahe zum Komplizen Nobilings geworden: „Three arrests have been made of persons believed to be accomplices of Nobiling in Chemnitz, Posen, and Brunswick“, heißt es etwa in der *New York Times* vom 6. Juni 1878: „Evidence is increasing of the existence of a plot to assassinate the Imperial family. A printer at Posen has been sentenced to four years' imprisonment for using offensive observations with regard to the Emperor.“[45] Dass viele Menschen zu langen Haftstrafen verurteilt wurden, nur weil sie das Scheitern des Attentats bedauert hatten, wurde in Anschluss an englische Korrespondenten ebenso erwähnt.[46]

Bei der Kommentierung der Verhaftungen gingen die amerikanischen Zeitungen allerdings eigene Wege. Die nicht-sozialistische Presse in Europa beschwor vielfach die Einheit aller Reichsangehörigen angesichts der Attentate und war gewillt, die auf Majestätsbeleidigungen folgenden Verhaftungen als Verirrung Einzelner sowie als Bestätigung dafür zu sehen, dass die sozialdemokratische Betätigung unterbunden werden müsse, um die ungebildeten und damit anfälligen Massen auf den rechten Weg zurückzubringen. Dagegen deuteten vor allem amerikanische Zeitungen die vielen Verhaftungen in Deutschland von liberalen Grundsätzen aus, sahen sie als einen Hinweis darauf, dass im Reich die Machtfrage gestellt wurde, und hoben das Attentat und die Unterstützung, die es in der Bevölkerung erfuhr, damit auf eine genuin politische Ebene. So stellte die *New York Times* am 8. Juni 1878 mit Bezug auf die Verurteilungen und das Sozialistengesetz in aller Grundsätzlichkeit fest: „Coercion and suppression are apt in the long run to prepare the way for violent revolutions, while freedom of discussion and liberty in political action work the peaceful improvements which are little noted but mark the progress of nations.“[47] Und die *Washington Post* berichtete am 7. Juni

1878 unter dem Titel ‚Tottering Thrones': „Public feeling in Berlin is profoundly disturbed. No one ventures to speak openly in extenuation of Nobeling's crime; but in private, men say that the country is ripe for a republic."[48] Ein geeint hinter dem Kaiser stehendes Volk, das sich im Angesicht des Attentats seiner Liebe für den Monarchen erst wieder richtig bewusst wird, gegenüber einer Bevölkerung, die der Monarchie längst überdrüssig ist, dies aber angesichts der harten Verfolgungsmaßnahmen nicht zu äußern traut – vergleicht man die hier wiedergegebenen Äußerungen mit der Einschätzung der oben zitierten *Wiener Zeitung*, die Deutung der politischen Lage in Deutschland und damit des Ereignisses ‚Attentat' könnte kaum gegensätzlicher ausfallen.

Beiden Interpretationen gemeinsam ist jedoch, dass sie als Beleg für ihre Einschätzungen der politischen Lage in Deutschland Reaktionen der Bevölkerung heranzogen, also die Handlungen, Symboliken oder Äußerungen, die das Ereignis ‚Attentat' als Ereignis konstituierten. Zugleich waren diese Interpretationen der politischen Lage im Deutschen Reich selbst wirklichkeitsstiftend, auch wenn ihr Einfluss auf den Fortgang der Ereignisse in Deutschland auf Grund der räumlichen Distanz als gering einzuschätzen ist. Dabei treffen die Deutungen aus den USA die politischen Verhältnisse in Deutschland besser als die der *Wiener Zeitung*. Denn sie bringen zur Sprache, dass die Form der Staatsverfassung umkämpft, dass die Monarchie im Kaiserreich keineswegs unhinterfragt war. Erst diese Tatsache ließ die Demonstrationen der Einheit und allgemeinen Liebe für den Kaiser politisch notwendig werden, sie gibt ihnen ihren eigentlichen politischen Sinn. Die Grenzen der Vergemeinschaftung und des Ausschlusses, der In- und Exklusion, die in den Medien sichtbar werden, korrespondierten dabei mit denen, die in außermedialen Handlungen und Äußerungen vollzogen werden. In beiden Gruppen wirkte das Attentat verstärkend: Ähnlich wie es bei Monarchisten die Kaisertreue beförderte, konnte es die Ansichten demokratisch gesinnter Kritiker des Kaisertums radikalisieren.

Die Funktionsweise eines Ereignisses dürfte deutlich geworden sein: Hödels Schüsse am Wagen des Kaisers vorbei in die Luft sowie später auch Nobilings Schrotsalven forderten die Zeitgenossen zu mannigfaltigen Reaktionen heraus, vom Versammeln um die Kutsche des Kaisers und vor dem Palais über das Beflaggen der Häuser und das Kommentieren dieser Handlungen in einer Gastwirtschaft bis hin zum Verschicken von Glückwunschtelegrammen und Drohbriefen, zu Festveranstaltungen und den Kommentaren in Zeitungen und Extrablättern. Dabei sind die Äußerungen, Handlungen und Verwendungen von Symbolen, die das Ereignis außerhalb der Medien hervorbringen, und die medialen Interpretationen, die das Medienereignis schaffen, eng miteinander verflochten; das Ereignis außerhalb der Medien und das Medienereignis konstituieren und formen sich gegenseitig: Während Nachrichten und die mediale Berichterstattung Äußerungen und Handlungen provozieren und mehr oder weniger direkt zu ihnen auffordern, berichten die Medien nicht nur über die Attentate auf den Kaiser, sondern auch über die Reaktionen der Bevölkerung. Gerade diese Reaktionen werden als entscheidendes Barometer für die politische Stimmung, als Grundlage und Belegmaterial für die Interpretation der politischen Lage herangezogen – und zwar von allen Seiten des politischen Spektrums. Außermediale Äußerungen und Handlungen wie mediale Äußerungen, Ereignis und Medienereignis sind Teil des gleichen Kampfes um Interpretationshoheit und öffentliche Meinung, um die Deutung von Erwartungshorizonten und die Definition von Handlungschancen; das Publikum der Medien ist – zumindest potentiell – immer auch Akteur.

Dabei sind jedoch die Formen des Medienereignisses und des Ereignisses sowie ihr jeweiliger Anteil am Gesamtereignis historisch spezifisch. Dies ließe sich mit Blick auf die Extrablätter und deren Rezeption ebenso zeigen wie in Bezug auf die Beflaggung, die gerade im Bereich der Sportereignisse ein Comeback erlebt hat, oder das bürgerliche Festkonzert mit Umzug durch die Stadt und abschließenden Hochrufen auf dem Marktplatz. Historisch variabel ist zudem die größtmögliche räumliche Ausdehnung eines Ereignisses. Die potentielle Identität von Publikum und Akteur galt wie oben gezeigt nicht allein für Deutschland. Auch in anderen Ländern, in denen über die Attentate Hödels und Nobilings auf Wilhelm I. berichtet wurde, fühlte sich ein Teil der Bevölkerung angesprochen, mit Glückwunschadressen, Geschenken, Festen, Denunziationen oder Drohbriefen zu reagieren. Auch über Deutschland und Europa hinaus wurden die Attentatsversuche in ihrer politischen Symbolik verstanden, für relevant befunden und zwar unterschiedlich, aber grundsätzlich innerhalb der gleichen politischen Logik gedeutet. Dies kann als Indiz dafür gelten, dass und wie weit eine europäisch-amerikanisch geprägte Globalisierung politischer Kommunikation und Öffentlichkeit im letzten Drittel des neunzehnten Jahrhunderts ausgeprägt war. Das Wissen um und die Sensibilisierung für diese historischen Veränderungen, die man über das neunzehnte Jahrhundert gewinnt, kann womöglich einerseits den Blick für die Möglichkeiten und Grenzen der Globalisierung heute schärfen und andererseits davor warnen, bei der ‚kritischen Analyse' des Sprechens über die Macht der Medien und ihrer Techniken im Sinne Jacques Derridas die Bedeutung des Publikums und seine Möglichkeiten als Akteur zu vergessen.

Anmerkungen

1 Geheimes Staatsarchiv Preußischer Kulturbesitz (GStA), Brandenburg-Preußisches Hausarchiv (BPH), Rep. 51 Nr. 851, Aufzeichnung Kaiser Wilhelms über das Hödel'sche Attentat, Berlin 11. Mai 1878 (für den Druck vorbereitete Abschrift).

2 Vgl. Martin Seel, Ereignis. Eine kleine Phänomenologie, in: Nikolaus Müller-Schöll (Hrsg.), Ereignis. Eine fundamentale Kategorie der Zeiterfahrung. Anspruch und Aporien, Bielefeld 2003, S. 37–47, etwa S. 40 sowie Johanne Villeneuve, Abwesenheit und Wiederholung. Die Erwartung des Ereignisses und das Beispiel der Sowjetunion, in: Friedrich Balke, Erich Méchoulan und Benno Wagner (Hrsg.), Zeit des Ereignisses – Ende der Geschichte?, München 1992, S. 181–196 und dagegen Egon Flaig, Ein semantisches Ereignis inszenieren, um ein politisches zu verhindern. Die entblößten Narben vor der Volksversammlung 167 v. Chr., in: Thomas Rathmann (Hrsg.), Ereignis. Konzeptionen eines Begriffs in Geschichte, Kunst und Literatur, Köln/Weimar/Wien 2003, S. 183–198, S. 184 f. Dass es abgesehen von den genannten ‚Einbrüchen' eine Reihe weiterer Versuche gibt, das Ereignis zu fassen, die sich für die historische Forschung nicht ganz leicht operationalisieren lassen – etwa im Anschluss an Martin Heidegger als Blitz oder im Sinne Walter Benjamins als Ankunft des Messias –, sei hier nur am Rande erwähnt. Vgl. dafür einige der Beiträge in Nikolaus Müller-Schöll (Hrsg.), Ereignis. Eine fundamentale Kategorie der Zeiterfahrung. Anspruch und Aporien, Bielefeld 2003.

3 Flaig, Ein semantisches Ereignis, S. 183 f.

4 Man stelle sich vor, Wilhelm sei allein und mit einem tauben Kutscher auf menschenleeren Straßen unterwegs gewesen, als Hödel seine Schüsse abgab. Aller Wahrscheinlichkeit nach hätte man nie von ihnen erfahren; das Ereignis wäre ausgefallen.

5 Frankfurter Zeitung, Abendblatt, 11. Mai 1878, S. 2.

6 Frankfurter Zeitung, Morgenblatt, 12. Mai 1878, S. 3.

7 ‚Bengalisches Feuer' ist dem Brockhaus aus dem Jahre 1864 zufolge „ein in der Luftfeuerwerkerei sehr gebräuchlicher Feuerwerkssatz, welcher in kleine Schüsselchen oder Pappkästchen gefüllt und mit kleinen Stückchen Zündschnur bestreut wird. [...] Wegen seines intensiven weißen, fast die Helle des Tages erreichenden Lichts benutzt man es bei Feuerwerkereien zur Erhellung von größeren Räumen, Baumpartien u. s. w. [...] Durch Zusatz gewisser Stoffe kann man dem Bengalischen Feuer auch verschiedene andere Färbungen geben. Salpetersaurer Baryt gibt eine grüne, schwefelsaures Kupferoxyd-Ammoniak eine blaue, salpetersaures Natron eine gelbe, salpetersaurer Strontian eine rothe Flamme" (Bengalisches Feuer, in: Brockhaus-Verlag [Hrsg.], Allgemeine deutsche Real-Encyklopädie für die gebildeten Stände. Conversations-Lexikon. Elfte, umgearbeitete, verbesserte und vermehrte Auflage. In fünfzehn Bänden. Dritter Band: Belidor bis Caboto, Leipzig 1864, S. 38).

8 Frankfurter Zeitung, Morgenblatt, 12. Mai 1878, S. 3.

9 Frankfurter Zeitung, Abendblatt, 11. Mai 1878, S. 2.

10 Frankfurter Zeitung, Morgenblatt, 12. Mai 1878, S. 1.

11 Diese Grunddefinition des Ereignisses findet sich bei Andreas Suter/Manfred Hettling, Struktur und Ereignis – Wege zu einer Sozialgeschichte des Ereignisses, in: dies. (Hrsg.), Struktur und Ereignis (= Geschichte und Gesellschaft, Sonderheft 19), Göttingen 2001, S. 7–32 ebenso wie bei Alexander Demandt, Was ist ein historisches Ereignis?, in: Nikolaus Müller-Schöll (Hrsg.), Ereignis. Eine fundamentale Kategorie der Zeiterfahrung. Anspruch und Aporien, Bielefeld 2003, S. 63–76 und Flaig, Ein semantisches Ereignis.

12 Reinhart Koselleck, ‚Erfahrungsraum' und ‚Erwartungshorizont' – zwei historische Kategorien, in: Reinhart Koselleck (Hrsg.), Vergangene Zukunft, Frankfurt/M. 1979, S. 349–375.

13 Eine dritte Ebene kommt ins Spiel, wenn man von ‚historischen Ereignissen' spricht: Hier weisen später Geborene einem Geschehen nachträglich besondere Bedeutung zu. Auch die so identifizierten Ereignisse sind als solche nicht objektiv. Sie erhalten ihre Bedeutung auf Grund bestimmter Fragestellungen und Kontexte: Für eine politische Geschichte sind teilweise andere Ereignisse in der deutschen Geschichte bedeutsam als für eine Sozialgeschichte. Die unübersichtliche Vielfalt der Definitionsversuche für den Ereignisbegriff ergibt sich teilweise daraus, dass die genannten analytischen Ebenen in der Literatur nicht getrennt werden. Dies trifft auch für die schon zitierten Ausführungen von Egon Flaig sowie die im Übrigen sehr hilfreiche Definition von Andreas Suter und Manfred Hettling zu. Wenn Suter und Hettling strukturverändernde Folgen als ein Kriterium für das Ereignis bezeichnen, ist dies eine sinnvolle Forderung für eine Sozialgeschichte des Ereignisses. Doch schließt sie eine Reihe von Ereignissen aus, die das Basiskriterium der kollektiven Bedeutungszuschreibung erfüllen und von Zeitgenossen als solche gesehen wurden, deren strukturverändernde Wirkung zumindest nicht auf den ersten Blick erkennbar ist, etwa die Reaktionen auf den Tod der Diana Princess of Wales.

14 Jacques Derrida, Eine gewisse unmögliche Möglichkeit, vom Ereignis zu sprechen, Berlin 2003, S. 23 f.

15 Suter/Hettling, Struktur und Ereignis, S. 25.

16 Der hier verwandte Medienbegriff folgt dem Medienbegriff der im Graduiertenkolleg ‚Transnationale Medienereignisse von der Frühen Neuzeit bis zur Gegenwart' gängigen Definition. Unter Medien werden demnach nicht Zeichensysteme oder Zeichenträger überhaupt verstanden, sondern „gesellschaftliche Kommunikationsprozesse, die aus der Verbreitung von Informationen an eine Vielzahl von verstreuten Personen resultieren". Der Medienbegriff ist also an die Möglichkeit technischer Vervielfältigung gebunden und zielt vor allem auf die Massenmedien, die seit der Erfindung des Drucks mit beweglichen Lettern zu Beginn der Frühen Neuzeit entstanden sind. Vgl. Justus-Liebig-Universität Gießen, GRK 891. ‚Transnationale Medienereignisse von der Frühen Neuzeit bis zur Gegenwart', Sprecher: Prof. Dr. Friedrich Lenger, Fortsetzungsantrag, Gießen 2005, S. 11 und Christine Vogel, Der Untergang der Gesellschaft Jesu als europäisches Medienereignis (1758–1773). Publizistische Debatten im Spannungsfeld von Aufklärung und Gegenaufklärung, Mainz 2006.

17 John L. Austin, Zur Theorie der Sprechakte (How to do things with words), Stuttgart 1994. Von „‚körperlichen' Handlungen" spricht Austin etwa auf S. 128; der Begriff der außersprachlichen Mittel findet sich etwa auf S. 135. Zur Theorie der lokutionären, illokutionären und perlokutionären Akte vgl. Vorlesung VIII ff. Mit Bezug auf Derrida ließe sich der performative Charakter von direkter Kommunikation, Handlungen und Symbolen über die graphematische Struktur einer jeden Kommunikation fassen. Vgl. etwa Jacques Derrida, Signatur, Ereignis, Kontext, in: Jacques Derrida (Hrsg.), Randgänge der Philosophie, Wien 1988, S. 291–314. Zum Performanzbegriff allgemein und seiner vielfältigen Verwendung in verschiedenen Disziplinen vgl. einführend Uwe Wirth, Der Performanzbegriff im Spannungsfeld von Illokution, Iteration und Indexikalität, in: Uwe Wirth (Hrsg.), Performanz. Zwischen Sprachphilosophie und Kulturwissenschaften, Frankfurt a. M. 2002, S. 9–53.

18 An Hand von sensationellen Verbrecherjagden untersucht auch Philipp Müller, Auf der Suche nach dem Täter. Die öffentliche Dramatisierung von Verbrechen im Berlin des Kaiserreichs, Frankfurt am Main [u. a.] 2005 den Zusammenhang von Medienberichterstattung und der Praxis des Publikums. Er knüpft daran allerdings keine systematischen Überlegungen zum Verhältnis von Ereignissen und Medienereignissen sowie deren Funktionsweise.

19 Zur prinzipiellen Unabgeschlossenheit von Ereignissen und zum Verhältnis von Ereignis und Kontext vgl. Beate Binder, Kampf um ein Straßenschild. Cultural Performance als Politik der symbolischen Transformation des Berliner Stadtraums, in: Erika Fischer-Lichte (Hrsg.), Performativität und Ereignis, Frankfurt am Main 2003, S. 359–375. Zu den Attentaten Hödels und Nobilings auf Wilhelm I. vgl. nach wie vor vor allem die entsprechenden Kapitel in Wolfgang Pack, Das parlamentarische Ringen um das Sozialistengesetz Bismarcks 1878 –1890, Düsseldorf 1961 sowie Andrew R. Carlson, Anarchismus und individueller Terror im Deutschen Kaiserreich, 1870 –1890, in: Wolfgang J. Mommsen und Gerhard Hirschfeld (Hrsg.), Sozialprotest, Gewalt, Terror. Gewaltanwendung durch politische und gesellschaftliche Randgruppen im 19. und 20. Jahrhundert, Stuttgart 1982, S. 207–236.

20 Polizeipräsident Frankfurt am Main an den Innenminister Eulenburg in Berlin vom 15. Mai 1878, GStA PK, I. HA, Rep. 77, Tit. 327, Band I, Bl. 27.

21 GStA PK, BPH, Rep. 113, Nr. 1226, Bl. 17 und 20.

22 Vgl. GStA PK, BPH, Rep. 113, Nr. 1224, Bl. 323 und 348 sowie Nr. 1226, Bl.13 ff.

23 GStA PK, BPH, Rep. 133, Nr. 1224, Bl. 312 und 284–289.

24 GStA PK, BPH, Rep. 113, Nr. 1225, Bl. 1 ff.

25 Zum patriotischen Diskurs um die Kornblume als Symbol des Leidens der Königin Luise im Exil und der Liebe Wilhelms zu Mutter und Vaterland vgl. die Dissertation von Birte Förster, Gender und Nation. Die medialen Repräsentationen der Königin Luise von Preußen, 1860–1960, die zur Zeit im Graduiertenkolleg ‚Transnationale Medienereignisse von der Frühen Neuzeit bis zur Gegenwart' an der Justus-Liebig-Universität Gießen entsteht.

26 GStA PK, BPH, Rep. 51, Nr. 7, Brief der Großherzogin v. Baden an ihre Hofdame vom 19. Juni 1878.

27 GStA PK, BPH, Rep. 133, Nr. 1224, Bl. 292.
28 GStA PK, BPH, Rep. 133, Nr. 1224, Bl. 312.
29 GStA PK, BPH, Rep. 133, Nr. 1224, Bl. 314.
30 GStA PK, BPH, Rep. 133, Nr. 1224, Bl. 313 und 325.
31 GStA PK, I. HA, Rep. 77, Tit. 327, Band I, Bl. 27.
32 GStA PK, BPH, Rep. 133, Nr. 1226, Bl. 11.
33 GStA PK, I. HA, Rep. 77, Tit. 327, Band I, Bl. 143 f.
34 Ein Mordversuch gegen den Deutschen Kaiser, in: Provinzial-Correspondenz, 14. 5. 1878.
35 Kaiser Wilhelm, in: Königlich privilegirte Berlinische Zeitung von Staats- und gelehrten Sachen. Vossische Zeitung, 12. Mai 1878, S. 1.
36 Attempted Assassination of the German Emperor, in: The Times, S. 9. Vgl. auch Kaiser Wilhelm's Danger. A Bold Attempt to Assassinate the Emperor of Germany, in: The Washington Post, 13. 5. 1878, S. 1 und The Attack on Emperor William, in: New York Times, 13. 5. 1878, S. 1.
37 Politische Rundschau. Deutschland, in: Volksblatt für Stadt und Land, 16. 5. 1878, S. 1.
38 Ausland. Berlin, 16. Mai (Attentat.), in: Wiener Zeitung, 19. 5. 1878, S. 6.
39 GStA PK, I. HA Rep. 84a Justizministerium, Nr. 49652, Bl. 16–19 und ebd., Rep. 77 Ministerium des Innern, Abteilung II, Sektion 11, Tit. 327, Nr. 17, Bl. 156 ff.
40 Austin, Zur Theorie der Sprechakte, S. 118.
41 Vgl. Suter, Struktur und Ereignis, S. 29. In ähnlicher Weise spricht auch Seel davon, dass Ereignisse in ihrem Bereich die „herrschende Konstellation des Möglichen und Unmöglichen des Wichtigen und Unwichtigen" verändern und insofern das öffentliche Bewusstsein einer Situation tangieren. Seel, Ereignis. Eine kleine Phänomenologie, S. 40 f.
42 GStA PK, I. HA, Rep. 77, Tit. 327, Band I, Bl. 62 f.
43 Politische Rundschau. Deutschland, in: Volksblatt für Stadt und Land, 13. 6. 1878, S. 1.
44 Vgl. etwa The Attempted Assassination (From our Correspondents), in: The Times, 6. 6. 1878, S. 10; Germany and its Emperor, in: New York Times, 6. 6. 1878, S. 1 und Murderers of Royalty. The Socialist Conspiracy in Europe. Condition of King Wilhelm, in: The Washington Post, 6. 6. 1878, S. 1.
45 Ebd.
46 The Attempted Assassination (From our Correspondents).
47 The Policy of Repression, in: New York Times, 8. 6. 1878, S. 4.
48 Tottering Thrones. The Crowned Heads of Europe and the Socialists, in: The Washington Post, 7. 6. 1878, S. 1.

Ansgar Nünning und Jan Rupp

Königin Viktorias Thronjubiläen 1887 und 1897

Konstitutive Medienereignisse einer imperialen Erinnerungskultur

Einleitung

Auf den ersten Blick war die englische Königin Viktoria – „this most bourgeois of queens"[1] – sicher die ungewöhnlichste Herrscherin, die man sich überhaupt denken konnte. Nach dem Tod ihres deutschen Prinzgemahls Albert im Jahre 1861 bekam fünfzehn Jahre lang kaum einer ihrer Untertanen sie auch nur zu Gesicht. Mit der von Premierminister Benjamin Disraeli mit Mühe durchgesetzten ‚Royal Titles Bill' von 1876, die Viktoria den Titel ‚Empress of India' bescherte, gelangte die Königin erneut ins Rampenlicht. Disraeli musste einige Überzeugungsarbeit leisten: Der Begriff des Empire ließ sich nur schwer mit dem Selbstbild der ‚freeborn Englishmen' vereinbaren. Sogar grundsätzliche Befürworter wie der Historiker James Anthony Froude warnten: „One free people cannot govern another free people."[2] Einen entscheidenden Wandel erfuhr Viktorias Image jedoch ein Jahrzehnt später. Ihre lange Herrschaft seit 1837 trat erst im Zuge der großen Staatsanlässe ihrer späten Amtszeit wirklich in das Bewusstsein der Öffentlichkeit, so vor allem durch die ‚Indian and Colonial Exhibition' von 1886 sowie durch die beiden Thronjubiläen: durch das ‚Golden Jubilee' von 1887 und das ‚Diamond Jubilee' von 1897.

Zugleich war es nicht nur die englische Öffentlichkeit, der sich Viktoria wieder präsentierte: „Throughout the empire, the [Diamond] Jubilee was the occasion of holidays and public performances."[3] In Kalkutta zeichnete ein Feuerwerk das Profil Viktorias in den Himmel über dem Subkontinent.[4] Führt man sich die Ausmaße des Empire vor Augen, so fanden die beiden Jubiläen das wohl größtmögliche Publikum ihrer Epoche.[5] Dies gilt umso mehr, als sie im Verbund mit modernsten Medien und Medientechnologien des ausgehenden 19. Jahrhunderts zu Medienereignissen transnationaler

Reichweite avancierten. Schlaglichtartig dokumentieren die Thronjubiläen den epochalen Einschnitt der „massenmedialen Sattelzeit“[6] zwischen 1880 und 1960, an deren Anfang sie stehen. Das ‚Diamond Jubilee‘ war eines der ersten öffentlichen Geschehnisse überhaupt, die gefilmt wurden.[7] Der Einsatz des Telegraphen aus Anlass des ‚Diamond Jubilee‘ schließlich sorgte für eine Synchronizität der räumlichen Verbreitung des Medienereignisses und unterstrich dessen transnationalen Charakter dadurch noch zusätzlich. Kurz bevor Viktoria, die John Plunkett passend als „first media monarch“[8] bezeichnet, sich zum Dankgottesdienst nach St. Paul's aufmachte, sandte sie eine persönliche Botschaft an ihre Untertanen: „Before leaving I touched an electric button, by which I started a message which was telegraphed throughout the whole Empire. It was the following: ‚From my heart I thank my beloved people, May God bless them!‘“[9]

Die Jubelfeier von 1897 markiert ohne Zweifel den Höhepunkt in der Geschichte königlicher Feierlichkeiten. Das eigentlich Bemerkenswerte war allerdings, dass das ‚Diamond Jubilee‘ und – wenn auch weniger ausgeprägt – schon das ‚Golden Jubilee‘ nicht nur die englische Königin feierten, sondern die ‚Queen-Empress‘, das Oberhaupt des Empire. Der Vorschlag, das Empire in den Mittelpunkt der Feierlichkeiten des ‚Diamond Jubilee‘ zu rücken, stammte ursprünglich von Kolonialminister Joseph Chamberlain: „Joseph Chamberlain was the first to suggest that the sixtieth year of the Queen's accession should celebrate the Imperial family under the British Crown and the Queen keenly endorsed the plan.“[10] Neben die Erinnerung an die englische Königin traten an prominenter Stelle das Empire und Viktorias Funktion als Kaiserin, in der sie legitimiert und zugleich neu definiert wurde.

Wie aus dem historischen ‚Geschehen' der Thronjubiläen transnationale ‚Medienereignisse' wurden

Schon dieses vermeintlich kleine Detail des ‚Diamond Jubilee‘ macht deutlich, dass – wie bei Medienereignissen generell – zwischen dem historischen Geschehen und den eigentlichen Medienereignissen der Thronjubiläen mehrere Stufen der Formung und Deutung liegen. Die zentrale Unterscheidung der Medienereignisforschung zwischen dem ‚Geschehen‘ auf der einen und dem ‚Ereignis‘[11] auf der anderen Seite ist für die Diskussion der Thronjubiläen Viktorias äußerst relevant. Denn das historische Geschehen der Thronjubiläen war der 50. beziehungsweise 60. Jahrestag der Krönung Viktorias als englische Königin. Stilisiert wurden die Jubiläen indes zu monumentalen und transnationalen Selbstfeiern des noch jungen Empire, das zum Zeitpunkt des

‚Golden Jubilee' und des ‚Diamond Jubilee' gerade ein beziehungsweise zwei Dekaden alt und somit noch lange nicht ‚jubiläumswürdig' war.

Wie andere Medienereignisse auch sind die Thronjubiläen dadurch gekennzeichnet, dass es sich bei ihnen um etwas Gemachtes und Konstruiertes und weniger um etwas Gegebenes oder Naturwüchsiges handelt. Erst durch die mediale Inszenierung und Vermittlung sowie durch gesellschaftliche Kommunikation wird das Ereignis als ein solches konstituiert.[12] Es bedarf notwendig der medialen Repräsentation, durch die es konstruiert wird und anhand deren es beobachtbar und analysierbar ist.

Ebenso bedarf das Ereignis – im Zuge der medialen Repräsentation – aber auch der Form und Formgebung. Erst durch bestimmte Auswahl-, Anordnungs- und Verdichtungsprozesse wird das Ereignis aus dem Fluss des Alltäglichen herausgehoben. Knut Hickethier hat diese an der Generierung von Medienereignissen beteiligten Formungsprozesse prägnant als die Verfahren der ‚Narrativisierung', ‚Topisierung' und ‚Ikonisierung' beschrieben.[13] Unter dem Begriff der Narrativisierung ist jener Prozess zu verstehen, durch den aus der Vielfalt eines Geschehens Gegenstände ausgewählt, strukturiert und zu einer temporalen und kausalen Sequenz verortet werden, wodurch gleichzeitig Bedeutung erzeugt und Sinn zugewiesen wird. Narrativisierung vollzieht sich im Fall der Thronjubiläen vor allem durch die Fokussierung und Privilegierung des Empire innerhalb der langen Regentschaft Viktorias, die als historisches Geschehen den Thronjubiläen zugrunde liegt. Das Empire als vergleichsweise kurze Episode wurde derart geschickt mit der Erinnerung an die Königin verbunden, dass es kurzerhand eine zeitliche Ausdehnung erfuhr. Durch die Selektion und Hervorhebung des Empire aus der 50- beziehungsweise 60-jährigen Amtszeit Viktorias sowie durch dessen eigentlich fragwürdige Rückbindung an ihre Thronfolge wurde das Weltreich Teil des lange Bewährten und ewig Fortbestehenden, das die Königin zu verkörpern schien.

Die Begriffe der ‚Topisierung' und ‚Ikonisierung' beschreiben gewissermaßen eine Inversion der Narrativisierung: Beide Prozesse stellen den erzählerisch konstruierten zeitlichen Ablauf still und komprimieren die in der Narration potentiell weit entfaltbaren Zusammenhänge. Topisierung bezeichnet die begriffliche Verdichtung des Geschehens zu Gemeinplätzen und äußert sich am Beispiel der Thronjubiläen vor allem in der stark auflebenden Konjunktur der Familien-Metaphorik. War Königin Elisabeth I. noch die rollenbildende ‚Mutter der Nation', stieg Viktoria durch die formelhafte Verwendung der Familienmetapher nun zur ‚mother of Empire' auf. Die habituelle Beschreibung Viktorias als mütterliche Herrscherin hatte großen Anteil an der Konstruktion kultureller Erinnerung, durch die das Empire nicht mehr als das eher rezente Gebilde erschien, das es war, sondern vielmehr als integraler Bestandteil einer langen, gewachsenen Familientradition.

Der Begriff der Ikonisierung schließlich beschreibt die Generierung visueller Topoi. Auch die Ikonisierung der Thronjubiläen konzentrierte sich in erster Linie auf die Person der Königin, deren ubiquitäre Präsenz durch bildliche Darstellungen die ansonsten schwer fassbare Einheit des Empire kompensierte. Obwohl Viktoria in die meisten Provinzen des Empire nie einen Fuß setzte, hatte die Entwicklung der Photographie, innovativer Vervielfältigungstechniken und massenhafter Verbreitungsmöglichkeiten durch die Presse sowie durch erschwingliche Reproduktionen zur Folge, dass ihr Bild dort allgegenwärtig war.[14] Anstatt mit Krone häufig mit Rüschenhaube und Trauerflor zu sehen – ikonographisch dem Bereich von Heim und Familie zugeordnet –, nimmt Viktoria in der Fülle der bildlichen Darstellungen üblicherweise den Platz der erhabenen Mutterfigur des großen Empire wie in einer großen Familie ein.

Wie Astrid Erll am Beispiel von Repräsentationen des indischen Aufstands von 1857 gezeigt hat, entfalten Narrative, Topiken und Ikonen eine „umso größere gesellschaftliche Wirkung, je vielfältiger die Kontexte“[15] und Medien sind, in denen sie zum Einsatz kommen. Erll weist in diesem Zusammenhag besonders auf die Bedeutung von performativen Medien hin, weil diese durch Verfahren der „Sensationalisierung, Spektakularisierung und Theatralisierung“[16] zusätzliche Aufmerksamkeit erzielen können. Während Erll das Medienereignis des indischen Aufstands als transmediales Phänomen durch die Einbeziehung und Analyse von Dramen und theatralen Aufführungen profiliert, ist die performative Dimension der Medienereignisse der Thronjubiläen schon durch deren Feierlichkeiten selbst gegeben. Der erinnerungskulturelle Schachzug, mit dem das historische ‚Geschehen‘ – die sich jährende Thronbesteigung der englischen Königin – in das ‚Ereignis‘ der frühen Hommage an das erst junge Empire überführt wurde, basierte nicht zuletzt auf der konkreten Inszenierungspraxis der prunkvollen Zeremonien, wie das obige Zitat von Chamberlains Plänen für das ‚Diamond Jubilee‘ belegt. Die Horizontverschmelzung, die die Erinnerung an die 50- beziehungsweise 60-jährige Regierungszeit der Königin mit der kurzen Geschichte des Empire verband, wurde in bedeutendem Maße durch „cultural performances“ (Milton Singer)[17] erst hervor- und zur Aufführung gebracht.

Anhand ausgewählter Repräsentationen soll im Folgenden daher nicht nur die Konstruktivität, Diskursivität und Medialität der Medienereignisse der Thronjubiläen, sondern auch deren Peformativität und der ritualdynamische Charakter diskutiert werden, der den Jubelfeiern als ‚Medien‘ kultureller Selbstdarstellung eignete. Von besonderem Interesse ist in diesem Zusammenhang die Frage nach der Bedeutung der Thronjubiläen für die Ausbildung einer imperialen Erinnerungskultur. Die Gemeinsamkeit der beiden viktorianischen Staatsanlässe bestand nicht zuletzt darin, dass sie öffentliche Akte kultureller Erinnerung darstellten, die das im kulturellen Gedächtnis zu Verankernde – die Königin von England und ‚Empress of India' im Zenit ihrer Karriere – gleichzeitig repräsentierten und konstruierten. Viktoria wurde, so die zentrale These unseres Beitrags, immer mehr zum Symbol und Zentrum der kollektiven Erinnerung an eine Vergangenheit, die im Lichte einer wachsenden Wertschätzung des Empire neu interpretiert wurde. Von einem literatur- und kulturgeschichtlichen Standpunkt aus betrachtet rücken zudem die Formen und Funktionen des kulturellen Gedächtnisses in den Vordergrund, die im Anschluss an die Analyse der Repräsentationen beider Thronjubiläen untersucht werden sollen.

Der Auftritt von Empire und Geschichte: Repräsentationen des ‚Golden Jubilee' von 1887

Obwohl Viktoria ihr gesamtes Leben mit dem häuslichen Bereich verbunden blieb, war ihre Herrschaft in den letzten zwei Jahrzehnten des 19. Jahrhunderts stark von imperialistischem Gedankengut geprägt. Ebenso wie die Texte über die Eröffnung der ‚Indian and Colonial Exhibition' durch die Königin trugen auch die Darstellungen ihres ‚Golden Jubilee' 1887 maßgeblich zur Verbreitung des imperialen Image der englischen Königin bei. Tatsächlich dienten die Feierlichkeiten in erster Linie dazu, das britische Reich auf außergewöhnliche Weise zu zelebrieren. Gleichzeitig standen sie im Zeichen eines Booms in den Printmedien sowie einer sich rapide entwickelnden Konsumkultur, die sich nicht zuletzt im Aufkommen einer regelrechten Vermarktungsindustrie der Monarchie äußerte: „In addition to the booms in print culture and literary genres, the Jubilee celebrations also made evident the growing power and visibility of commodity culture."[18] Im Londoner Hyde Park feierten 26 000 Schulkinder das sogenannte ‚Children's Jubilee', und ein jedes erhielt einen der massenhaft hergestellten ‚Jubilee mug[s]'[19]. Kakao, Seife, Parfüm, Teller, Briefmarken – die Produktion solcher Artikel und Memorabilien, die im gesamten Empire vertrieben wurden, war schier endlos. Schon ein gutes Jahrzehnt nach der Konstruktion ihres Image als Kaiserin wurde Viktorias Herrschaft immer stärker mit dem Weltreich verknüpft beziehungsweise diese Verbindung als ein erinnerungswürdiges Ereignis behandelt, das auf eine längere Geschichte zurückschauen kann.

An dieser Stelle lohnt ein Blick auf die Werke des *poet laureate*, Alfred Lord

Tennyson, der sich um die Repräsentation der Königin als Herrscherin des Weltreiches äußerst verdient machte. In seiner berühmten Ode ‚On the Jubilee of Queen Victoria' (1887) preist er sowohl die Königin als auch das britische Reich und dessen Errungenschaften:

I.
Fifty times the rose has flowered and faded,
Fifty times the golden harvest fallen,
Since our Queen assumed the globe, the sceptre.
She beloved for a kindliness
Rare in Fable or History,
Queen, and Empress of India,
Crowned so long with a diadem
Never worn by a worthier,
Now with prosperous auguries
Comes at last to the bounteous
Crowning year of her Jubilee.[20]

Ganz offensichtlich erweckt Tennyson hier den Eindruck, als würde die Königin schon lange als Kaiserin über ein Weltreich herrschen. Darin zeigt sich eine für die Narrativisierung der Thronjubiläen insgesamt typische Wendung: In der ersten Strophe wird die Herrschaft über den ‚Globus' einige Jahrzehnte zurückdatiert und mit der Thronbesteigung Viktorias in Verbindung gebracht. Danach wird behauptet, dass die ‚Queen, and Empress of India' das Diadem, das als Zeichen ihrer Herrschaft über Indien gilt, schon „so long" trage. Von der Tatsache, dass der Titel der Königin erst elf Jahre zuvor verliehen worden war und das erst nach einigem Widerstand, bleibt in diesem Zusammenhang keine Spur. Stattdessen wird Viktorias Herrschaft in den größeren Kontext von ‚Fable' und ‚History' gesetzt, wobei die Kapitalisierung dieser Begriffe darauf hinweist, dass hier nicht die schnell vergessenen, partikularen Ereignisse gemeint sind, sondern die ‚große Geschichte', in der Viktoria nun als außergewöhnliche Erscheinung situiert wird.

Tennyson vermeidet insgesamt eine kohärente Darstellung der englischen Herrschaft. Er drückt deren Zusammenhang stattdessen durch die Topoi der ‚mütterlichen Herrscherin' und der ‚imperialen Familie' aus. In der fünften Strophe etwa werden Viktorias häusliche und weibliche Tugenden gelobt und die Bereiche des häuslichen und öffentlichen Lebens explizit miteinander verbunden. In der zehnten Strophe ruft das Gedicht dann alle „patient children of Albion" dazu auf, unisono in den Lobgesang der Königin einzustimmen:

X.
[…]
You, the hardy, laborious,

Patient children of Albion,
You, Canadian, Indian,
Australasian, African,
All your hearts be in harmony,
All your voices in unison.
Singing, ‚Hail to the glorious
Golden year of her Jubilee!‘

An mehreren Stellen in Tennysons Ode wird deutlich, wie neben die Erinnerung an die Königin immer mehr die durch Topisierung und Narrativisierung konstruierte Einheit und die vermeintlich langjährige Geschichte des Empire tritt. So ist es vor allem das namenlose, aber vermutlich männliche „You“, der „Patriot Architect“ und „Empire-builder“, der für die Errungenschaften des Empire belohnt und in den Strophen vier, sechs, acht und zehn nicht weniger als neunmal dazu aufgefordert wird, in die Freude einzustimmen, mitzufeiern und zum Anlass des Jubiläums ein stattliches Denkmal, „Some Imperial Institute“, zu errichten:

VIII.
You, the Patriot Architect,
You that shape for Eternity,
Raise a stately memorial,
Make it regally gorgeous,
Some Imperial Institute,
Rich in symbol, in ornament,
Which may speak to the centuries,
All the centuries after us,
Of this great Ceremonial,
And this year of her Jubilee.

Ganz offensichtlich geht es Tennyson hier nicht nur um die Person der Königin, sondern in entscheidender Weise auch um die Stiftung einer Erinnerung, in deren Zentrum nun das Empire steht. Der Blick ist vielsagend nicht nur in die Vergangenheit gerichtet, sondern in die Zukunft: Das Denkmal soll – im Sinne einer ‚prospektiven Erinnerung‘ – zu zukünftigen Generationen ‚sprechen‘, und diese wiederum sollen sich an das Thronjubiläum als einen Meilenstein der Geschichte des Empire erinnern. In der neunten und zehnten Strophe tritt das Empire sogar ganz in den Vordergrund. Tennysons Gedicht lässt keinen Zweifel daran, wer oder was durch das vom Adressaten geforderte „stately memorial“ erinnert werden soll:

IX.
Fifty years of ever-broadening Commerce!

Fifty years of ever-brightening Science!
Fifty years of ever-widening Empire!

Von der Skepsis gegenüber dem Begriff des Empire, die noch dessen Einführung durch die ‚Royal Titles Bill' und durch Viktorias Titel als ‚Empress of India' begleitet hatte, ist hier wenig geblieben. Stattdessen wird das Empire mit den Fortschritt konnotierenden Bereichen von Handel und Wissenschaft gleichgesetzt. Erneut zeigt sich die Verbindung der Erinnerung an die Vergangenheit („Fifty years") mit dem Blick auf beziehungsweise der Stiftung von Erinnerung für die Zukunft („ever-broadening", „ever-brightening", „ever-widening").

Zusammenfassend lässt sich sagen, dass Tennysons Ode das Kunststück gelingt, nicht nur die verschiedenen Facetten Viktorias – „womanhood", „Queenhood" sowie „Empress of India" – in Einklang zu bringen, sondern auch die Erinnerung an ihre Thronbesteigung mit der gerade erst konstruierten Erinnerung an die angeblich lange Geschichte ihrer Herrschaft als Kaiserin zu verbinden. Das Gedicht erweist sich als wirkungsvoller Akt kultureller Erinnerung, der die imperiale Herrschaft Viktorias – oder vielmehr die idealisierte Version dessen – nicht nur zelebrieren, sondern auch memorieren soll.

Sind am Beispiel des ‚Golden Jubilee' vor allem die Verfahren der Narrativisierung und der Topisierung diskutiert worden, so soll im folgenden Abschnitt über das ‚Diamond Jubilee' der Schwerpunkt auf Prozesse der Ikonisierung gelegt werden. Ebenso werden – beispielhaft auch für das goldene Jubiläum – performative und transnationale Aspekte der Medienereignisse der Thronjubiläen Viktorias stärker berücksichtigt. Dass diese beiden Dimensionen auch dem goldenen Jubiläum eigneten, macht schließlich schon Tennysons Ode deutlich. Denn das Gedicht fordert ja nicht nur alle „patient children of Albion" auf, einen Lobgesang auf die Königin anzustimmen, sondern es wurde – vielerorts öffentlich vorgetragen – bereits selbst Teil der konkreten Inszenierungs- und Erinnerungspraxis der Jubiläumsfeierlichkeiten.

Das Empire im Zentrum der britischen Erinnerungskultur: Repräsentationen des ‚Diamond Jubilee' von 1897

Das ‚Diamond Jubilee' von 1897 war ohne Zweifel eine der aufwendigsten und pompösesten Feierlichkeiten in der Geschichte Großbritanniens. Gleichzeitig – und von Zeitgenossen fast unbemerkt – stellte es einen bedeutenden Akt imperialer Selbstdarstellung und kultureller Erinnerungspraxis dar. Zwar gab es einige kritische Stimmen wie etwa Rudyard Kipling, der in seinem berühmten und im Nachhinein wie ein Abgesang auf die Blütezeit des Empire erscheinenden Gedicht *Recessional* (1897) vor dem Fall und Untergang eines Reiches warnte, das Niniveh und Tyrus zu folgen bestimmt war. Doch insgesamt war das Ereignis von einem patriotischen Geist nationaler Zusammengehörigkeit geprägt. Die prunkvollen Feierlichkeiten gestalteten sich noch spektakulärer und aufsehenerregender als das ‚Golden Jubilee' und ihre Planung und Durchführung war so effektiv, dass das ‚Diamond Jubilee' zu einem unvergesslichen Medienereignis avancierte. So bemerken auch Caroline Chapman und Paul Raben:

> „The Diamond Jubilee of 1897 stands as probably the most glittering national celebration of modern British times. [...] It marked a solid national pride in 60 years of peace and progress in every field of human activity."[21]

Vergleicht man die Darstellungen der Jubiläen von 1887 und 1897, so fällt vor allem auf, dass das Empire am Ende des Jahrhunderts endgültig in den Vordergrund gerückt ist. Inzwischen war es nicht mehr in erster Linie die Königin, sondern vielmehr das britische Empire, das den zentralen Platz auf der Bühne der Feierlichkeiten einnahm. Darüber hinaus wurde die Königin nicht länger als Symbol der Häuslichkeit oder als Inbegriff der Weiblichkeit in Szene gesetzt, sondern erschien als Oberhaupt der ‚imperialen Familie Greater Britain'.

Die von Kolonialminister Chamberlain angeregte Funktionalisierung der Feierlichkeiten als Zelebrierung des Empire geriet zu einer äußerst wirkungsvollen kulturellen *Performance*, die das Empire nach Maßgabe kultureller Topiken wie der ‚Imperial Family' nicht nur in Paraden und festlichen Umzügen inszenierte, sondern dadurch auch wirksame neue visuelle Topoi schuf. Entscheidend für die Ikonisierung des ‚Diamond Jubilee' war, dass sich das Ereignis nicht mehr allein im Bild der mütterlichen oder großmütterlichen Herrscherin verdichtete. Vielmehr wurde Viktorias Funktion als ‚Ikone des Empire' durch die visuelle Präsenz des Empire beziehungsweise seiner Vertreter noch verstärkt und angereichert. Es waren gerade auch Prozesse der Ikonisierung, die aus dem Thronjubiläum der englischen Königin eine Selbstfeier des Empire machten.

Anders als zehn Jahre zuvor wurde auf die Oberhäupter anderer europäischer Königshäuser als Ehrengäste verzichtet.[22] Deren Platz nahmen nun vor allem die Premierminister der Kolonien, indische Prinzen und weitere Abgesandte ein. Bereits Wochen im Voraus wurden die Besucher aus Übersee in der Presse porträtiert und angekündigt. Zum Auftakt der drei Tage dauernden Feierlichkeiten ließ sich Königin Viktoria am Arm eines indischen Dieners zum Dankgottesdienst geleiten. Die ‚Jubilee Procession' am zweiten Tag, zusammengesetzt aus Truppenkontingenten im Gefolge der kolonialen Premierminister, brachte mit großer Symbolik ein Empire in Miniatur zur Aufführung:

> „[I]n wave after wave of glittering ranks came the living evidence of the vast Empire: Giant Maoris, New Zealand Mounted Troups, The Jamaica Artillery, The Royal Nigerian Constabulary, Negroes from the West Indies, British Guiana and Sierra Leone, the Cape Mounted Rifles, New South Wales Lancers, the Trinidad Light Horse and Zaptiehs from Cyprus, the Borneo Dyak Police, upstanding Sikhs, tiny little Malays, Chinese with a white basin turned upside down on their heads, grinning Houssa's from the Gold Coast and perhaps best of all, the turbanned and bearded Lancers of the Indian Empire ‚terrible and beautiful to behold'."[23]

Nicht nur in Texten, sondern vor allem auch mit zahlreichen Abbildungen wurde in den Zeitungen über die aufsehenerregenden Prozessionsteilnehmer berichtet. Die Vorstellung, was unter dem Empire zu verstehen sei, konnte sich auf diese Weise durch das Abbild von dessen ‚living evidence' noch konsolidieren.

Die imperiale Dimension der Feiern, die für die kulturelle Erinnerung zunutze gemacht wurden, wurde von zeitgenössischen Beobachtern immer wieder betont. Nicht nur England, sondern das gesamte britische Weltreich feierte sowohl ein seltenes Ereignis – den 60. Jahrestag von Viktorias Amtsübernahme –, als auch sich selbst. Auch die Zeitung *The Times* ließ keinen Zweifel, dass das Ereignis nicht nur von nationaler Bedeutung sei, sondern im gesamten Empire zur Kenntnis genommen werde. In der Vorausschau auf die Feierlichkeiten feiert sie den „moment of patriotic excitement":

> „To-day the eyes of the whole Empire, and of millions of men beyond its pale, will be fixed upon London, and upon the great and inspiring ceremony in which we celebrate the sixty years of the Queen's reign. [...] Since the Queen first made a like State progress, as she passed to her coronation in 1838, what transformations! These Colonies, who form perhaps the most applauded section of her escort, have travelled thousands of miles to be here. [...] They have come representing not a few small, scattered communities, but millions of men, brave, intelligent, wealthy, and loyal. These Indians, too, 'children of the unchanging East', are changed. They are proud Princes tracing their descent back for many centuries; and yet they have become faithful vassals of the Queen. They are a sign and symbol of the British Peace which now, after many a struggle and one heroic episode, prevails from Ceylon to the Himalayas."[24]

Wie für eine Vielzahl von Repräsentationen des ‚Diamond Jubilee' typisch, bemüht der Autor hier eine Rhetorik des ‚damals und heute', um die bemerkenswerten Errungenschaften und Fortschritte des Reiches zu betonen. Scheinbar allmählich und organisch ist das Empire unter Viktoria zusammengewachsen. Die früheren ‚small, scattered communities' sind vereint zu einer großen, treu ergebenen Gemeinschaft, in der selbst die vermeintlich ‚unveränderlichen' Inder einen Prozess der Anpassung durchlaufen haben. Die in Tennysons Ode anlässlich des ‚Golden Jubilee' beschworene ‚Familienähnlichkeit' wird nun als Ergebnis einer langen Entwicklung und als Faktum präsentiert: „Since the Queen first made a like State progress [...] what transformations!"[25]

Neben der Narrativisierung der Thronjubiläen als Erfolgsgeschichte des Empire fällt an diesem patriotischen Erguss die selbstreflexive Beobachtung der symbolischen Dimension des minutiös geplanten Medienereignisses auf. Die Herrschaft über das Empire inszeniert sich selbst, und die Beteiligten sind sich der Bedeutung der Inszenierung sowie der bewundernden Blicke der Kolonien wohl bewusst. Der eigentliche Protagonist ist weniger die Königin als das Empire selbst: Viktorias Jubiläum wird hauptsächlich zum Anlass für einen kollektiven, kulturellen Erinnerungsakt genommen, bei dem nationaler Fortschritt sowie die Entstehung und das Gedeihen des britischen Empire im Vordergrund stehen. Aber das Empire wird nicht nur organisch in das Narrativ der britischen Geschichte eingereiht. Die ‚treuen Vasallen' der Königin sind selbst schon „a sign and symbol of the British peace" geworden und begründen eine Ikonographie der Thronjubiläen, die über die Person Viktorias weit hinausgeht.

Die Jubiläumsprozession in London, deren vielfältige Zusammensetzung der Autor der *Times* als Beleg für die Erfolgsbilanz des Empire anführt, stand indes – ähnlich wie die Feiern aus Anlass des ‚Golden Jubilee' – nur am Beginn zahlloser Umzüge, militärischer Paraden und öffentlicher Veranstaltungen rund um den Globus. Die vergemeinschaftende Wirkung dieser Aufführungen des „Empire as Mise en Scène"[26] beruhte nicht zuletzt auf der konkreten Sichtbarmachung der imperialen Gemeinschaft, bei der die Betrachter unmittelbar einbezogen wurden: „For millions of British subjects, some enthusiastic, many more unwilling, the empire was made visible through [...] spectacular displays [...]. The theatrical spectacle of empire permeated every level of society and crossed borders of class, race, and nation."[27] Dieses ‚Spektakel' des ‚Diamond Jubilee' begann zwar mit der Selbstfeier der Monarchie im Zentrum des Weltreiches, aber es wurde zahllose Male in der kolonialen Welt repliziert.

Der globale, Einheit stiftende Charakter der zahlreichen lokalen Feierlichkeiten – mithin der Charakter der Thronjubiläen als transnationale Medienereignisse – wurde durch besondere dramaturgische Maßnahmen bisweilen sogar noch gesteigert. So organisierten die ‚Sons of England' – eine Vereinigung im kolonialen Ausland lebender Briten – einen Gottesdienst „to be held in continuous succession through the British colonies around the World"[28].

In jeder Kolonie sollte jeweils um vier Uhr nachmittags Ortszeit „God Save the Queen" gesungen werden. Jede Gemeinde erhielt denselben Predigttext sowie eine Tabelle mit den jeweiligen Anfangszeiten der Gottesdienste, wobei in einer zweiten Spalte jeweils die korrespondierende Uhrzeit im Mutterland – „Time at the Heart of the Empire – Windsor Castle" – notiert war. Der kollektive Gottesdienst begann im Osten auf den Fidji-Inseln, wanderte einen ganzen Tag über westwärts und endete in Victoria, British Columbia:

> „The zenith of the British dream of a world empire can be identified to the exact minute, but the time of that minute moved with the rotation of the earth. [...] For the duration of that day, someone, somewhere, was always singing the royal anthem."[29]

Kaiserin, Empire und kollektives Gedächtnis: Repräsentationen von Königin Viktorias Thronjubiläen aus funktionsgeschichtlicher Perspektive

Zum Abschluss soll das Funktionspotential der diskutierten Repräsentationen von Königin und Empire noch einmal genauer beleuchtet und zusammengefasst werden. Dabei muss als erinnerungskulturelle Herausforderungslage immer mitgedacht werden, dass die Einheit und Zusammengehörigkeit des Weltreiches keineswegs so selbstverständlich waren, wie es die spektakulären Inszenierungen der Thronjubiläen glauben machen wollten. Die Etablierung der britischen Herrschaft bedurfte nicht nur in der kolonialen Welt einiger Anstrengung. Auch in Großbritannien war die Vorstellung, eine imperiale Macht darzustellen, anfangs höchst umstritten. Nicht zuletzt das Beispiel des römischen Imperiums, mit dem sich die Briten im 18. Jahrhundert gern verglichen, erschien zunehmend als ominöse Warnung, dass imperiale Expansion und Machtstreben mit einem Verfall der Sitten einhergehen und letztlich zum Untergang der Nation führen würden.[30] Noch 1905 verwahrte sich ausgerechnet Joseph Chamberlain:

> „It is not an empire. We use that word; but it is not an empire in the sense in which other empires have existed on this globe. It is not an empire in the sense in which the German empire now dominates a great portion of Europe."[31]

Das Empire war letztlich nicht jenes naturgegebene Gebilde, welches sich zwangsläufig entwickeln und zusammenwachsen musste, als das die Medienereignisse der Thronjubiläen es ausgaben – sondern vielmehr das Produkt politischer und kultureller Konstruktion. Das Satiremagazin *Punch* stellte die ‚Royal Titles Bill', die Viktoria den Titel der ‚Empress of India' verlieh und damit den offiziellen Beginn des Empire markiert, folgerichtig als eher wundersame Szene dar, in der Premierminister Disraeli in der Märchengestalt des Aladin Viktoria die Krone der Kaiserin von Indien überreicht.[32] Wenn das Empire auch nicht einem Märchen aus 1001 Nacht entstammt, beginnt seine Tradition doch – wie man in Anlehnung an Eric Hobsbawms und Terence Rangers Erkenntnis von der „invention of tradition"[33] formulieren könnte – mit einer ‚Erfindung': mit der „invention of an Empress".[34] Die Mittel, die dafür herangezogen wurden – wie die Familienmetaphorik –, mögen nicht immer neu oder innovativ gewesen sein, wohl aber deren Operationalisierung – „the use of ancient materials to construct invented traditions of a novel type for quite novel purposes"[35] – für die Traditionsbildung einer imperialen Gemeinschaft.

Für die diskutierten Narrative, Topiken und Ikonen, die in einem breiten Spektrum statischer Texte und bewegter *Performances* wirksam wurden, gilt ebenso wie für die ‚Royal Titles Bill', dass sie die historische Wirklichkeit nicht nur abbilden, sondern das Verständnis von Wirklichkeit auf kreative Weise strukturieren. In Bezug auf die Repräsentationen Viktorias im Rahmen der Medienereignisse der Thronjubiläen lassen sich mindestens sechs Funktionen unterscheiden, wenngleich diese in den einzelnen Repräsentationen sicher nicht immer scharf voneinander zu trennen sind.[36]

- Erstens schaffen die ‚Royal Titles Bill' ebenso wie die späteren idealisierten Repräsentationen der Königin als ‚Empress of India' durch das Reduzieren der historischen Komplexität eine künstliche Einheit, eindeutige Hierarchien sowie ein gemeinschaftliches Gefühl britischer Überlegenheit. Ihre offensichtlichste Funktion bestand darin, die neue imperiale Ordnung zu symbolisieren. Trotz oder gerade wegen ihres notwendigerweise reduktiven und fiktiven Charakters wurden jene Darstellungen zu kulturellen Leitbildern der Viktorianer, indem sie den Glauben an die britische Überlegenheit in das kulturelle Gedächtnis einschrieben.
- Zweitens waren die ‚Royal Titles Bill' und die Darstellungen der Jubiläen wichtig für die Schaffung und Festigung von Loyalität: „[L]oyalty had to be symbolized to be effective in the eyes of subordinates and followers."[37] Diese vornehmlich emotionale Funktion tritt besonders in der kulturellen Topik der Verwandtschaftsmetaphern hervor, die ein Gefühl von Einigkeit und Kameradschaft transportieren, oder, wie Turner es formuliert: „[the] dominant component in kinship metaphors is Feeling."[38]
- Drittens erfüllte die Verbreitung von Viktorias Image als häusliche Königin und mütterliche Herrscherin wichtige normative und sozialisierende Funktionen. Durch die Gleichsetzung von Empire und Familie sowie die Übertragung von Werten der Familie auf das Empire wurde der inhärente

Widerspruch zwischen der Hochschätzung der Familie sowie verwandtschaftlicher Beziehungen und häuslicher Werte und der Praxis imperialer Expansion außer Kraft gesetzt. Indem sich die ‚Domestic Queen' in ein vertrautes und idealisiertes Symbol des britischen Empire verwandelte, wurden gleichzeitig das imperiale Expansionsstreben und die kolonialen Beziehungen domestiziert: „With this iconic image proliferating in the colonized territories and within the British Isles, Victoria seemed to validate imperialism and render it harmless, even comforting."[39]

- Eine vierte Funktion der Erfindung einer geschichtsträchtigen ‚Empress of India' bestand darin, die Bevölkerung mit stark vereinfachten, aber nichtsdestoweniger kohärenten Mustern für die Deutung und Bewertung historischer Entwicklungen zu versorgen.[40] Die beschriebenen Narrative, Topiken und Ikonen erwiesen sich als äußerst wirkmächtige Mittel zur kulturellen Sinnstiftung innerhalb der ‚imperial experience', indem sie die Ereignisse nicht nur deskriptiv darstellten, sondern kommentierten und interpretierten, und überdies zum Ausdrucksgehalt kultureller *Performances* wurden. So war die ‚Erfindung einer Herrscherin' ein wichtiger Schritt dahin, die Autorität mit einer sicheren und brauchbaren – wenngleich konstruierten – Vergangenheit zu untermauern und in das kulturelle Gedächtnis Großbritanniens zu integrieren.[41] Die ‚invention of an Empress' bot eine stark kodifizierte Repräsentation der imperialen Geschichte, deren Effizienz in keiner Weise durch ihren Konstruktcharakter abgeschwächt wurde.[42]
- Fünftens dienten die Repräsentationen der Ausbildung eines kulturellen Gedächtnisses, denn sie verkündeten, festigten und glorifizierten die britische Herrschaft, die durch die Monarchin verkörpert wurde.[43] Durch die Verbreitung von höchst vorteilhaften Vorstellungen des Empire und seiner Herrscherin wurden sie zu subtilen Werkzeugen der imperialistischen Ideologie.
- Sechstens und letztens erlangten die Thronjubiläen zentrale Bedeutung für die Ausprägung beziehungsweise Modifikation kollektiver Identität. Das nationale Selbstbild als freiheitliche Nation wurde überlagert von der Auffassung, zu einer überlegenen Rasse und Zivilisation zu gehören, die auf wohlwollende Weise für die ihr anvertrauten Völker zu sorgen hatte. Die Vorstellungen und Geschichten, die durch die verschiedenen Repräsentationen geschaffen und verbreitet wurden, prägten in kaum vergleichbarer Weise das Gesamtbild des britischen Empire, denn „any imagined community, is held together in part by the stories it generates about itself".[44] Die ‚Erfindung einer Herrscherin' wurde zum wichtigsten Mittel zur Stabilisierung eines vorteilhaften nationalen Selbstbildes und einer

nationalen Identität, die aber erst diskursiv wie performativ erzeugt werden mussten.[45] Die Betonung britischer Errungenschaften und imperialer Einheit war also kein Selbstzweck, sondern Teil eines übergreifenden kulturellen und politischen Prozesses, den Linda Colley treffend mit „Forging the Nation“ beschrieben hat.[46]

Die besondere Bedeutung der Thronjubiläen innerhalb dieses Prozesses ist darin zu sehen, dass sie verdichtete Ereignisse gesellschaftlicher und sogar transnationaler Kommunikation bildeten, durch die sich das Funktionspotential der untersuchten Repräsentationen deshalb umso mehr entfalten konnte. Gerade weil statische Texte und Bilder auf der einen und bewegte *Performances* auf der anderen Seite produktive Allianzen eingingen und eine große Bandbreite vieler verschiedener Medien der Erinnerung mobilisiert wurde, konnten die Thronjubiläen zu konstitutiven Medienereignissen einer imperialen Erinnerungskultur werden.

Wohl kaum zu überschätzen ist jener Anteil, den die durch die Thronjubiläen begründete performative, ritualdynamische Erinnerungspraxis an dieser Traditionsbildung hat. Umzüge und Prozessionen, „leave no room for critical negotiation, they offer a parade of icons that progressively accumulate as a narrative embodiment of the (presumably) consensual ideology shared by the audience“.[47] Es war gerade der performative Nachvollzug einer über kulturelle Narrative, Ikonen und Topiken imaginierten Gemeinschaft, der noch lange fortwirken sollte:

> „From Victoria's Golden and Diamond Jubilees, to the Silver Jubilee of George V and the coronation of George VI, every great *royal* event was also projected as an *imperial* event: marked in London by carefully orchestrated processions, with everyone in their properly assigned place. Thus was the British Empire presented as an ordered, unified hierarchy, with a semi-divine sovereign at its apex.“[48]

Die Inszenierung von Königin Viktorias Thronjubiläen trug also nicht nur dazu bei, eine neue Vorstellung von der nicht mehr nur ‚häuslichen‘ englischen Königin herauszubilden, sondern sie veränderte auch die Art und Weise, wie das britische Empire von der zeitgenössischen Bevölkerung wahrgenommen und inszeniert wurde. Dadurch gestaltete sie gleichzeitig das kollektive Gedächtnis um, und zwar sowohl auf mittelfristige Sicht – im kommunikativen Gedächtnis der Viktorianer – als auch im langfristigen kulturellen Gedächtnis Englands und Großbritanniens.

Anmerkungen

1 Alison Booth, Illustrious company: Victoria among other women in Anglo-American role model anthologies, in: Margaret Homans, Adrienne Munich (Hrsg.), Remaking Queen Victoria, Cambridge 1997, S. 59–78, hier S. 60.
2 James Anthony Froude, Oceana or, England and her Colonies, London 1886, S. 2.
3 Alan Filewod, Performing Canada. The Nation Enacted in the Imagined Theatre, Textual Studies in Canada 15, Kamloops 2002, S. 13.
4 Zur transnationalen Dimension des ‚Golden Jubilee' vgl. H. Datta, The Diamond Jubilee Souvenir; or, Short lives of Her Majesty, the Prince Consort and the Prince of Wales, Calcutta 1897, S. 127: „The next year her Majesty attained the 50th year of her glorious reign and the royal Jubilee was celebrated not only in the United Kingdom and Ireland, but throughout her extensive dominions in the four quarters of the globe, with all the grandeur and pomp that could be conceived."
5 Vgl. Niall Ferguson, Empire. The Rise and Demise of the British World Order and Lessons for Global Power, New York 2003 [2002], S. 240: „In 1897 [...], Queen Victoria reigned supreme at the apex of the most extensive empire in world history. [...] The British Empire now covered 25 per cent of the world's land surface [...]."
6 Vgl. Habbo Knoch, Daniel Morat, Medienwandel und Gesellschaftsbilder 1880 – 1960. Zur historischen Kommunikologie der massenmedialen Sattelzeit, in: dies. (Hrsg.), Kommunikation als Beobachtung. Medienwandel und Gesellschaftsbilder 1880–1960, München 2003, S. 9–33.
7 Vgl. John Plunkett, Queen Victoria: The First Media Monarch, Oxford 2003, S. 240: „It was a key event in the development of the British film industry. The Diamond Jubilee pictures proved highly successful and were a standard feature of many variety programmes in both London and the provinces."
8 Vgl. den Titel von Plunketts Monographie.
9 Zitiert nach Caroline Chapman, Paul Raben, Debrett's Queen Victoria's Jubilees, London 1977, S. 46 (eigene Paginierung, Original ohne Seitenzahlen).
10 Ebd.
11 Vgl. Ansgar Nünning, Wie aus einem historischen Geschehen ein Medienereignis wird: Kategorien für ein erzähltheoretisches Beschreibungsmodell, in: Georg Maag, Martin Windisch (Hrsg.), Der Krimkrieg als erster europäischer Medienkrieg, Münster 2007.
12 Vgl. Finanzierungsantrag des Gießener GK ‚Transnationale Medienereignisse von der Frühen Neuzeit bis zur Gegenwart' (seit 2003, unveröffentlichter Antrag).
13 Zur Formgebung als Prinzip der Beherrschung kontingenten Geschehens durch die Medien vgl. Knut Hickethier, Wie aus der Katastrophe eine Nachrichtengeschichte wurde. Ulrich Wickert und der ‚11. September', in: Michael Beuthner, Joachim Buttler, Sandra Fröhlich, Irene Neverla und Stephan A. Weichert (Hrsg.), Bilder des Terrors – Terror der Bilder. Krisenberichterstattung am und nach dem 11. September, Köln 2003, S. 103–112. Zur Narrativisierung von historischen Er-

eignissen vgl. auch Hayden White, Metahistory. The Historical Imagination in Nineteenth-Century Europe, Baltimore, London 1973 und ders., The Narrativization of Real Events, in: Critical Inquiry 7,4, 1981, S. 793–798; zu Prozessen der Ikonisierung von Kriegsereignissen vgl. z. B. die Beiträge in Beuthner et al. und Thomas Knieper, Marion G. Müller (Hrsg.), War Visions: Bildkommunikation und Krieg, Köln 2005; zum Konzept der kulturellen Topik vgl. Frauke Berndt, Topikforschung, in: Astrid Erll, Ansgar Nünning (Hrsg.), Gedächtniskonzepte der Literaturwissenschaft. Berlin, New York 2005, S. 31–52.

14 Vgl. Susan P. Casteras, The wise child and her „offspring": some changing faces of Queen Victoria, in: Margaret Homans, Adrienne Munich (Hrsg.), Remaking Queen Victoria, S. 182–199, hier S. 182: „It was arguably the expansion of the printed media that was one of the crucial factors in disseminating Victoria's image so widely in her own country and abroad."

15 Vgl. Astrid Erll, Prämediation – Remediation. Repräsentationen des indischen Aufstands in imperialen und post-kolonialen Medienkulturen (von 1857 bis zur Gegenwart) Trier 2007, S. 28.

16 Ebd.

17 Vgl. Milton Singer (Hrsg.), Traditional India: Structure and Change, Philadelphia 1959.

18 Barbara Harlow, Mia Carter (Hrsg.), Imperialism and Orientalism: A Documentary Sourcebook, Malden, Mass. 1999, S. 388, 390.

19 Vgl. Thomas Richards, The Image of Victoria in the Year of the Jubilee, in: Victorian Studies 31,1, 1987, S. 7–32, hier S. 11.

20 Alfred Lord Tennyson, The Poems of Tennyson, hrsg. von Christopher Ricks, London 1969, S. 1370.

21 Caroline Chapman, Paul Raben, Debrett's Queen Victoria's Jubilees, S. 45.

22 Vgl. ebd., S. 46: „[...] none of the Kings who had attended the Golden Jubilee were invited though their countries sent representatives."

23 Ebd.

24 The Times, 22. 6. 1897. Zitiert nach Caroline Chapman, Paul Raben, Debrett's Queen Victoria's Jubilees, S. 42.

25 Ebd.

26 Vgl. Alan Filewod, Performing Canada. The Nation Enacted in the Imagined Theatre, Textual Studies in Canada 15, Kamloops 2002; Kapitel mit dem Titel „The Nation on Parade: The Empire as *Mise en Scène*", S. 11–34.

27 Ebd., S. 13

28 Ebd.

29 Ebd.

30 Vgl. Vera Nünning, A Revolution in Sentiments, Manners, and Moral Opinions: Catharine Macaulay und die politische Kultur des englischen Radikalismus, 1760–1790, Heidelberg 1998, S. 124.

31 Joseph Chamberlain, Rede vom 1. 2. 1905, in: Charles W. Boyd (Hrsg.), Mr. Chamberlain's Speeches, Vol. 1, New York 1970 [1914], S. 295.

32 Vgl. Cartoon New Crowns for Old Ones, in: Punch, 15. 4. 1876.

33 Vgl. Eric Hobsbawm, Terence Ranger (Hrsg.), The Invention of Tradition, Cambridge 1992 [1983].

34 Vgl. Vera Nünning, Ansgar Nünning, The Invention of an Empress: Factions and Fictions of Queen Victoria's Jubilees of 1887 and 1897 as a Paradigm for the Study of Cultural Memories, in: C. Jansohn (Hrsg.), In the Footsteps of Queen Victoria: Wege zum viktorianischen Zeitalter, Studien zur englischen Literatur, Münster 2002, S. 83–112.

35 Eric Hobsbawm, Introduction: Inventing Traditions, in: The Invention of Tradition, S. 6.

36 Die folgende Diskussion der Funktionen orientiert sich an Eric Hobsbawm, Terence Ranger, The Invention of Tradition, Introduction, S. 9–12 und Ansgar Nünning, Metaphors of Empire: Victorian Literature and Culture, and the Making of Imperialist Mentalities, in: Raimund Borgmeier, Herbert Grabes und Andreas H. Jucker (Hrsg.), Anglistentag 1997 Gießen. Proceedings of the Conference of the German Association of University Teachers of English: Volume XIX, Trier 1998, S. 347–367, bes. S. 355–361.

37 Bernard S. Cohn, Representing Authority in Victorian India, in: Eric Hobsbawm, Terence Ranger (Hrsg.), The Invention of Tradition, Cambridge 1992 [1983], S. 165–210, hier S. 171.

38 Mark Turner, Death is the Mother of Beauty: Mind, Metaphor, Criticism, Chicago 1987, S. 41.

39 Margaret Homans, Adrienne Munich, Introduction, in: dies. (Hrsg.), Remaking Queen Victoria, S. 3.

40 Dies belegt auch Tennysons berühmtes Gedicht „Opening of the Indian and Colonial Exhibition by the Queen" (1886). Zu einer Analyse der ideologischen Implikationen der Verwandtschaftsmetaphorik in diesem Gedicht vgl. Ansgar Nünning, Metaphors of Empire, S. 356–358.

41 Vgl. Bernard S. Cohn, Representing Authority in Victorian India, S. 167 f.

42 Vgl. ebd., S. 184: „The hyperbolic historical fantasy voiced by Disraeli was part of the myth later acted out in the Imperial Assemblage. India was diversity – it had no coherent communality except that given by British rule under the integrating system of the imperial crown."

43 Vgl. ebd., S. 193.

44 Stephen Arata, Fictions of Loss in the Victorian Fin de Siecle, Cambridge 1996, S. 1; zu „imagined communities" vgl. Benedict Anderson, Imagined Communities: Reflections on the Origins and Spread of Nationalism, London 1983.

45 Vgl. Edward Said, Culture and Imperialism, London 1993, S. 60: „In an important sense, we are dealing with the formation of cultural identities understood not as essentializations [...] but as contrapuntal ensembles, for it is the case that no identity can ever exist by itself and without an array of opposites, negatives, oppositions."

46 Vgl. Linda Colley, Britons: Forging the Nation. 1707 –1837, New Haven 1992.

47 Vgl. Alan Filewod, Performing Canada, S. 13.

48 David Cannadine, Ornamentalism: How the British Saw Their Empire, London 2001, S. 109.

Frank Bösch

Transnationale Trauer und Technikkritik?

Der Untergang der Titanic

Der Untergang der Titanic zählt bis heute zu den bekanntesten Medienereignissen des 20. Jahrhunderts. Dabei fand jede Generation neue Erinnerungsformen, die ihrerseits wieder zu medialen Spektakeln wurden. James Camerons Verfilmung von 1997 – eine der erfolgreichsten Produktionen aller Zeiten – gab ein jüngstes Beispiel dafür. Der Titanic-Untergang entwickelte sich jedoch bereits unmittelbar nach der Katastrophe im April 1912 zu einem Medienereignis, das die gesamte westliche Welt erschütterte. Diese Erschütterung ist vor allem mit zwei Zuschreibungen verbunden. Zum einen steht der Untergang der Titanic für eine grenzübergreifende ‚transnationale Trauer'. So bilanzierte die einflussreiche Titanic-Studie von Wyn Craig Wade, kein Ereignis der Menschheitsgeschichte habe je zu einem so weltweiten Austausch von Beileidsbezeugungen geführt.[1] Dies betonten bereits die zeitgenössischen Medien. So kommentierte der Londoner *Daily Graphic*, der Untergang der Titanic „habe die Welt in einen Ozean der Tränen" verwandelt.[2] Und die *Times* sah kurz nach dem Unglück eine neue menschliche Brüderlichkeit, die sich in der grenzübergreifenden Hilfe für die Hinterbliebenen und den Beileidsbezeugungen von zahlreichen Staatsoberhäuptern und Parlamenten niedergeschlagen habe.[3] Visualisiert wurden diese kollektiven Emotionen durch Bilder von Trauerfeiern und Massenaufläufen. So fanden sich in den Medien der ganzen Welt Fotos von der Trauerfeier in der Londoner St Paul's Cathedral oder den wartenden Angehörigen in New York.[4]

Noch wirkungsmächtiger ist vermutlich eine zweite Interpretation des Schiffsunglückes. Das Medienereignis Titanic gilt als ein transnationaler Bruch der unbändigen Technikgläubigkeit des ausgehenden 19. Jahrhunderts. Auch diese Deutung ist mit zeitgenössischen Stimmen belegbar. „The blind trust in material and appliances has received a terrible shock", bilanzierte etwa der Schriftsteller Joseph Conrad den Untergang.[5] Und auch der Bischof von Winchester deutete den Untergang bei der Trauerfeier in Southampton, wo zahlreiche Hinterbliebene der Schiffsbesatzung wohnten, als eine

Lektion gegen den Glauben an Technologie und Geld.[6] Religiöse und säkulare Anklagen gegen die menschliche Hybris verbanden sich damit. Bereits der Name ‚Titanic' erschien wie ein Beleg für den menschlichen Größenwahn, aus dem heraus dieses damals größte Schiff der Welt entstand. Am Beginn dieser technischen Fortschrittseuphorie stand die gigantische Glas-Konstruktion des Londoner Crystal Palace, die 1851 die erste Weltausstellung beherbergte. Die Titanic repräsentierte dagegen den Scherbenhaufen, in den sich die technische Gigantomanie und Fortschrittserwartung verwandelte.

Selbstverständlich spricht einiges für diese etablierten Lesarten. Der vorliegende Artikel greift diese Deutungen auf, um sie durch einen mediengeschichtlichen Zugang zu erweitern, der grenzübergreifend journalistische Techniken und Deutungen unmittelbar nach dem Untergang untersucht.[7] Damit steht erstens die Frage im Vordergrund, auf welche Weise das Schiffsunglück Mitte April 1912 in die Presse kam und sich zu einem Medienereignis entwickelte. Denn schließlich war der Untergang, im Unterschied zu anderen Medienereignissen, keine geplante Inszenierung, sondern wurde erst von den Medien spontan dazu gemacht. Damit geht es weniger um den bekannten Ereignisablauf des Schiffsunterganges als um die Funktionsweisen der zeitgenössischen Medien. Zweitens werden die Deutungen, Zuschreibungen und Vorstellungen genauer untersucht, die im Rahmen des Titanic-Unterganges 1912 ausgehandelt wurden. Beide Leitfragen behandeln somit den grenzübergreifenden Mediendiskurs selbst als Ereignis, wobei die deutsche, österreichische, französische, britische und amerikanische Presse im Vordergrund der Analyse steht. Dabei lässt sich zeigen, dass das ‚Medienereignis Titanic' eben nicht nur in emotionalem Mitleid oder Fortschrittsskepsis aufging, sondern transnational gegenläufige Gesellschaftsentwürfe freisetzte. So ging die transnationale Trauer etwa mit der Verbreitung nationaler Stereotype einher, der hochaktuelle investigative Journalismus mit Retardierungen und Spekulationen und die Verunsicherung über den Fortschritt mit einer neuen Preisung der Technik.

Der Untergang als journalistischer ‚Scoop'

Dass gerade dieses Schiffsunglück eine derartige mythische Kraft entwickelte, hatte zahlreiche Ursachen. Hierzu zählen die große Zahl der Verunglückten und die Prominenz zahlreicher Opfer, die gigantische Größe des Schiffes, seine luxuriöse Ausstattung und seine angebliche Unsinkbarkeit. Ebenso bedeutend war der Zeitpunkt des Unglückes, das sich im Kontext einer nervösen Stimmung im Vorfeld des Ersten Weltkrieges ereignete und nach Etablierung einer telegraphisch vernetzten Massenpresse. Die mediale Thematisierung von Katastrophen war bereits seit langem eingeübt. Katastrophenberichte hatten seit dem Aufkommen der gedruckten Zeitungen im frühen 17. Jahrhundert ganz wesentlich ihren Inhalt und ihren Aufstieg geprägt und häufig grenzübergreifend moralische Deutungen ausgelöst.[8] Das Erdbeben von Lissabon spielte dabei eine Schlüsselrolle, zumal es wie beim Titanic-Untergang eine Diskussion über das gesellschaftliche Selbstverständnis förderte.[9] Neu an den medialen Berichtstechniken des ausgehenden 19. Jahrhunderts waren jedoch die zeitgleiche Übermittlungsgeschwindigkeit, ihre fotografisch geprägte Visualität und die Etablierung einer stark konkurrierenden auflagenstarken Presse. Diese Entwicklung führte unmittelbar zu medialen Überformungen von spektakulären Ereignissen und förderte eine sofortige mediale Selbstbeobachtung.

Illustrierte Wochenschriften wie die *Gartenlaube* oder die *Illustrated London News* hatten sich in der zweiten Hälfte des 19. Jahrhunderts zu den auflagenstärksten Medien entwickelt, indem sie Bilder vom menschlichen Fortschritt *und* seinen Katastrophen druckten. So zeigte bereits die erste Ausgabe der *Illustrated London News* den großen Brand in Hamburg, berichtete über einen schweren Eisenbahnunfall bei Paris und die Explosion eines Dampfbootes in Amerika.[10] Parallel dazu schuf die Telegraphie in der zweiten Hälfte des 19. Jahrhundert zunehmend die Möglichkeit, weltweit nahezu zeitgleich Katastrophen zu verfolgen. Diese weltweite Vernetzung und Beschleunigung förderte im Zuge des Pressebooms seit den 1870er Jahren eine immense Konkurrenz darum, welche Zeitung als erste mit einer sensationellen Nachricht aufmachen konnte und damit einen ‚Scoop' erreichte. In diesem Kontext etablierte sich im ausgehenden 19. Jahrhundert die Rolle des selbst recherchierenden Journalisten.[11]

Diese Veränderungen prägten maßgeblich die Genese des Medienereignisses Titanic, weshalb seine Analyse genauere Erkenntnisse über den Journalismus der Zeit verspricht. So lässt sich anhand des Titanic-Unterganges zunächst zeigen, wie Journalisten versuchten, einen ‚Scoop' zu erreichen. In diesem Fall war es die *New York Times*, die die Berichterstattung beim Titanic-Untergang maßgeblich prägte und damit erst ihre Schlüsselstellung im 20. Jahrhunderts ausbaute. Noch Ende des 19. Jahrhundert lag ihre Auflage mit nur 9000 Exemplaren in New York fast ganz hinten. Nach einem Besitzerwechsel entwickelte sich das Blatt um 1900 jedoch mit hochaktuellen und sensationellen Berichten zur Konkurrenz der neuen Boulevardpresse von Hearst und Pulitzer.[12] Obgleich die Titanic nachts um halb zwei gesunken war und keine Informationen über den Untergang bekannt waren, schrieb die *New York Times* bereits in ihrer Morgenausgabe hierüber. Wie gelang ihr dieser ‚Scoop' gegenüber der weltweiten Konkurrenz, die erst am nächsten oder übernächsten Tag über das Unglück berichtete? Die amerikanische Nachrichtenagentur AP (Associated Press) meldete durch die Zeitverschiebung bereits um halb eins einen Notruf der Titanic, nachdem sie einen Eisberg gestreift habe. Daraufhin von der *New York Times* angefunkte Schiffe bestätigten den Notruf und eine Funkstille danach, nicht aber ihr Sinken.[13] Allein nach diesen vagen Hinweisen wechselte der Redakteur der *New York Times* nachts um drei die bereits gesetzte Titelseite und berichtete ohne jegliches fundiertes Wissen über den Untergang der Titanic. Dies zeigt, welche riskante Spekulationsbereitschaft amerikanische Journalisten in Kauf nahmen, um als die Ersten Meldungen aufzubringen.

Auch die weitere weltweite Berichterstattung über den Untergang belegt, dass die Medien nahezu durchweg ohne jegliche genauere oder gar geprüfte Information ausführlich berichteten. Die amerikanischen Abendblätter und die europäischen Zeitungen am Tag nach dem Untergang schrieben fast ausnahmslos, es habe keine Todesopfer gegeben. Die *Evening Sun* titelte etwa in großen Lettern: „ALL TITANIC PASSENGERS ARE SAFE"[14]. In Deutschland meldete eine sonst besonders gut informierte Qualitätszeitung wie das *Berliner Tageblatt*:

> „Sämtliche Passagiere und Mannschaften sind gerettet dank der raschen Hilfe, die die durch Funkspruch herbeigerufenen Schiffe dem durch den Eisberg gefährdeten Riesendampfer leisteten –, ein Triumph der drahtlosen Telegraphie sowohl als auch der modernen Schiffsbaukunst, die durch das glänzend bewährte Schottensystem es der ‚Titanic' ermöglichte, trotz ihrer Beschädigung weiter zu schwimmen und jetzt mit eigener Kraft dem sicheren Hafen entgegenzustreben."[15]

Andere Funkmeldungen, wonach die Titanic zu sinken drohe, verbannte das Blatt in den hinteren Textteil. Ebenso brachte in Österreich das *Wiener Tageblatt* nebeneinander die widersprüchlichen Meldungen, die Titanic nähere sich aus eigener Kraft Halifax und würde ins seichte Wasser bei Cap Race abgeschleppt.[16] Und in Frankreich waren sich politisch verfeindete Blätter wie der konservative *Figaro*, das überparteiliche *Petit Journal* und die linke *L'Humanité* darin einig, dass alle Passagiere der Titanic gerettet seien.[17]

Obgleich keinerlei Informationen vorlagen, kursierten vielmehr bereits unmittelbar nach dem Untergang zahlreiche ebenso detaillierte wie widersprüchliche Berichte über die Rettungen. Sie beschrieben das „musterhaft ruhige" Verhalten der Passagiere oder deren „große Panik". Die Zeitungen druckten sie einfach hintereinander ab, obgleich ihr Realitätsbezug offensichtlich fehlte.[18] Zugleich verstärkte sich in den USA der Groll gegen die *New York Times*, weil sie leichtfertig den Untergang gemeldet habe. Verantwortlich

BASEBALL
FINAL EDITION

The Evening Sun.

BASEBALL
FINAL EDITION

ALL SAVED FROM TITANIC AFTER COLLISION

RESCUE BY CARPATHIA AND PARISIAN;
LINER IS BEING TOWED TO HALIFAX
AFTER SMASHING INTO AN ICEBERG

Baltic, Virginian, Olympic and Other Ships Summoned by Urgent Wireless Calls.

BIGGEST OF LINERS IN CRASH

She Carried Over 1,400 Passengers, Many of Prominence—Message from Olympic Telling of Rescue.

GIANTS DROP GAME AT HUB

Boston Braves Win From McGrawites.

THE TITANIC UNDER WAY.

Abb. 1: Fast alle Zeitungen machten mit Falschmeldungen auf; die *Evening Sun* vom 15. 4. 1912, S. 1.

für diese Konfusion waren eine falsch verstandene Meldung eines Funkamateurs sowie die restriktive Informationspolitik der Reederei und des Funkbesitzers Marconi, die dann aber über die Agenturen und die Leitmedien sofort weltweit kolportiert wurden. Vor allem dürfte aber der feste Glaube an eine Rettung die Nachrichten geprägt haben, da trotz der widersprüchlichen Nachrichten die optimistischere Version gewählt wurde.

Die international kursierenden Falschmeldungen lassen sich in mehrfacher Hinsicht interpretieren. Sie sind erstens ein Hinweis darauf, dass Telegraphie und Nachrichtenagenturen eben nicht unbedingt zu einer schnellen fundierten Information führten, sondern ebenso leicht zu weltweiten kollektiven Falschmeldungen. Zweitens zeigt dies, wie skrupellos die damaligen Journalisten und Nachrichtenagenturen trotz unzureichender Informationen berichteten, indem sie einfach spärliche Hinweise phantasievoll mit eigenen Einschätzungen ausschmückten, um höchste Aktualität und Allwissenheit zu suggerieren. Drittens strukturierten diese Falschmeldungen die öffentliche

Erwartung maßgeblich, und damit die Erfahrung des weiteren Medienereignisses. Das so aufgebaute Vertrauen, über Telegraphie und Sicherheitstechnik Personenschaden zu verhindern, schuf eine noch größere Fallhöhe für die Unglücksmeldung, die dann am nächsten Tag die bisherigen Schlagzeilen ersetzte.

Nach Bestätigung des Unterganges setzte in den Medien eine kritische Reflexion über die Falschmeldung ein. Obgleich jedoch weiterhin lediglich das Sinken des Schiffes bekannt war, brachten die Zeitungen erneut detaillierte Berichte über das Unglück. So beruhte der Artikel des *Berliner Tageblattes* auf Informationen ihres New Yorker Korrespondenten, die dieser von einer Funkmeldung eines Dampfers erhalten hatte, der wiederum nur mit Schiffen gefunkt hatte, die mit der Titanic kurz in Verbindung gestanden hatten. Dennoch produzierte sie aus dieser zweifelhaften Quelle eine anschauliche Schilderung der Ereignisse an Bord.[19] Bei den amerikanischen Zeitungen und Behörden gingen hunderte Telegramme ein, die angeblich genaue Informationen offerierten. Gerade die Vielzahl der Gerüchte blockierte jedoch die Wahrheitsfindung. Dagegen schwieg die einzige authentische Quelle, das Rettungsschiff Carpathia, das mit den rund 700 Überlebenden auf New York zusteuerte.

In dieser Phase zeigte sich zugleich ein investigativer Journalismus, der mit harten Bandagen um Exklusivmeldungen kämpfte. Da der Untergang ein ortloses Ereignis war und die Journalisten deshalb nicht am Schauplatz recherchieren konnten, konzentrierten sie sich zunächst vornehmlich auf die Ankunft der überlebenden Passagiere in New York. Der Carpathia fuhren Dutzende Boote mit Journalisten entgegen, zumal der Hafen wegen der rund 30 000 Schaulustigen bereits weiträumig abgesperrt war. Die Journalisten versuchten schon auf See per Funk Informationen zu bekommen. Angeblich winkten sie mit 50-Dollar-Scheinen zu den Geretteten auf der Reling und riefen: „Spring ins Wasser", um sie für ein Interview dann aus den Fluten zu fischen – was jedoch niemand machte.[20] Am Hafen gelang einigen Journalisten tatsächlich das Gespräch mit Überlebenden. So konnte auch ein Korrespondent der deutschen *Frankfurter Zeitung* mit einer Überlebenden, die mit einer Limousine ins Hotel gebracht wurde, während der Fahrt ein Interview führen.

Das maßgebliche erste Exklusivinterview und damit ein weiterer Scoop gelang jedoch abermals der *New York Times*. Durch persönliche Kontakte konnte sie dem Telegraphiebesitzer Marconi abverlangen, dass der Funker auf der Carpathia keine Meldung machte, bis ihr Redakteur noch an Bord ein Exklusivinterview über die Geschehnisse erhielt. Er blieb zugleich der einzige Journalist, der die Carpathia betreten durfte. Der mit 1000 Dollar bestochene Funker Harold Bride verweigerte dabei selbst dem Präsidenten eine vorherige

422 Berliner Illustrirte Zeitung. Nr. 19

BILDER VOM TAGE

Die amerikanische Senatskommission, die zur Untersuchung der „Titanic"-Katastrophe eingesetzt wurde und mit großer Schnelligkeit und Energie arbeitete, hat ihre Sitzungen beendet. Wie der Vorsitzende der Kommission, Senator Smith, sich äußerte, sind eine Menge schwerer Fehler aufgedeckt worden. Die „Titanic" fuhr mit der größten Geschwindigkeit, obwohl ihr die Gefahr der Eisberge gemeldet war. Die vorhandenen Rettungsvorrichtungen reichten nicht aus, die Mannschaft versuchte vergeblich, die Schotten zu schließen. Dieser Mechanismus, der das Schiff angeblich unsinkbar machen sollte, versagte vollständig. Auch die Unzulänglichkeit der drahtlosen Telegraphie in Stunden der Gefahr hat sich erwiesen und soll durch internationale Abmachungen beseitigt werden, denn die Mängel mancher Apparate und das Fehlen eines telegraphischen Nachtdienstes trugen die Schuld, daß die Hilferufe die anderen Schiffe spät oder gar nicht erreichten

Ankunft geretteter Passagiere der „Titanic" im Hafen von New York.

Rudolf v. Bennigsen †, bekannter Kolonialpolitiker und früherer Gouverneur von Neu-Guinea. Phot. Dieber.

Schiffbrüchige der „Titanic" im Rettungsboot, vor der Bergung vom Deck der „Carpathia" aus photographiert. Die Insassen tragen Schwimmwesten.

Abb. 2: Opferbilder wurden sofort von Hobbyfotografen an die Presse verkauft und weltweit gedruckt. *Berliner Illustrirte Zeitung* Nr. 19 vom 12. 5. 1912, S. 322.

telegraphische Auskunft.[21] Der Kampf um die erste, schnellste und besonders authentische Meldung führte folglich paradoxerweise dazu, dass sich der Informationsfluss insgesamt verlangsamte und Falschmeldungen aufkamen. Statt der früheren Pressezensur begrenzten nun Marktmechanismen und persönliche Kontakte die freie Presseberichterstattung. Damit etablierte der Titanic-Untergang zugleich das Bild des skrupellosen amerikanischen Journalisten, der ohne Pietät gegenüber den Opfern nur an die exklusive Meldung dachte. Dass Journalisten durch Bestechung die freie Information unterdrückten und damit insbesondere die wartenden Angehörigen in Ungewissheit hielten, sorgte weltweit für Empörung. Zugleich zeigte sich, dass im Zeitalter von Funk und Telegraphie Nachrichten nicht mehr zu lenken oder kontrollieren waren. So gelang es dem *Globe*, auf hoher See einen Funkspruch über die Zahl der Überlebenden abzuhören.[22] Hunderte von Funkamateuren und Warenhäuser mit Funkstationen fingen frühzeitig Meldungen ab, die neben falschen Gerüchten auch erste Erkenntnisse brachten. Selbst das Exklusivabkommen von Marconi mit der *New York Times* wurde abgefangen, so dass das Blatt unter hohen Rechtfertigungsdruck geriet.

Erst in den folgenden Tagen entstand ein weltweiter Pressemarkt, auf dem die Zeugenaussagen wechselseitig rezipiert und wie in einem Puzzle grenzübergreifend zusammengesetzt wurden. Die Nachrichtenagentur *Reuters* spielte sicherlich eine Schlüsselrolle. Aber selbst wenn in einer schwedischen Zeitung eine neue Stimme eingefangen wurde, griffen die Medien diese am nächsten Tag gleich weltweit auf und banden sie in ihre Interpretationen ein. Nachdem visuell zunächst Archivbilder vom Auslauf und Zeichnungen vom Untergang dominierten, kamen nun auch Fotos auf, die die Überlebenden und die Rettungsboote zeigten.[23] Dass Passagiere des rettenden Schiffes die Überlebenden sofort mit ihren Privatkameras fotografierten und diese Bilder an die Presse verkauften, dokumentiert die bereits eingeübte Kooperation zwischen Katastrophenzeugen und den Medien.

Der Untergang der Titanic füllte auch in den folgenden Wochen täglich die Zeitungen mit neuen Rekonstruktionsversuchen. Das intensive Interesse erklärt sich nicht mit der großen Opferzahl von immerhin 1500 Menschen und deren häufig großer Prominenz. Gefördert wurde es vielmehr auch durch die nun einsetzende Interaktion zwischen den Medien und den Untersuchungskommissionen des amerikanischen Senates und der britischen Regierung. Ähnlich wie bei Gerichtsprozessen nach Morden führten die regelmäßigen Zeugenaussagen und Experteneinschätzungen vor den Kommissionen dazu, dass die Journalisten die Wahrheitsfindung und Deutung des Unterganges seriell weiterverfolgten und diese Aussagen mit eigenen Einschätzungen ergänzten.

Deutungen des Unterganges

Welche Deutungsmuster entstanden bei diesen zahllosen Medienberichten? Zunächst lässt sich feststellen, dass sich die oft postulierte Technikkritik nur teilweise ausmachen lässt. Einerseits wurde zwar weltweit kritisiert, die Titanic habe zwar allen erdenklichen Luxus besessen, aber nicht genügend Rettungsboote oder Ferngläser. Anderseits folgten der Katastrophe sofort gegenläufige Stimmen mit einem ungebrochenen Technikvertrauen. Insbesondere die drahtlose Telegraphie, die entscheidend zur Rettung der rund 700 Passagiere beigetragen hatte, erhielt große Lobpreisungen. Die Aktien von Marconi stiegen, und die Zeitungen kommentierten: „Die Telegraphie ist durch die Titanic zu einem Wunderkinde geworden, dessen Leistungen nun von der ganzen Welt angestaunt werden.“[24]

Ebenso gingen die Zeitungen und in ihnen schreibende Experten davon aus, dass der Unfall künftige Gefahren abwende. So schloss ein langer Leitartikel eines Ingenieurs in der *Vossischen Zeitung* mit dem Befund: „Von einem ‚Fiasko der Technik‘ kann nur ein Laie sprechen, und jedes Unglück ist die Quelle segensreicher Verbesserungen. Je größer die Schiffe, desto höher die Sicherheit.“[25] Andere Blätter rechtfertigten das Unglück damit, dass gewaltige Ziele gewaltige Opfer forderten, weshalb die Menschheit aus ihren Tränen heraus zu „neuen Herrlichkeiten“ streben werde.[26] Auch in Frankreich feierte selbst die sozialistische *L'Humanité* die Titanic als „grande victoire de la pensée humaine“ und als „la magie de la science, la magie de la pensée“. Der „Ruhm der Menschheit“ sei es, ohne Angst die Eroberung der Dinge zu verfolgen. Die „besiegten Passagiere“ sah das Blatt als Ansporn, die Anstrengungen zu verdoppeln, einen „leuchtenden Strahl über den verschmutzten Ozean“ zu schicken und Mut und Hoffnung zu schöpfen.[27] Dass sich keine dauerhafte Technikkritik durchsetzte, zeigten im Monat darauf die Berichte zum Stapellauf des deutschen Schiffes Imperator, das von seiner Größe die Titanic noch deutlich übertraf und ähnlichen Luxus aufwies.[28] Auch die Größe der Titanic wurde in den Medien weiter mit Faszination visualisiert. In zahlreichen Illustrierten wurde sie etwa maßstabsgetreu neben die größten Bauwerke des eigenen Landes gestellt, etwa den Eiffelturm, Notre-Dame oder das Londoner Parlamentsgebäude.[29]

Statt einer Kritik am Technikvertrauen dominierte vielmehr Kritik am Geschwindigkeitswahn der Zeit. So titelte der *Vorwärts*: „1600 Opfer der Rekordsucht“.[30] Vielfach wurde fälschlich berichtet, die Titanic habe einen Geschwindigkeitsrekord bei der Atlantiküberquerung versucht, um das ‚Blaue Band‘ hierfür zu erhalten. Nicht allein den Reedern, sondern auch dem gesellschaftlichen Zeitgeist gaben die Zeitungen die Schuld hieran. Denn dieser fördere die Hetzerei und Sucht nach Schnelligkeit, und Geschäftsmänner, so die *Times*, würden sich stets über zwei Minuten Verspätung aufregen.[31] Tatsächlich waren es jedoch im hohen Maße die Zeitungen selbst, die derartige Wettläufe forcierten, da sie regelmäßig spektakuläre Autorennen, Flüge oder Expeditionen veranstalteten.

Der Technikdiskurs stand in Verbindung mit einem zweiten Deutungsmuster, das eine differenzierte Bewertung der ‚transnationalen Trauer' und der Technikkritik erlaubt. Sicherlich kam es in allen Ländern zu einem aufrichtigen Mitgefühl, das konkurrierende Großmächte einte. Zugleich förderte das globale Medienereignis Titanic jedoch nationalistische Zuschreibungen, die sich aus der Suche nach den Unglücksursachen entfalteten. Durch die deutsche Flottenrüstung und den Ausbau der zivilen Schifffahrt bestand seit der Jahrhundertwende besonders zwischen Deutschland und Großbritannien eine verstärkte Rivalität.[32] Die Kommentare zum Unglück waren schon nach wenigen Tagen ganz von dieser nationalen Konkurrenz geprägt. Die deutschen Medien kritisierten, die englischen Schiffe seien mit überhöhtem Tempo und zu wenigen Rettungsbooten durch Eisfelder gefahren, da sie die größere Schnelligkeit der deutschen Schiffe nicht ertragen könnten. Deshalb hätten die Briten auch, so die liberale *Frankfurter Zeitung*, mit staatlicher Unterstützung derartige große Schiffe gebaut, um „ihre Suprematie auf See wiederzugewinnen".[33] Dass angeblich ein deutsches Schiff, das sich am dichtesten bei der Titanic befand und Hilfe anbot, wegen dieser Rivalität per Funk abgewiesen wurde, verstärkte die Empörung über die Briten. Selbst die liberale deutsche Presse erklärte das Unglück mit der angelsächsischen Rekordsucht, die sich aus der „englischen Sportwut" und dem „amerikanischen Wettfanatismus" speise.[34] Dagegen seien die deutschen Schiffe weniger auf Rekorde aus und mit mehr Booten ausgestattet. Ebenso interpretierten die französischen Zeitungen das Unglück nationalistisch mit der Geldgier der englischen Schifffahrtgesellschaften.[35] Auch der konservative *Figaro* und das überparteiliche *Petit Journal* waren sich darin einig, dass das Ausland sich ein Beispiel an Frankreich nehmen solle, wo ausreichend Rettungsboote vorgeschrieben seien und außerdem ein Wettlauf um Rekorde vermieden würde, wie ihn England und Deutschland auf Kosten der Sicherheit austrügen.[36] Die englische Presse verbat sich solche Belehrungen. Sie kritisierte dafür hauptsächlich die USA, weil diese bereits kurz nach dem Unglück eine Untersuchungskommission des Senates eingesetzt hatte, die nun britische Staatsbürger verhörte und ihnen die Schuld an dem Unglück zuschrieb.

Insofern verkehrte sich die ‚transnationale Trauer' und Technikkritik schnell in nationalistisch gefärbte Schuldzuweisungen. Die grenzübergreifende emotionale Vergemeinschaftung verwandelte sich in Formulierungen, die die Sicherheit der eigenen Technik beschworen und die rivalisierenden Nachbarländer verdammten. Damit zeigte das Medienereignis einen Trend, der in der jüngeren Globalgeschichte für unterschiedliche Gebiete ausgemacht wurde: Globalisierung und Nationalisierung hingen eng miteinander zusammen.[37] Durchbrochen wurden diese nationalistischen Zuschreibungen freilich nach wenigen Tagen durch eine von der *Frankfurter Zeitung* aufgebrachte Statistik, nach der deutsche, holländische und englische Schiffe alle gleich schlecht mit Rettungsbooten ausgestattet seien und rund zwei Drittel der Passagiere bei einem Unglück sterben müssten.[38] Diese Statistik dämpfte nicht nur den deutschen Hochmut, sondern wurde international als Beleg dafür gedeutet, dass die eigentliche Schuld bei den jeweiligen Regierungen liege und diese schleunigst neue Gesetze verabschieden müssten.[39] Tatsächlich kamen in den Parlamenten schnell entsprechende Debatten in Gang. Sie belegten, in welchem Maße die öffentliche Meinung im Rahmen des Medienereignisses auch politisches Handeln prägte.

Neben den nationalistischen Deutungen förderte das Medienereignis Titanic klassenspezifische Lesarten. Ihr Untergang entwickelte sich auch deshalb zu einem Medienereignis, weil die Titanic in gewisser Weise die Gesellschaft abzubilden schien. Das Schiff zählte seit langem zu den etablierten Metaphern für den Staat. Und ähnlich wie die Gesellschaft besaß die Titanic ein Dreiklassensystem. Die kollektive Trauer um die Opfer der Titanic wurde durch Anklagen über die Klassenunterschiede gebrochen. Fotos und Beschreibungen über den Luxus an Bord gehörten generell zu den festen Text- und Bildbestandteilen: Der Pomp der Schlafzimmer und Salons der ersten Klasse, die für die Überfahrt mehr als drei Jahresgehälter eines deutschen Professors kosteten, und die Reihenfolge des 19-gängigen Menüs unmittelbar vor dem Untergang bildeten markante Kennzeichen einer Dekadenz, deren Darstellung zwischen Faszination und Verurteilung schwankte.[40] Entscheidender war, dass im Angesicht des Todes die Klassenzugehörigkeit im hohen Maße die Überlebenschancen bestimmt hatte. Sofort kursierten verschiedene Statistiken, die dies untermauerten. Vor allem die sozialistische Presse klagte an, dass alle Kinder der ersten und zweiten Klasse gerettet wurden, in der dritten Klasse aber 70 Prozent der Kinder ertranken. Generell überlebten 60 Prozent aus der ersten Klasse und fast alle Frauen (mit Ausnahme derer, die heroisch mit ihren Männern sterben wollten), aber nur ein Viertel der Passagiere der dritten Klasse. Der sozialdemokratische *Vorwärts* schloss daraus, die Mittel- und Unterschichten hätten für den Luxus der Reichen sterben müssen, da die Menschen der dritten Klasse gar nicht erst zu den Rettungsbooten gelassen worden seien.[41] Die sozialistische *Neue Zeit* sprach sogar von einem

„kapitalistischen Verbrechen“. Die Arbeiterpresse hätte vorher immer wieder Sicherheitsmängel benannt, aber „Regierung und bürgerliche Reichstagsmehrheit haben sie kalt lächelnd auf Betreiben der Reeder abgelehnt“.[42]

Die ‚transnationale Trauer‘ und Technikkritik verkehrte sich also auch schichtspezifisch in eine weltanschaulich geprägte Empörung. Wie bei der nationalistischen Deutung beschränkte sich diese Interpretation nicht auf bestimmte Milieus. Auch bürgerliche Zeitungen druckten zumindest in ihren Leserbriefen ähnliche Deutungen.[43] Die Massenblätter schlossen sich dieser Klassenkritik an. So berichtete etwa Northcliffes *Daily Mirror* spöttisch, wie die Oberschicht ihre Schoßhunde gerettet hätte und eine Dame sogar ein Ferkel auf das Rettungsboot mitnahm, das sie als Maskottchen bei sich führte.[44] Eine ähnliche Klassenkritik steckte in Artikeln darüber, dass die vornehmlich von den Ersten Klassen besetzten Rettungsboote oft nur halb gefüllt gewesen waren, sie aber dennoch nicht zu den schreienden Ertrinkenden zurückruderten. Stärker noch als andere Katastrophen, wie etwa Grubenunglücke, führte der Untergang der Titanic so zu einer Anklage, dass der Wert des menschlichen Lebens nicht gleich zähle.

Damit verbunden waren Zuschreibungen über Geschlechterrollen. So konstruierten die Berichte das Ideal eines männlichen Helden, der sich heroisch und selbstlos aufopferte, um Frauen und Kindern das Überleben zu sichern. Stellvertretend für diesen männlichen Heldentypus hoben die Zeitungen etwa den Funker der Titanic hervor (der bis zu seinem Tod Notruf-Signale sendete), die Band (die bis zum Schluss unbeirrt weiterspielte) oder Kapitän Smith, der mit seinem Schiff in unterschiedlichsten Versionen unterging; nach einer Version rettete er schwimmend noch schnell ein Kind, nach einer anderen starb er auf der Brücke. Heldentum, Männlichkeit und ‚Englishness‘ wurden vielfach gleichgesetzt. Vom Kapitän wurde etwa der Ausspruch tradiert, die Mannschaft solle sich wie Engländer verhalten, das heiße wie Männer.[45] Ebenso lobte die *Times* die Wahrung des Ideals des Gentleman, der selbst angesichts des Todes Ruhe zeigte, und der britische Generalsstaatsanwalt betonte bei der Untersuchung eingangs, „that the desaster has given an opportunity for a display of discipline and of heroism which is worthy of the best traditions of the marine of this country“.[46] Trotz aller rivalisierenden Deutungen erkannte selbst die deutsche Presse an, dass die Seeleute als „Männer und Helden“ ihre Pflicht taten und sich für die Frauen und Kinder opferten. Zahllose Geschichten über den Opfertod von Prominenten ergänzten den männlichen Heroismus; etwa über Benjamin Guggenheim, der seinen besten Anzug wählte, um seine Geliebte ins Rettungsboot zu bringen, und dann mit stoischer Ruhe ertrank. Dass die Männer automatisch diesen „maskulinen Stoizismus“ gezeigt hätten, erklärte der *Figaro* dabei mit den Abenteuerromanen, die sie in ihrer Jugend gelesen hätten. Dort heiße es immer wieder, „Frauen und Kinder zuerst".[47] Tatsächlich erscheint es recht plausibel, dass die vielfach vorweggenommene Fiktion einer derartigen Schiffskatastrophe Handlungsmuster für das tatsächliche Unglück eröffnete.

Diese Kreation des männlichen weißen Helden grenzte zugleich andere aus. Bezeichnenderweise erwähnten die Artikel immer wieder Italiener, Chinesen und Kroaten, die sich mit Tricks und mit Gewalt in die Rettungsboote flüchten wollten.[48] Man las von Chinesen, die sich unter den Sitzen versteckten, und einem Italiener, der sich als Frau verkleidete, um in die Boote zu kommen. Über die rassistische Ausgrenzung hinaus gerieten so jedoch auch die angelsächsischen Männer unter Rechtfertigungsdruck, die nicht den Heldentod wählten. Weltweite Empörung zog vor allem der Direktor der Titanic-Reederei *White Star Line* auf sich. Dass Bruce Ismay sein Leben in eines der Boote rettete, kommentierte selbst die liberale *Frankfurter Zeitung* mit den Worten: „Er hat das Leben höher geschätzt als Ehre und Pflicht, und solange sein ängstlich gerettetes Leben noch währt, wird er das Kainszeichen der Verachtung aller ehrliebenden Menschen auf der Stirn tragen."[49] Diese Männlichkeitskonstruktionen zeichneten ein komplementäres Frauenbild. Nachdem die Frauen um 1900 gerade erste Erfolge auf dem Weg zur Gleichberechtigung feierten – wie etwa den Zugang zu Universitäten oder die politische Vereinigungsfreiheit –, beschwor das Medienereignis Titanic erneut das archaische Rollenmuster der schwachen Frau. Ihnen wurde wie selbstverständlich eine ähnliche Hilflosigkeit wie Kindern zugewiesen.

Nur wenige zeitgenössische Publizisten wandten sich gegen diese Helden- und Opfernarrative. Joseph Conrad monierte pointiert, besser als der Heldentod der Kapelle wäre ihre Rettung gewesen. Zudem sei der Tod auf einem Schiff nicht heldenhafter als der einsame Tod an einer Kolik durch eine alte Dose Fisch.[50] Andere, wie Maximilian Harden, hoben die Zeugenaussagen über den Kampf um die Plätze und die chaotische Panik an Bord hervor und zogen daraus Schlüsse über die wölfische Natur des Menschen.[51] Dass insgesamt jedoch das Heldennarrativ überwog, lässt sich ebenfalls als eine Form der Bewältigung von Kontingenz und Trauer verstehen. Das Opfer für die Frauen gab dem massenhaften Sterben einen Sinn.

Ausblick

An transnationalen Medienereignissen lässt sich generell gut ausmachen, wie Journalisten in einem weltweiten Kommunikationsnetz Nachrichten generierten. Anhand der Berichte über den Titanic-Untergang zeigten sich mehrfach die Grenzen des quellenkritischen Journalismus, der vielmehr im hohen Maße auf Spekulationen baute und damit selbst Teil des Medienereignisses wurde. Deutlich wurde zudem, dass das Medienereignis Titanic bereits 1912 zahlreiche, oft widersprüchliche Deutungen aufwarf. So wurde die transnationale Trauer von nationalistisch gefärbten Schuldzuweisungen und Klassendiskursen begleitet. Ebenso ging die Verunsicherung über die Technik mit neuer Zuversicht einher. Und den Opfern und Überlebenden wurde ein Heldenmythos entgegengestellt, der Trauer bewältigte, aber auch einzelne Überlebende stigmatisierte. Ob die Kapelle auf der Titanic tatsächlich bis zum Untergang weiterspielte oder ob sie am Ende wirklich ein „Näher Gott zu Dir" anstimmte, ist in dieser Sichtweise für den Historiker weniger interessant als die Tatsache, welche Bedeutung gerade solche öffentlichen Erinnerungen hatten.

Diese Deutungsmuster wurden in den zahllosen Adaptionen weitertradiert, die das Medienereignis Titanic seit 1912 in Filmen, Romanen und populärwissenschaftlichen Bearbeitungen fand. Welche der genannten Diskurse in den Filmen und Büchern über die Titanic jeweils dominierten, verrät einiges über die jeweilige Zeit. So kam 1943 etwa ein deutscher Titanic-Film in die Kinos der besetzten Länder, der die Stereotype über die unheroischen und rekordbesessenen englischen Kapitalisten revitalisierte. Die Kriegserfahrung dürfte mithin erklären, dass die Titanic seit Mitte der 1950er Jahre in der Literatur, im Film und in Fernsehberichten zu einem beliebten Gegenstand wurde, um sich mit Schicksalsschlägen in einer Katastrophe auseinanderzusetzen. Seit den 1970er Jahren wurde der Titanic-Untergang stärker technikkritisch verstanden, und es ist zu überlegen, inwieweit sich erst mit der alternativen Friedensbewegung jene Lesart durchsetzte, die die Titanic zum Sinnbild der technischen Hybris machte. Zugleich wurde mit hohem technischem Aufwand und unter großer öffentlicher Anteilnahme an der Erforschung des Wracks gearbeitet, die 1985 mit Tauchrobotern gelang. Camerons Verfilmung von 1997 zeigte schließlich gewisse Parallelen zu den Filmen der 1950er Jahre. Erneut musste sich ein männlicher Held seine Liebe in einer Welt des Luxus und der Klassen beweisen, während die Zuschauer auf den Eisberg warteten. Alle diese Filme wiesen vor allem eine Blindstelle auf: die Rolle der Medien bei der Schaffung des Ereignisses. Die Filme endeten mit dem Untergang und der Rettung. Der Mythos der Titanic begann jedoch mit den ersten Schlagzeilen.

Anmerkungen

1 Wyn Craig Wade, Titanic. Das Ende eines Traums, Oldenburg u. a. 1981, S. 43.
2 Daily Graphic, 20. 4. 1912, S. 2.
3 The Times, 19. 4. 1912, S. 9; zu den vielfältigen medial transportierten Beileidsbekundungen vgl. etwa: Figaro, 25. 4. 1912, S. 2; Berliner Tageblatt, 18. 4. 1912, S. 2 (Morgenausgabe).
4 Vgl. etwa Die Woche Nr. 17, 27. 4. 1912, S. 690 f.; Berliner Illustrirte Zeitung Nr. 19, 12. 5. 1912, S. 422.
5 Joseph Conrad, Some Reflections on the Loss of the Titanic, in: ders., Notes on life and letters. The Works of Joseph Conrad in Twenty Volumes, Bd. 19, Edinburgh u. a. 1925, S. 218 [Erstdruck in: The English Review Mai 1912].
6 Daily Sketch, 22. 4. 1912, S. 3.
7 Wichtige Hinweise hierzu bereits in: Paul Heyer, Titanic Legacy. Disaster as Media Event and Myth, Westport 1995; Barbara Driessen, Tragödie der Technik, Triumph der Medien. Die Berichterstattung über den Untergang der Titanic in der zeitgenössischen deutschen und britischen Presse, Münster 1999.
8 Vgl. einführend zu dieser „sensationellen" Berichterstattung: Ulrike Dulinski, Sensationsjournalismus in Deutschland, Konstanz 2003.
9 Vgl. aus der umfangreichen Literatur: Horst Günther, Das Erdbeben von Lissabon und die Erschütterung des aufgeklärten Europa, Frankfurt/M. 2005.
10 Illustrated London News, 14. 5. 1842.
11 Jane Chapman, Comparative Media History, Cambridge 2005, S. 69–100.
12 Heyer, Titanic Legacy, S. 79–82.
13 Heyer, Titanic Legacy, S. 84.
14 Evening Sun, 15. 4. 1912, S. 1.
15 Berliner Tageblatt, 16. 4. 1912, S. 1. Zumindest in der Abend-Ausgabe folgte bei dieser Zeitung die Untergangsmeldung.
16 Wiener Zeitung, 16. 4. 1912, S. 10 f.
17 L'Humanité, 16. 4. u. 17. 4. 1912, S. 1; Figaro, 16. 4. 1912, S. 1; Petit Journal, 16. 4. 1912, S. 1.
18 Zitate aus: Berliner Tageblatt, 16. 4. 1912, S. 1 (1. Beiblatt).
19 Berliner Tageblatt, 16. 4. 1912, S. 1 (1. Beiblatt).
20 Wade, Titanic, S. 56.
21 Ebd., S. 238.
22 Ebd., S. 50.
23 Vgl. etwa Berliner Illustrirte Zeitung Nr. 19, 12. 5. 1912, S. 322.
24 Vossische Zeitung, zit. nach Driessen, Tragödie, S. 28. Ähnlich Frankfurter Zeitung Nr. 106, 17. 4. 1912, S. 1; Times, 16. 4. 1912, S. 9. Seit 1909 kam es zu spektakulären Rettungen von Schiffbrüchigen, wobei auch deutsche Firmen mit der führenden Marconi-Telegraphie konkurrierten; vgl. Michael Friedewald, Telefunken und der deutsche Schiffsfunk 1903 –1914, in: Zeitschrift für Unternehmensgeschichte 46 (2001), S. 27–57.

25 Vossische Zeitung Nr. 198, 19. 4. 1912, S. 1.
26 So das Feuilleton des Berliner Tageblatts, 16. 4. 1912, S. 2 (Abendausgabe).
27 L'Humanité, 17. 4. 1912, S. 1.
28 Driessen, Tragödie, S. 71. Vgl. zur Konstruktion etwa Peter Zerbe, Die großen deutschen Passagierschiffe ‚Imperator', ‚Vaterland', ‚Bismarck', Hamburg 1999.
29 Daily Mail, 16. 4. 1912; Petit Journal, 17. 4. 1912, S. 2; Le Soir, 5. 5. 1912.
30 Vorwärts, 20. 4. 1912, S. 1; vgl. auch Die Woche, 20. 4. 1912, S. 646.
31 Times, 23. 4. 1912, S. 9.
32 Paul M. Kennedy, The Rise of the Anglo-German Antagonism 1860–1914, London 1980.
33 Frankfurter Zeitung Nr. 107, 18. 4. 1912, S. 1.
34 Vossische Zeitung, 22. 4. 1912, S. 1.
35 L'Humanité, 18. 4. 1912, S. 1.
36 Figaro, 19. 4. 1912, S. 3 u. 20. 4. 1912, S. 2 f.; Petit Journal, 18. 4. 1912, S. 1.
37 Vgl. bes. Sebastian Conrad, Globalisierung und Nation im Deutschen Kaiserreich, München 2006. Ein knapper Hinweis zur regionalen Deutung des Unterganges der Titanic im Kontext der Globalisierung in: Roland Robertson, Globalization. Social Theory and Global Culture, London 1992, S. 174.
38 Frankfurter Zeitung Nr. 107 18. 4. 1912, S. 2.
39 Vgl. etwa Times, 20. 4. 1912, S. 9.
40 Petit Journal, 19. 4. 1912, S. 2; Berliner Illustrirte Zeitung, 28. 4. 1912, S. 366 f.; 18 000 Mark nennt das Blatt als Kosten für die Kabine.
41 Vorwärts, 28. 4. 1912, S. 5; Vorwärts, 23. 4. 1912, S. 6.
42 Die Neue Zeit, 17. 5. 1912, S. 249–253.
43 Vgl. etwa die Leserbriefe in: The Times, 19. 4. u. 20. 4. 1912.
44 Daily Mirror, 22. 4. 1912, S. 2. Kritisch auch: Berliner Illustrirte Zeitung, 28. 4. 1912.
45 L'Humanité, 21. 4. 1912, S. 2; Figaro, 20. 4. 1912, S. 2 f.
46 Times, 20. 4. 1912 und zit. 3. 5. 1912, S. 9.
47 Figaro, 19. 4. 1912, S. 1.
48 Petit Journal, 21. 4. 1912, S. 1; Vorwärts, 19. 4. 1912, S. 5.
49 Frankfurter Zeitung (Abendausgabe), 18. 4. 1912.
50 Joseph Conrad, Certain Aspects of the admirable Inquiry into the loss oft the Titanic (1912), in: ders., Notes on life and letters, S. 248.
51 Vgl. etwa Maximilian Harden in: Die Zukunft, 15. 6. 1912.

Frank Becker

Schneller, lauter, schöner?

Die Olympischen Spiele von 1936 in Berlin als Medienspektakel

Die postmoderne Rede vom ‚Gleiten des Signifikanten' hat jede eindeutige Zuordnung von Zeichen und Bezeichnetem in Frage gestellt. Auch Historiker werden sich immer mehr der Tatsache bewusst, dass die Zeichen, die sie analysieren, hochgradig vieldeutig sind. Ohne damit auf ein ‚anything goes' hinauszuwollen, gilt doch ohne Frage, dass schon eine kleine Veränderung von Kontext und Beobachterstandpunkt zu gravierenden Bedeutungsverschiebungen führt. Viele historische Missverständnisse und Irrtümer haben in diesen Verschiebungen ihre Ursache:

So auch ein Ereignis bei der Eröffnungsfeier der Olympischen Spiele von 1936 in Berlin. Gemeint ist der Gruß, den die französische Mannschaft beim Einzug der Nationen Adolf Hitler entbot. Obwohl Kenner der olympischen Geschichte bis heute immer wieder darauf hinweisen, dass es sich hierbei um den olympischen Gruß handelte, keineswegs um den Hitlergruß, wird unausgesetzt von einer Höflichkeits-, ja fast schon Demutsgeste der Franzosen gesprochen, die deutlich mache, wie wenig kritisch das Ausland dem NS-Regime in dessen ersten Jahren gegenübergestanden habe. Wenn selbst Frankreich, der härteste außenpolitische Widersacher Deutschlands seit Jahrzehnten, keinen Anstand nahm, Hitler mit dem ‚deutschen Gruß' seine Reverenz zu erweisen, musste es den Veranstaltern der Spiele wahrlich gelungen sein, zumindest im Vorfeld und während der Wettkämpfe weltweit für ein positives Deutschlandbild zu sorgen.

Das Missverständnis wäre noch verzeihlich (schließlich ist der olympische Gruß dem Hitlergruß nicht unähnlich), wenn es sich auf populäre Darstellungen und Beurteilungen der Spiele beschränkte. Es zieht sich aber auch durch die wissenschaftliche Literatur hindurch. Dabei werden die ohnehin schon weit reichenden Interpretationen sogar teilweise noch überboten, so etwa von Peter Reichel, der in seinem Buch über den ‚Schönen Schein des Dritten Reiches' von 1991 nicht so sehr die strittige Geste selbst, sondern ihre Darstellung in Leni Riefenstahls Olympiafilm zum Thema macht. Riefenstahl habe den deutschen Gruß, den die französische Mannschaft dem deutschen

Staatsoberhaupt entbot, so geschickt in die filmische Darstellung von dessen Auftritt am Eröffnungstag eingebaut, dass er wie eine Unterwerfungsgeste wirke. Damit antizipiere Riefenstahl in ihrem Film den Kriegszug von 1940 und den militärischen Triumph Hitlers.[1]

Bevor nun allerdings die interpretatorischen Luftschlösser belächelt werden, die sich mitunter auf dem Fundament eines kleinen sachlichen Fehlers erheben, sollte noch einmal die Szene Revue passieren, die das Missverständnis mit all seinen Kettenreaktionen in Medienwelt und Wissenschaft ausgelöst hat: der Vorbeimarsch der Franzosen an der Ehrentribüne des Olympiastadions am 1. August 1936. Schon in den Stunden zuvor hatte der Hitlergruß immer wieder eine Rolle gespielt: Am einprägsamsten vielleicht in der Szene, in der Gudrun Diem, die fünfjährige Tochter des Organisators der Spiele, Carl Diem, dem das Stadion betretenden ‚Führer' auf der Aschenbahn entgegenlief, um ihm einen Blumenstrauß zu überreichen – und dabei unter frenetischem Applaus des Publikums den Arm zum deutschen Gruß hob, was Hitler dazu veranlasste, väterlich amüsiert die ausgestreckte Hand des Mädchens herunterzuziehen, um damit die etwas übertriebene Geste quasi wieder aufzulösen. Damit war ein Kontext hergestellt, in dem eine begeisterte Zuschauermenge die gehobenen Arme der französischen Sportler vor der Ehrentribüne, vor dem ‚deutsch' grüßenden Hitler wahrscheinlich nur noch missverstehen konnte – zumal unter den einhunderttausend Menschen im Olympiastadion wohl nur wenige mit der olympischen Tradition und Formensprache so vertraut waren, dass sie den olympischen Gruß überhaupt kannten, geschweige denn vom sehr ähnlichen Hitlergruß, zumal bei schlechter Sicht, zu unterscheiden vermochten. Schon der Jubel des Publikums während des real vollzogenen Grußrituals galt also mit hoher Wahrscheinlichkeit einem vermeintlichen deutschen Gruß.

Vor diesem Hintergrund drängt sich die Frage auf, ob die französische Delegation nicht wissen musste, dass der von ihr gezeigte Gruß in dieser Weise missverstanden werden würde und ob sie das Missverständnis nicht möglicherweise sogar billigend in Kauf genommen hat, um sich bei den Gastgebern in ein besseres Licht zu setzen, ohne sich ‚tatsächlich' opportunistisch zu verhalten. Für diese Vermutung spricht, dass die *équipe tricolore* schon bei den Winterspielen in Garmisch-Partenkirchen im Februar 1936 den olympischen Gruß gezeigt hatte und für diesen vermeintlichen Hitlergruß vom Publikum gefeiert worden war.[2] Sollten es die Franzosen bei den Sommerspielen bewusst auf eine Wiederholung dieser Fehlperzeption angelegt haben, gewännen auch die oben geschilderten Interpretationen wieder an Plausibilität. Und erst recht könnte es sein, dass Riefenstahl den Gruß der Franzosen in ihrem Film zu einem Akt der Unterwerfung machte; schließlich wusste sie, wie die überragende Mehrheit der Menschen den Gruß verstanden hatte und wie folglich auch die Betrachter ihres Films ihn aller Voraussicht nach wieder auffassen würden. Die öffentliche Wahrnehmung hatte sich des Grußes bemächtigt und ihn auf ihre Wünsche und Bedürfnisse zugeschnitten. Das Zeichen bedeutete, was sein Signifikant nie ausgedrückt hatte; das unterstellte Signifikat erwies sich als so dominant, dass es letztlich den Signifikanten nach seinem Bild formte.

Solche Verschiebungen und Widersprüche waren für die Olympischen Spiele von 1936 charakteristisch. Die unterschiedlichen Auffassungen des Grußes der französischen Mannschaft sind keineswegs nur eine Anekdote, sondern führen in den Kern des Problems hinein: Vor allem die Schwierigkeit, olympische und nationalsozialistische Symbole klar und eindeutig zu unterscheiden, hat die Berliner Spiele schon zeitgenössisch zu einem Streitfall werden lassen; zu einem Streitfall übrigens, der bis zur Gegenwart nicht entschieden ist, ja gar nicht entschieden werden kann, weil die Zeichen, die sich zur Gesamtinszenierung des gigantischen Sportereignissen verbanden, insgesamt deutungsoffen waren. Diese Polyvalenz resultierte einerseits aus den Besonderheiten der Planung und Dramaturgie einer Olympiade unter den Bedingungen der Hitlerdiktatur, andererseits aber auch daraus, dass die nationalsozialistische Weltanschauung mit Topoi arbeitete, die auch im olympischen Ideengut traditionell ihren Platz hatten.[3] Seit den ersten Olympischen Spielen der Neuzeit, die 1896 in Athen gefeiert worden waren, beschwor die olympische Bewegung die Gefahr der Dekadenz, die der modernen Gesellschaft drohe, wenn sie nicht der Pflege der Gesundheit und Stärke des Körpers, die in der Erziehung gleichberechtigt neben die Ausbildung des Verstandes gestellt werden müsse, mehr Aufmerksamkeit schenke; der einseitigen Vernunftgläubigkeit stelle der Sport zudem ein Menschenbild entgegen, das auch Raum für Instinkt, Willen und Leidenschaft lasse, für jene Bereiche der menschlichen Persönlichkeit also, die der Wettkampf so deutlich zu Tage fördere. Dass diese Positionen für den Nationalsozialismus anschlussfähig waren, liegt auf der Hand. Der Sport als notwendiges Korrektiv in einer von der Dekadenz bedrohten Moderne – Spielen, die einer solchen Idee folgten, konnte auch der NS-Staat in voller Überzeugung seine Stadien öffnen. Und sogar der Gedanke des Internationalismus und des olympischen Friedens, bis dahin störendes Element in den Augen vieler Nationalsozialisten, wurde in den Anfangsjahren des Regimes gerne aufgegriffen, um die eigene Friedfertigkeit zu demonstrieren.

Die Deutung des Sports in der Tradition der olympischen Bewegung war jedoch zum Zeitpunkt der Berliner Spiele in Europa und der Welt keineswegs unumstritten. Der Arbeitersport, ebenfalls eine Massenbewegung, schwächte in seinem Sportverständnis das Moment des Wettkampfs ab und betonte stattdessen das solidarische Handeln, die Freude an der gemeinsamen Aktion; umgekehrt versuchten Wehrsportbewegungen in vielen Ländern den Sport unmittelbar für die militärische Ertüchtigung in die Pflicht zu nehmen. Wenn der Sport also in eigener Gestalt als ein Medium gelten soll, als der Träger einer Botschaft nämlich, dann sind schon auf dieser Ebene interpretatorische Spielräume, mithin auch Deutungskämpfe in Rechnung zu stellen: Begleitende Interpretationsarbeit der Medien muss dafür sorgen, dass der Sport den jeweils gewünschten Sinn transportiert.

Schon im Vorfeld der Olympischen Spiele von 1936 wurden alle Medien genutzt, um weltweit für das große Sportereignis zu werben. Die Spiele sollten nicht nur die Völker der Erde versammeln, sondern auch rund um den Globus für die Idee des olympischen Sports die Trommel rühren. Damit konnte nicht früh genug begonnen werden: Schon im Sommer 1933 setzte die Kampagne ein. Das Organisationskomitee gab einen ‚Olympia-Pressedienst' heraus, der Sportverbände und Printmedien rund um den Globus auf dem Briefweg mit Informationen, Vorlagen für Artikel und Bildmaterial versorgte. Er wurde zunächst in fünf, später in 14 Sprachen abgefasst. Die Zahl der Zeitungen und Zeitschriften, die diese olympische Post erhielten, lag bei etwa 3700, davon 3000 ausländische.[4]

Für kleine Olympiaausstellungen in ihren Schaufenstern konnten die Auslandsvertretungen der Reichsbahnzentrale für den deutschen Reiseverkehr gewonnen werden.[5] Spektakulärer waren die Olympiaflüge, die einige Sportfunktionäre veranstalteten. So wie in der Antike die Boten von Elis in ganz Griechenland den Beginn der olympischen Festzeit verkündeten, so flogen – gleichsam in einer modernen Variante des alten Brauchs – die Vertreter des deutschen Sports in einer Ju 52, die eigens von der Lufthansa für diesen Zweck zur Verfügung gestellt wurde und auf deren Rumpf der Schriftzug „Olympische Spiele 1936 Berlin" prangte, in die Hauptstädte Europas.[6] Von dort aus wurden Rundflüge unternommen, zu denen man die einheimische Sportprominenz einlud. Mediengeschichtlich besonders bedeutsam waren die Rundfunk-Weltsendungen, mit denen zeitgleich Zuhörer auf dem ganzen Globus erreicht wurden. So brachte am 4. August 1935 in der Weltsendung *Pax Olympica* der greise Coubertin der Radio hörenden Menschheit einen Vortrag über „Die philosophischen Grundlagen des modernen Olympismus" dar, und in einer Weltringsendung am 5. Juli 1936 richteten die Präsidenten der nationalen Olympischen Komitees ihre Botschaften an die Welt.[7]

Die starke Betonung des ideellen Gehalts der Spiele war für die Olympiawerbung der Jahre 1933 bis 1936 insgesamt typisch. Darin unterschied sich die vom formal unabhängigen Organisationskomitee verantwortete Werbung übrigens nicht von den Produkten des Propagandaministeriums. Der vermeintliche Dualismus zwischen diesen beiden Akteuren, zwischen dem „nur" am Sport interessierten OK und dem politisch-strategisch vorgehenden Goebbels-Ministerium wird häufig überakzentuiert. Tatsächlich differierten höchstens deren Motive, nicht aber das, was sie tatsächlich vorlegten. Das Organisationskomitee bemühte den olympischen Geist, um das eigene Sportverständnis durch diesen klassisch-idealistischen Akzent von konkurrierenden Konzepten, etwa vom vermeintlich materialistischen Arbeitersport, abzugrenzen; das Propagandaministerium folgte ihm darin, weil sich erstens der Idealismus nach den gängigen Stereotypen auch als ein Bestandteil des deutschen Nationalcharakters verkaufen ließ, zweitens das olympische Ideengut – wie oben ausgeführt – ohnehin mit vielen Topoi der nationalsozialistischen Weltanschauung durchaus kompatibel war und drittens gerade der Eindruck vermieden werden sollte, die Spiele würden als Vehikel für politische Propaganda genutzt. Letzteres war deshalb so wichtig, weil es schon seit 1933 eine Boykottbewegung gegen die Spiele in Berlin gab, die die Gefahr einer Vereinnahmung des Sportspektakels für die Interessen des ‚Dritten Reiches' an die Wand malte. Um die Spiele nicht zu riskieren, verzichtete das Propagandaministerium auf politische Äußerungen. Diese Strategie wurde auch beibehalten, als die Boykottbewegung, die ihren Schwerpunkt in Nordamerika hatte, Ende 1935 durch den (äußerst knappen) Beschluss des NOK der USA, trotz aller Bedenken ein Team nach Deutschland zu entsenden, entscheidend geschwächt wurde.[8]

Die von deutscher Seite vorgetragene Deutung der Spiele stand also keineswegs allein im Raum, sondern musste sich von Anfang an gegen konkurrierende Sichtweisen behaupten. Auch am Vorabend der Spiele, als der von Carl Diem erfundene Fackel-Stafettenlauf von Olympia nach Berlin für das erste Medienspektakel der Spiele sorgte – der Deutsche Reichsrundfunk begleitete die Läufer –, brachten sich Stimmen zu Gehör, die das große öffentliche Interesse für die Lancierung ihrer eigenen Botschaft nutzen wollten: Als die Ankunft der olympischen Flamme in Prag gefeiert wurde, veranstalteten tschechische Antifaschisten eine Gegendemonstration.[9]

Solche Überraschungen waren während der Spiele in Berlin freilich nicht zu befürchten, das Olympiagelände wurde sorgfältig abgeschirmt.[10] Dazu war es hervorragend geeignet, weil mit dem Reichssportfeld für einen vergleichsweise großen Teil der Veranstaltungen – abgesehen natürlich von den Wassersport-, aber auch einigen Gelände-, Hallensport- und sonstigen Wettbewerben – eine nach außen abgeschlossene Anlage errichtet worden war.[11] Demonstrationen oder andere symbolische Akte von Regimegegnern wären leichter durchführbar gewesen, wenn sich die Sportstätten gleichmäßig über die ganze Stadt verteilt hätten. Dieser sicherheitspolitische Aspekt spielte bei den Planungen für das Reichssportfeld allerdings nur eine Nebenrolle. Wichtiger waren ästhetische Erwägungen. Die Spiele sollten einen Raum erhalten, der seinerseits, wie die Verantwortlichen formulierten, olympischen Geist atmete. Die Olympiaden der Vergangenheit hatten oft viel von ihrer Wirkung verloren, weil sie an ungeeigneten Orten stattfanden oder sich durch übertriebene zeitliche und räumliche Extension zu stark verzettelten. Die räumliche Konzentration an einem wahrhaft olympisch gestalteten Ort, flankiert von der zeitlichen Engführung auf eine Spanne von nur sechzehn Kampftagen, erhöhte den Erlebniswert des Sportereignisses beträchtlich.[12] Dabei bildetet das Reichssportfeld nicht nur den Hintergrund für die Olympiawahrnehmung der Zuschauer am Ort, sondern auch für das Publikum der Medien, womit einerseits die stehenden und laufenden Bilder von den Spielen, andererseits aber auch die Schilderungen in Wort und Schrift gemeint sind, deren Autoren das umgebende Feld mit all seinen Zeichen und Symbolen immer wieder in die Darstellung integrierten.

Versucht man die Bildsprache des Reichssportfeldes zu einer Gesamtaussage zu synthetisieren, so findet man schnell zu der Forderung Coubertins, die Olympischen Spiele der Neuzeit sollten nicht nur das Erbe der Antike pflegen, sondern auch den Ansprüchen der Neuzeit gerecht werden.[13] Andererseits drängt sich Jeffrey Herfs bekannte These von der „reaktionären Modernität“ des Nationalsozialismus auf.[14] Die Olympiaanlage, die Elemente der olympischen Tradition spektakulär mit solchen der modernen Kultur verknüpft, bestätigt die eine Sichtweise so gut wie die andere. Immer wieder prallen Vergangenheit und Gegenwart, ja Zukunft aufeinander. So erzeugt die Architektur des Olympiastadions mit ihren hellgrauen Pfeilern an der Außenseite und ihren schmucklosen steinernen Sitzreihen im Innenraum auf den ersten Blick Assoziationen an den Kampfstätten- und Tempelbau im antiken Griechenland; ein zweiter Blick allerdings offenbart, dass die Arena im Gegensatz zu den griechischen Stadien keine U-Form, sondern ein fast vollständiges Oval bildet, das nur an der Westseite durch das sogenannte Marathontor, eine vergleichsweise schmale Öffnung, durchbrochen wird. Die weitgehende Schließung des Rundes der Tribüne, in der Stadionarchitektur der Folgezeit dann zur Vollendung gebracht, entsprach einerseits dem Interesse an der Maximierung der Zuschauerzahl, andererseits aber auch dem Bedürfnis, die akustischen Verhältnisse in der Arena zu verbessern – gerade unter den Bedingungen der modernen Lautsprechertechnik.

Damit ist ein Stichwort gefallen, das auf einen ganzen Komplex von modernen Elementen auf der Olympiaanlage verweist: den Komplex der Medientechnologie. So archaisch das Reichssportfeld mit seiner klaren Linienführung, mit seinem Purismus des hellen Steins in der Natur ansonsten auch wirken mochte, auf, unter und über ihm waren die modernen Medien und ihre Zulieferer am Werk, und dieser Anblick beziehungsweise das Wissen darum verlieh dem Reichssportfeld zugleich das Gepräge eines Wunderwerks avancierter Technik.[15] Wieder stellt das Olympiastadion selbst das beste Beispiel dar: Die Kampfbahn, oberflächlich betrachtet ein Tempel zeitenthobenen Körperkults, war gleichsam ausgehöhlt, war unterfüttert und unterkellert mit Räumen, in denen eine futuristisch anmutende Nachrichten- und Informationsmaschinerie ihre Schaltzentralen besaß.

Das erste Problem, das diese Maschinerie zu bewältigen hatte, war das der internen Kommunikation: Die Organisationsleitung der Spiele musste Anweisungen an die einzelnen Wettkampfstätten durchgeben können, und umgekehrt mussten die Ergebnisse der Wettkämpfe zu den Pressevertretern gelangen. Zu diesem Zweck wurden Telefon und Fernschreiber eingesetzt. Aus beiden Medien wurden jeweils ausgeklügelte Netze geknüpft. Der Dreh- und Angelpunkt des Telefonnetzes war die Fernsprechzentrale im Haus des Deutschen Sports mit etwa 620 Anschlüssen.[16] Noch komplexer war das Rundschreibnetz. Alle Nachrichten wurden an eine Regiezentrale übermittelt, von wo aus sie, genügend große Relevanz vorausgesetzt, strahlenförmig und mit einer durch ein Lochstreifensystem ermöglichten Automatik zu den Knotenpunkten des gesamten Netzes zurückgeleitet wurden.[17] An dieses Netz knüpfte sich gleichsam parasitär ein weiteres Medium an. In einem Vervielfältigungsraum unweit der Regiezentrale standen Mitlesemaschinen, spezielle Fernschreiber, bei denen eine Wachsmatrize die übliche Papierrolle ersetzte. Diese Wachsmatrize konnte unmittelbar nach Empfang der Nachricht in einen Apparat eingespannt werden, der in 20 bis 30 Minuten etwa 1500 Kopien auswarf, welche wiederum ein Botendienst im Eiltempo zu den Postfächern der Journalisten brachte. Die Vertreter der schreibenden Zunft nahmen die Kopien dann als vergleichsweise traditionelle Nachrichtenzettel zur Kenntnis.[18] Eine Reproduktion der Meldungen von Menschenhand wurde möglichst vermieden, weil sie erfahrungsgemäß zu viele Abschreibfehler mit sich brachte. Die Berichterstatter sahen sich durch diese Vorgehensweise vom reinen Ergebnisdienst befreit, das heißt, sie mussten keine Zeit in die eigenhändige Dokumentation der Wettkampfresultate investieren. Oft wurden die Printmedien, die ihre Korrespondenten zu den Spielen entsandten, noch zusätzlich von Nachrichtenagenturen beliefert, so dass der Reporter nicht einmal mit der Weiterleitung der Ergebnisse belastet werden musste. Die dadurch gewonnene Zeit konnte er für Hintergrundrecherchen nutzen.

Das zweite Problem bestand darin, Nachrichten von der Olympiaanlage in die Außenwelt, buchstäblich in alle Teile der Welt, gelangen zu lassen. Die

Textberichterstatter setzten dafür das Telefon und den Fernschreiber ein. Sofern sie Mitarbeiter von Nachrichtenagenturen waren, stand ihnen im Olympiastadion sogar eine verglaste Pressekabine zur Verfügung, wo sie ihre Berichte direkt in den Fernschreiber eingeben konnten. Für die Berichterstattung nach Übersee wurde die Funkentelegrafie genutzt, die sich bei den Spielen von 1936 eines besonders leistungsfähigen Gerätes: des Siemens-Hellschreibers, bediente.[19] Auf der allgemeinen Pressetribüne vor der verglasten Kabine konnten keine Fernschreiber aufgestellt werden, weil sie bei Regen zu stark in Mitleidenschaft gezogen worden wären. Die für diese Tribüne eingeteilten Journalisten nutzten stattdessen die Infrastruktur des Pressehauptquartiers, das im Schillertheater Charlottenburg an der Bismarckstraße eingerichtet worden war. Auch hier befanden sich zwei Fernschreiber, einer, mit dem gesendet werden konnte, ein anderer, der von der Regiezentrale mit den Ergebnissen der Wettkämpfe gefüttert wurde und über Mitlesemaschine und Vervielfältigungsapparat für die gewünschte Menge an Nachrichtenzetteln sorgte.[20]

Trotz der enormen Beschleunigung der Kommunikation durch den Einsatz des Fernschreibers verblieb zwischen Nachrichtenübermittlung und Nachrichtenverbreitung in der Bevölkerung bei den Printmedien immer noch jene Zeitdifferenz, die durch die Dauer des Druckprozesses definiert war. Genau diese Zeitdifferenz vermied der Rundfunk, dessen weltweite Live-Übertragungen nun für Furore sorgten. Bei den Spielen von Los Angeles 1932 war die Kurzwellentechnik noch nicht weit genug entwickelt, um bereits eine Direktberichterstattung außerhalb Nordamerikas ermöglichen zu können; in Europa hatten sich die Radiohörer folglich mit einem dürren Ergebnisdienst begnügen müssen.[21] Um die Olympiade von 1936 zu einem Rundfunk-Weltereignis zu machen, begann die Deutsche Reichspost schon 1934, ihre Kurzwellensendestelle in Zeesen südöstlich von Berlin mit besonders leistungsstarken Sendern auszustatten. Diese Sender verband man mit Richtstrahlantennen, die, auf über 100 m hohen Stahlgittertürmen installiert, nach Nord-, Mittel- und Südamerika, nach Afrika sowie Süd- und Ostasien ausgerichtet wurden. Als ‚Olympia-Weltsender' sorgte die Anlage in Zeesen dafür, dass die Berliner Wettkämpfe als erstes Sportereignis der Geschichte auf allen Kontinenten live am Radio mitverfolgt werden konnten.[22]

Doch wie wurden die Sendungen, die von Zeesen aus um die Welt gingen, auf der Olympiaanlage produziert? Die Rundfunkreporter, die aus dem In- und Ausland nach Berlin strömten, fanden an den Wettkampfstätten geradezu ideale Arbeitsbedingungen vor. Nicht nur auf der Pressetribüne im Olympiastadion, sondern an allen Wettkampfplätzen waren Mikrofone installiert und standen zur Nutzung bereit.[23] Die dort gesprochenen Reportagen wurden zunächst in einer unterirdischen Sendezentrale aufgefangen, die sich direkt unter der Loge des ‚Führers' befand und die analog zu ihrem Aufgabenfeld den Namen ‚40-Länder-Zentrale' erhielt.[24] Hitler thronte also gleichsam über einem Bienenkorb, in dem sämtliche Sprachen der Welt durcheinanderschwirrten. In der ‚40-Länder-Zentrale' mischte man die Reportagen mit Hintergrundgeräuschen ab, die an den einzelnen Wettkampfstätten mit Zusatzmikrofonen aufgezeichnet wurden – das Hörerlebnis sollte so authentisch wie möglich sein. Dann funkte man sie zu den großen Strahlungsanlagen weiter. Wenn nicht live gesendet werden sollte, nahm man die Reportagen auf Schallplatten auf, von denen sie zu einem späteren Zeitpunkt ins Rundfunknetz eingespeist wurden. Als Erkennungszeichen wurde zu Beginn und am Schluss jeder Olympiasendung eine Fanfarenmelodie gespielt.[25]

Ein besonderer Effekt ergab sich noch daraus, dass die Reportagen der deutschen Journalisten oft während der laufenden Wettbewerbe per Lautsprecher auch dem anwesenden Publikum zu Gehör kamen: Das Erlebnis der Zuschauer sollte sich durch die dramatischen Schilderungen der Reporter noch zusätzlich intensivieren. Wettbewerbe, die auf Außenanlagen stattfanden, konnten in dieser Form auch ins Olympiastadion übertragen werden. Das Olympische Dorf sowie die Sammelunterkünfte und Zeltlager, in denen viele Gäste der Spiele lebten, wurden ebenfalls in dieser Weise einbezogen. Weitere Lautsprecher stellte man an den Verkehrsknotenpunkten Berlins auf: erstens, um die ganze Stadt ständig auf dem Laufenden zu halten über die Ereignisse auf den Sportanlagen in ihrem Westen, zweitens aber auch, um permanent für eine Olympiaatmosphäre zu sorgen, um die Metropole ganz in das Zeichen der Spiele zu stellen.[26]

Die Welt schaute im August 1936 nach Berlin, und sie wollte von den Wettkämpfen nicht nur lesen und hören, sondern sie auch vor Augen geführt bekommen. Das deutsche Organisationskomitee ließ 125 Fotografen zu, die mit der bildlichen Dokumentation der Wettkämpfe und des Geschehens an ihrem Rande beauftragt wurden. Alle Fotografen trugen eine spezielle Uniform und ihr Einsatz wurde zentral koordiniert. Diese Steuerung erschien notwendig, um zu verhindern, dass sich die Bildberichterstatter zu ungleichmäßig über die Anlage verteilten, dass also zum Beispiel viele von ihnen einen besonders attraktiven Wettkampf beobachteten, während andere Ereignisse überhaupt nicht erfasst wurden. Mit einer Ausnahme, einem Deutschschweizer, handelte es sich bei den zugelassenen Fotografen durchweg um reichsdeutsche Journalisten. Das OK wollte offensichtlich das Geschäft mit der Vermarktung von Olympiabildern weitgehend den eigenen Landsleuten überlassen. Ausländische Fotoreporter erhielten nur eingeschränkte Genehmigungen für Aufnahmen von ausgewählten Wettbewerben. Nicht verhindert werden konnte allerdings, dass mancher Ausländer diese Vorschriften ignorierte. Auch Privatleute fotografierten eifrig.[27] Was das gute Geschäft der offiziellen Fotografen sicherte, war das Tempo, mit dem ihre Bilder von einem eigens dafür organisierten Botendienst zur Entwicklung in die Labore der Stadt und anschließend wieder zur Olympiaanlage transportiert wurden, wo man sie direkt zum Kauf anbot. Noch am Abend des Tages, an dem ein Wettbewerb stattgefunden hatte, standen die zugehörigen Fotos bereit. Privatleute kauften sie ebenso wie die Pressevertreter aus allen Ländern der Welt. Für die Übermittlung des Materials an die Heimatredaktionen bot sich die Bildtelegraphie an. Zum ersten Mal konnten in größerem Umfang Bilder auf diesem Wege bis nach Ostasien geschickt werden.[28] Bildtelegramme waren allerdings noch relativ teuer; die meisten Journalisten wichen daher auf die Luftpost aus. Ein besonderes Spektakel wurde am letzten Tag der Spiele inszeniert. Der Zeppelin ‚Hindenburg' machte sich noch am Abend von Frankfurt am Main aus mit den Fotos von der Schlussfeier an Bord auf den Weg in die Neue Welt.[29]

Um die Arbeit der Fotografen im Olympiastadion zu erleichtern, hatte die Aschenbahn einen um circa 75 cm abgesenkten Rundlauf erhalten, in dem sich die Bildberichterstatter aufhalten konnten, ohne die Sportler übermäßig zu stören oder dem Publikum die Sicht zu nehmen. Viele Bilder von Leichtathleten sind also aus der Untersicht aufgenommen. Es gibt Interpreten, die mit dieser Perspektive eine spezifisch nationalsozialistische Stilisierung der Sportheroen in Verbindung bringen. Was bei isolierter Betrachtung der Bilder wie eine Überhöhung der Athleten erscheinen mag, erweist sich bei Kenntnis der Umstände der Bildproduktion allerdings eher als eine pragmatisch motivierte Absenkung des Beobachterstandpunkts. Aber auch hier gilt, dass den Bildern durch ihre Veröffentlichungskontexte und durch ihre Kommentierung Bedeutungen zugewachsen sein können, die sie auf der Wahrnehmungsebene tatsächlich zu Exempeln für den nationalsozialistischen Kult um Kraft und Schönheit gemacht haben.

Mit diesem Kult wird auch Leni Riefenstahls Film *Fest der Völker, Fest der Schönheit* in Verbindung gebracht, die vielleicht bekannteste und ästhetisch anspruchsvollste Darstellung der Spiele von 1936. Der enorme technische Aufwand, der diese Qualität ermöglichte, ist schon oft beschrieben worden: Keine Kameraposition, keine Kamerafahrt oder -bewegung wurde ausgelassen, um möglichst spektakuläre Bilder von den Sportlern und ihren Wettkämpfen zu gewinnen. Nach den Spielen dauerte es noch einmal anderthalb Jahre, bis Riefenstahl das von ihrem Team aufgenommene Material geschnitten hatte: Am 20. April 1938, zu Hitlers 49. Geburtstag, wurde das Werk in Berlin uraufgeführt. Seither besetzen seine Bilder und Sequenzen die kollektive Erinnerung. In der Forschung wird bis heute darüber gestritten, ob Riefenstahls Film die Spiele in eine nationalsozialistische Optik gerückt habe.[30] Sicherlich haben ihn Teile des Publikums von Anfang an so wahrgenommen. Dagegen spricht aber, dass der Film die Feier des schönen Körpers keineswegs auf den Germanen oder Arier verengt, sondern Menschen aller Nationen mit denselben Stilmitteln in Szene setzt; besondere Aufmerksamkeit gehört dem Afroamerikaner Jesse Owens, dem unbestrittenen König der leichtathletischen Wettbewerbe. Wenn der Film allgemein als NS-Propaganda gegolten hätte, wäre er wohl auch kaum 1939 vom IOC mit dem Olympischen Diplom ausgezeichnet worden.[31] Wahrscheinlich war es eher so, dass in den Olympiafilm aufgrund seiner Verquickung mit der Geschichte der Selbstdarstellung des ‚Dritten Reiches' – immerhin wurde er von Goebbels in Auftrag gegeben, immerhin drehte Riefenstahl auch einen großen Reichsparteitagsfilm – eine nationalsozialistische Botschaft hineingesehen wurde, als dass er intentional darauf zielte, die Olympiade im Geist des Hitlerregimes umzudeuten.

Riefenstahls Kameras und die Kameras der Wochenschauen waren aber nicht die einzigen Apparate, die laufende Bilder von den Spielen produzierten. Daneben befanden sich auf der Olympiaanlage auch Geräte, die Fernsehbilder aufnahmen.[32] Wegen ihrer enormen Größe fanden sie beim Publikum starke Beachtung und verkörperten eindrücklich den ersten Schritt in ein heraufziehendes neues Zeitalter der visuellen Kommunikation. Im Berlin des Jahres 1936 befand sich diese Technik freilich noch im Experimentierstadium. Die Fernsehbilder wurden nur an einigen Stunden des Tages in eine begrenzte Zahl von Fernsehstuben übertragen. Die meisten dieser Vorführräume, die das Publikum im Unterschied zu den Kinosälen unentgeltlich aufsuchen konnte, nämlich 25 bis 28 – hier schwanken die Angaben –, befanden sich in Berlin, hinzu kamen zwei Stuben in Leipzig und eine in Potsdam. Auch bei der Zahl der Zuschauer, die Fernsehbilder von den Wettkämpfen sahen, sind die Quellen uneinig, mal werden rund 100 000, mal über 160 000 Personen genannt.

Die Fernsehtechnik sorgte aber bei den Spielen noch für eine zusätzliche Pointe. Ein kleines Empfangsgerät wurde auch im Büro des OK-Generalsekretärs aufgestellt, das sich außerhalb der Olympiaanlage befand; Carl Diem konnte dort bei seinem vormittäglichen Bürodienst vom Schreibtisch aus die Fernsehbilder verfolgen. In seinen *Lebenserinnerungen* berichtet Diem, wie er seine Mitarbeiter im Stadion mit Telefonanrufen überraschte, in denen er monierte, eine bestimmte Hürde stehe nicht an ihrem Platz. Die Mitarbeiter, die Diem in seinem Büro wussten, glaubten, dass höhere Mächte im Spiel seien.[33] Mit einigem Mut zur Übertreibung lässt sich sagen, dass mit den Olympischen Spielen von 1936 auch das Zeitalter der Bildschirmüberwachung beginnt.

Insgesamt funktionierte das Fernsehen 1936 aber nur im Nahbereich. Es sollte noch bis zu den Spielen von 1964 in Tokio dauern, bis die Satellitentechnik Live-Übertragungen auf den Fernsehschirmen der ganzen Welt ermöglichte. 1936 lag der Schwerpunkt der Berichterstattung im Ausland noch auf gedruckten Texten und Bildern auf der einen, Rundfunksendungen auf der anderen Seite. Wie diese Berichterstattung aussah, und vor allem, mit welchen Urteilen und Bewertungen sie sich verband, stieß auch in Deutschland auf großes Interesse. Gleich drei politische Stellen fassten die Beobachtungen der Auslandspresse, die sie ohnehin kontinuierlich durchführten, zu gesonderten Berichten über das Echo der Olympiade zusammen: das Propagandaministerium, das Außenpolitische Amt der NSDAP und die Pressestelle des Reichssportführers.[34] In der Regel konzentrierten sich diese Berichte auf die Printmedien, die in ihrem Kommentarteil auch dezidiert politische Urteile fällten, während sich der Rundfunk zumeist auf Reportage und Ergebnisdienst beschränkte. Die Presseschau des Propagandaministeriums war sogar zur Vorlage bei Hitler bestimmt.[35] Vielleicht beurteilte sie deshalb die Resonanz der Spiele im Ausland etwas freundlicher als die beiden anderen Dokumente. Schließlich sollte die Leistung des Ministeriums bei der propagandistischen Begleitung der Spiele nicht in einem zu ungünstigen Licht erscheinen. Der Inlandspresse hatte Goebbels ohnehin die Sprachregelung verordnet, dass die Gastländer von den Spielen begeistert gewesen seien, dass in vielen Staaten ein radikaler Stimmungsumschwung zugunsten des Deutschen Reiches erfolgt sei – damit sollten die letzten Oppositionellen in Deutschland entmutigt werden, die immer noch glaubten, dass die breite Ablehnung des ‚Dritten Reiches' im Ausland zu dessen baldigem Sturz führen werde.[36]

Abgesehen von einer leichten Tendenz zur Beschönigung kann aber auch der Pressebericht des Propagandaministeriums als relativ realistisch beurteilt werden. Die verantwortlichen Stellen sollten schließlich über die reale Sachlage informiert werden, um möglicherweise auch adäquat reagieren zu können. Die neuere Forschung hat das Bild, das die damaligen Beobachter zeichneten, detaillierter ausgeführt, aber im Wesentlichen bestätigt.[37] Das Dokument der Goebbels-Behörde stellt ebenso wie die beiden anderen Berichte vor allem die Gespaltenheit der öffentlichen Diskussion in den meisten Ländern heraus.[38] In den USA beurteilte derjenige Teil der Presse, der vor den Spielen die Boykottbewegung unterstützt hatte, das Geschehen in Berlin durchweg negativ; der andere Teil, der für die Teilnahme des Landes an der umstrittenen Olympiade optiert hatte, fand auch an deren Durchführung nichts auszusetzen.[39] In der olympiakritischen Presse entstand übrigens auch die Legende, Hitler habe Jesse Owens durch die Verweigerung von Gratulation und Handschlag brüskiert – eine Zeitungsente des Boykottlagers, die bis heute durch die Köpfe geistert.[40]

In den anderen Ländern lässt sich eine vergleichbare Struktur beobachten: Die grundsätzlich eingenommene politische Position präjudizierte das Urteil über die Berliner Olympiade in hohem Maße. Blätter, die auf der linken Seite des politischen Spektrums angesiedelt waren, kritisierten die Spiele, während Zeitungen von der rechten Seite nichts an ihnen auszusetzen fanden, ja ihnen im Gegenteil sogar großes Lob spendeten.[41] Dass es oft einfach war, von der politischen Haltung eines Blattes auf sein Urteil über die Spiele zu schließen, deutet bereits an, in welch hohem Maße die Darstellung der Berliner Olympiade in den Medien des Auslands eine Konstruktionsleistung war: Die Spiele wurden als das gesehen, als was sie gesehen werden sollten, die Bewertung stand offensichtlich schon fest, bevor die Wettkämpfe in Deutschland überhaupt begonnen hatten. Die Stellungnahme zur Olympiade war in den meisten Ländern ihrerseits ein Politikum geworden, über das nach Maßgabe der Positionierung im jeweiligen politisch-publizistischen Kräftefeld entschieden wurde: Wenn Zeitung A ein bestimmtes Bild der Olympiade zeichnete, grenzte sich Zeitung B in einer bestimmten, taktisch motivierten Weise davon ab – damit waren die Urteile beider Blätter über die Spiele festgeschrieben, ohne dass noch ein ‚Einspruchsrecht' der ohnehin in weiter Ferne stattfindenden und nur medial zugänglichen ‚Realität' der Spiele bestanden hätte. Besonders augenfällig wird dieser Zusammenhang, wenn man sich die Kritikpunkte vor Augen führt, die von der skeptischen Auslandspresse gegen die Spiele ins Feld geführt wurden. Oft war davon die Rede, dass Nazi-Deutschland die Spiele nutze, um sein rassistisches Menschenbild protzig in Szene zu setzen, um aller Welt mit Nachdruck die Überlegenheit des germanisch-deutschen Menschen vor Augen zu führen; genauso oft hieß es aber auch, dass Deutschland sich bescheiden, freundlich und zurückhaltend zeige, um der Welt Sand in die Augen zu streuen, um den Eindruck zu erwecken, dass alle Klagen über den Rassismus und das Herrenmenschentum im ‚Dritten Reich' nur üble Nachrede seien. Nur eins von beidem konnte richtig sein; trotz dieses eklatanten Widerspruchs wurden beide Einschätzungen gleichermaßen vorgetragen.

Auf deutscher Seite versuchte man gerade der zuerst genannten Kritik, die schon im Vorfeld antizipiert worden war, durch bestimmte Maßnahmen der Presselenkung zu begegnen: Goebbels gab Anweisung, die deutschen Erfolge nicht über Gebühr herauszustreichen.[42] Erst nach den Spielen, als sich die Augen der Welt wieder abgewendet hatten, setzte die propagandistische Nutzung des deutschen Sieges in der Nationenwertung ein. Dabei folgte man der einfachen Maxime, dass der Erfolg alle Maßnahmen, die zuvor getroffen worden sind, glänzend rechtfertigt: Die Auflösung der weltanschaulich gebundenen Organisationen des Arbeitersports und des konfessionellen Sports seit 1933 zugunsten von gleichberechtigten Fachverbänden, die einer einheitlichen Leitung durch den Reichssportführerring unterstellt wurden; die Zurückdrängung des in Deutschland traditionell dominierenden Turnens zugunsten des modernen Sports, der die Massen inzwischen offenbar stärker in seinen Bann zog.[43] Und auch rassenpolitische Argumente kamen jetzt zum Zuge: Das vergleichsweise schlechte Abschneiden Englands und Frankreichs wurde als Indiz für die Dekadenz der bürgerlichen Welt des Westens gewertet, während die überraschend guten Ergebnisse von Deutschland, Italien und Japan die Leistungsfähigkeit der jungen Diktaturen unter Beweis zu stellen schienen.[44] Eine genauere Betrachtung offenbart zwar, dass Deutschland den ersten Platz in der Nationenwertung vor allem seinen Erfolgen in den weniger beachteten Nebenwettbewerben verdankte – in den Königsdisziplinen der Leichtathletik, in den Lauf- und Sprungwettbewerben sowie im Zehnkampf triumphierten ganz eindeutig die Amerikaner – und dass Japan zu einigen seiner Medaillen durch die zwangsweise in sein Olympiateam inkorporierten koreanischen Sportler kam, aber in diesem Fall verabsolutierte man kurzerhand das eigentlich trügerische Bild, das der Medaillenspiegel zeigte.[45]

Die Sportbegeisterung, die während der Olympiawochen in der deutschen Bevölkerung sichtbar geworden war – und von den Spielen sicherlich auch noch zusätzlich geschürt wurde –, ermutigte die verantwortlichen Stellen in Staat und Partei überdies zu einer forcierten Sportförderung in allen Massenorganisationen des NS-Staates. Das Jahr 1936 löste hier einen regelrechten Schub aus. Die HJ zum Beispiel öffnete sich dem Leistungssport unter der Devise, die deutschen Olympiakämpfer für die Spiele von 1940 ausbilden zu wollen.[46] Führt man sich vor Augen, wie groß die Aversion gegen die als internationalistisch und pazifistisch gebrandmarkte Olympische Bewegung noch in den Monaten ihrer Machtübernahme in der NSDAP gewesen war, so erscheint es nicht übertrieben zu behaupten, dass die Berliner Spiele – mitsamt der Olympiawerbung in ihrem Vorfeld und der medialen Aufbereitung ihrer Durchführung – in den betroffenen Kreisen einen kompletten Einstellungswandel auslösten.

Die Popularität des Sports – oder besser: seine vom Regime bemerkte und gleichzeitig geförderte Popularität – wurde so groß, dass einige Jahre später auch der Krieg in hohem Maße über den Sport codiert wurde. Neuere Forschungen zur Kriegsberichterstattung und zur medialen Deutung des Zweiten Weltkrieges weisen auf die Nähe hin, die ständig zwischen der Welt des Krieges und der Welt des Sports hergestellt wurde. Die Marschleistungen des Blitzkrieges und der Umgang mit moderner Technik – mit Tanks, Flugzeugen und U-Booten, aber auch mit Kübelwagen, Krädern und Geschützen – wurden als sportliche Herausforderungen in Szene gesetzt.[47] Der neue Krieg sollte im Gegensatz zum Ersten Weltkrieg nicht mehr statisch und zermürbend, sondern schnell, dynamisch und abenteuerlich sein.[48] Zudem wurde manche mediale Präsentationsform, die bei der Olympiade 1936 für Furore sorgte, nach 1939 kurzerhand auf den Krieg übertragen; Riefenstahl, die mit ihrem Filmteam die Armee des ‚Sportgenerals' und späteren Kriegsverbrechers Walter von Reichenau nach Polen begleitete, stellt hier nur ein besonders bekanntes Beispiel dar. Auch die Rundfunksendungen, mit denen 1936 die Medaillenerfolge der deutschen Sportler verkündet wurden – eingeleitet von Fanfarenklängen, oft sogar unterlegt mit Deutschland- und Horst-Wessel-Lied –, stellten offenkundig das Vorbild für die späteren Sondermeldungen zum Kriegsgeschehen dar.[49] Viele Zeitgenossen und auch Nachgeborene können die Berichte und Bilder von den Spielen nun nicht mehr rezipieren, ohne an die Berichte und Bilder des Krieges zu denken. Der spätere Gebrauch hat sich vor den früheren geschoben, die Kopie vor das Original, und die Darstellungen der Olympiade sind dadurch nachträglich noch mit militärischen Konnotationen versehen worden.

Erleichtert wird diese Rückprojektion durch die Allgegenwart militärischer Metaphern in der Olympiaberichterstattung von 1936. Doch auch für die Begrifflichkeit des Kampfes gilt, dass sie in der zeitgenössischen Sportsprache insgesamt populär war und keineswegs bei den Berliner Spielen besonders akzentuiert wurde. Erst die Wahrnehmung ex post lässt sie so martialisch und bedrohlich erscheinen. Aber auch Zeitgenossen, die noch nicht durch den Filter, den der Zweite Weltkrieg aufgebaut hat, auf die Olympiade blickten, haben allein schon aufgrund der synchronen Kontexte des sportlichen Geschehens viele der, wie oben gesagt, polyvalenten Zeichen der Spiele ganz im Hinblick auf die NS-Ideologie gelesen. Ein Beispiel dafür ist Victor Klemperer, der in seinen Tagebüchern aus den Olympiawochen ein Hochjubeln von Muskelkraft und kämpferischem Sinn beklagt, das ganz dem Antiintellektualismus der Nazis entspreche.[50] Um eine andere Perspektive zu gewinnen, müsste man – als Gedankenexperiment – einen Beobachtungsstandpunkt beziehen, der aus der Warte des Ersten Weltkrieges die Reihe der Olympischen Spiele bis hin zu den Wettkämpfen in Berlin überblickt. Dieser Blick würde vieles in ein neues Licht tauchen. Die Spiele, die nach dem Ersten Weltkrieg viermal hintereinander in westlichen Staaten abgehalten wurden – 1920 in Antwerpen, 1924 in Paris, 1928 in Amsterdam, 1932 in Los Angeles –, unterschieden sich in ihrer Formensprache nur wenig von der Olympiade des Jahres 1936. Die meisten Elemente der Berliner Wettkämpfe finden sich auch bei den vorangehenden Spielen.[51] Verfolgte man nur diese Traditionslinie, nähme man nur diese Beobachtungsposition ein, so stände auch der Gruß der französischen Mannschaft am Eröffnungstag der Spiele, bis heute mit dem Hitlergruß identifiziert, eher wie eine stolze Erinnerung an die eigene

Tradition dar. Schließlich war der Gruß mit ausgestrecktem Arm, den die Franzosen zum ersten Mal bei den Olympischen Spielen von 1920 in Antwerpen zeigten, aus einer Grußform hervorgegangen, die an der französischen Militärsportschule in Joinville gepflegt wurde. Bei den Spielen von 1924 in Paris, wo auch andere Mannschaften diese Geste zeigten, bürgerte sich die Bezeichnung ‚Olympischer Gruß' ein.[52] Indem die *équipe tricolore* hieran anknüpfte, vollzog sie wahrlich keinen Kotau vor dem deutschen Regierungschef – der sich während der Eröffnungsfeier übrigens auch nicht viel anders gerierte, als es vor ihm die Staatsoberhäupter Belgiens, Frankreichs, der Niederlande und der USA getan hatten.

Anmerkungen

1 Peter Reichel, Der schöne Schein des Dritten Reiches. Faszination und Gewalt des Faschismus, München/Wien 1991, S. 270 f.

2 William Murray, France: Liberty, Equality, and the Pursuit of Fraternity, in: ders./Arnd Krüger (Hrsg.), The Nazi Olympics. Sport, Politics, and Appeasement in the 1930s, Champaign, IL 2003, S. 87–112, hier S. 94.

3 Thomas Alkemeyer, Körper, Kult und Politik. Von der „Muskelreligion" Pierre de Coubertins zur Inszenierung von Macht in den Olympischen Spielen von 1936, Frankfurt/M. 1996, S. 491. In Alkemeyers Bewertung gibt es allerdings die Tendenz, das olympische Ideengut aufgrund seiner Nähe zur NS-Ideologie nun selbst als ‚präfaschistisch' hinzustellen. Dieser Sichtweise wird hier widersprochen. Partielle Ähnlichkeiten berechtigen keineswegs zu einer Gleichsetzung. Der Nationalsozialismus nahm viele Impulse von politisch-weltanschaulichen Strömungen des späten 19. und frühen 20. Jahrhunderts auf, ohne diese deswegen gleichsam nachträglich kompromittieren zu können. Zur Kritik an Alkemeyer siehe auch Hans Joachim Teichler, Die Olympischen Spiele Berlin 1936 – eine Bilanz nach 60 Jahren, in: Aus Politik und Zeitgeschichte B 29/96, 12. Juli 1996, S. 13–22, hier S. 14.

4 Organisationskomitee für die XI. Olympiade Berlin 1936 e. V. (Hrsg.), XI. Olympiade Berlin 1936. Amtlicher Bericht. Bd. 1. Berlin 1937, S. 301–303.

5 Reinhard Rürup (Hrsg.), 1936. Die Olympischen Spiele und der Nationalsozialismus, Berlin 1996, S. 81.

6 Carl Diem, Ein Leben für den Sport. Erinnerungen aus dem Nachlass. Hg. vom Carl-Diem-Institut an der Deutschen Sporthochschule Köln, Ratingen u. a. [1974], S. 173.

7 Albert Donnepp, Sport und Rundfunk. Ein Beitrag zur Publizistik. Unter besonderer Berücksichtigung der Entwicklung von 1924–1939 an den Mitteldeutschen Sendern, Diss. Münster 1950, S. 68 f.

8 Teichler, Die Olympischen Spiele Berlin 1936 – eine Bilanz nach 60 Jahren, S. 17.

9 Hajo Bernett/Marcus Funck/Helga Woggon, Der olympische Fackellauf 1936 oder

die Disharmonie der Völker, in: Sozial- und Zeitgeschichte des Sports 10 (1996), H. 2, S. 15–34.

10 Die Demonstrationen, die es auch während der Spiele gab, fanden bezeichnenderweise nur im Ausland statt; was aber auch als Indiz für den 1936 bereits möglichen und sinnvollen Rekurs auf eine ‚Weltöffentlichkeit' zu werten ist. So setzten sozialistische Arbeitersportorganisationen Gegenveranstaltungen an, u. a. eine ‚Volksolympiade' in Barcelona, die dann allerdings wegen des beginnenden Bürgerkrieges ausfallen musste (Arnd Krüger, Die Olympischen Spiele 1936 und die Weltmeinung. Ihre außenpolitische Bedeutung unter besonderer Berücksichtigung der USA, Berlin 1972, S. 205), und in Amsterdam wurde eine antifaschistische Kunstausstellung eröffnet, die das künstlerische Begleitprogramm der Berliner Spiele konterkarierte (Alexandra Thumm, Olympische Kunstwettbewerbe 1936 und die Amsterdamer Protestausstellung. Eine Neubewertung unter Einbeziehung der Dokumentation des Bundesarchivs Potsdam und des Stadtarchivs Amsterdam, in: Manfred Messing/Norbert Müller [Hrsg.], Blickpunkt Olympia: Entdeckungen, Erkenntnisse, Impulse, Kassel 2000, S. 241–253).

11 Hilmar Hoffmann, Mythos Olympia. Autonomie und Unterwerfung von Sport und Kultur, Berlin 1993, S. 30–32; Wolfgang Schäche/Norbert Szymanski, Das Reichssportfeld. Architektur im Spannungsfeld von Sport und Macht. Berlin 2001, passim.

12 In besonders beeindruckender Form war eine solche zeitliche und räumliche Konzentration bei den Olympischen Zwischenspielen von 1906 in Athen gelungen, dann wieder 1912 in Stockholm (Diem, Ein Leben für den Sport, S. 51–53 u. 80 f.).

13 Pierre de Coubertin, Olympische Erinnerungen. Hrsg. u. eingeleitet von Carl Diem. Reprint der 2. Aufl. von 1959, Wiesbaden 1996, S. 78.

14 Jeffrey Herf, Reactionary Modernism. Technology, Culture, and Politics in Weimar and the Third Reich, Cambridge 1984.

15 Georg Haller, Das unsichtbare Olympia der Technik, in: Olympia Zeitung Nr. 10 (30. Juli 1936), S. 159–160.

16 OK für die XI. Olympiade Berlin 1936, Bd. 1, S. 278.

17 Ebd., S. 313–316.

18 Ebd., S. 280 f.

19 Hans Bollmann, Vom Werdegang der deutschen Sportpresse, in: Zeitung und Zeit. Neue Folge. Bd. 4 (1938), S. 3–40, hier S. 37 f.

20 OK für die XI. Olympiade Berlin 1936, S. 317.

21 Donnepp, Sport und Rundfunk, S. 66.

22 Joachim Kniestedt, Die Fernmeldedienste der Deutschen Reichspost anläßlich der Olympischen Spiele 1936 in Deutschland, in: Archiv für deutsche Postgeschichte 2 (1986), S. 66–91, hier S. 81 f.

23 Fritz Mähnert, Die Arbeit des Funks. Deutschland wird 350 olympische Übertragungen für seine Hörer durchführen, in: Olympia Zeitung Nr. 13 (2. August 1936), S. 220–221.

24 Kniestedt, Die Fernmeldedienste der Deutschen Reichspost, S. 82.

25 Irmgard von Broich-Oppert/Walter Roller/H. Joachim Schauss, Tonaufnahmen zur deutschen Rundfunkgeschichte 1924–1945, Frankfurt/M. 1972, S. 35.
26 Rürup, 1936. Die Olympischen Spiele und der Nationalsozialismus, S. 173 f.
27 Ebd., S. 184 f.
28 Bollmann, Vom Werdegang der deutschen Sportpresse, S. 39.
29 OK für die XI. Olympiade Berlin 1936, Bd. 1, S. 326 f.
30 Eine solche Optik unterstellt dem Film etwa Christiane Eisenberg, „English Sports“ und deutsche Bürger. Eine Gesellschaftsgeschichte 1800–1939, Paderborn u. a. 1999, S. 414 f.
31 Teichler, Die Olympischen Spiele Berlin 1936 – eine Bilanz nach 60 Jahren, S. 21.
32 Zu dem folgenden Abschnitt Walter Bruch, Kleine Geschichte des deutschen Fernsehens, Berlin [1967], S. 58–63.
33 Diem, Ein Leben für den Sport, S. 174.
34 Hans Joachim Teichler, Internationale Sportpolitik im Dritten Reich, Schorndorf 1991, S. 168 f.
35 Jürgen Bellers, Presse-Berichterstattung, außenpolitische Konstellation und Olympische Spiele 1936, in: ders. (Hrsg.), Die Olympiade Berlin 1936 im Spiegel der ausländischen Presse. Berichte des Reichspropagandaministeriums, Münster 1986, S. 267–288, hier S. 269.
36 Krüger, Die Olympischen Spiele 1936 und die Weltmeinung, S. 213.
37 Siehe die Beiträge in Krüger/Murray (Hrsg.), The Nazi Olympics, sowie Jean-Claude Bussard, Les jeux de 1936 dans la presse suisse de langue française, in: Roland Renson u. a. (Hrsg.), *The Olympic Games through the Ages: Greek Antiquity and Its Impact on Modern Sport,* Athens 1991, S. 357–370; Ian Jobling, Australia and the 1936 Olympics: Issues and Controversies, in: Canadian Journal of the History of Sport 13 (1982), H. 2, S. 18–27; Bruce Kidd, Canadian Opposition to the 1936 Olympics in Germany, in: Canadian Journal of the History of Sport 9 (1978), H. 2, S. 20–40; Roland Renson/Paul Janssens, The 1936 Olympic Games and Their Reception in the Belgian Press, in: J. A. Mangan (Hrsg.), Proceedings of the XI HISPA International Congress, Glasgow 1987, S. 315–319.
38 Bellers, Presse-Berichterstattung, außenpolitische Konstellation und Olympische Spiele 1936, S. 270 ff.
39 Krüger, Die Olympischen Spiele 1936 und die Weltmeinung, S. 207 ff.; Ulrich Gerecke, Die USA und die Olympischen Spiele 1936: Nationalsozialistische Sportpropaganda im Spiegel der amerikanischen Presse unter besonderer Berücksichtigung der Washington Post, in: Messing/Müller (Hrsg.), Blickpunkt Olympia, S. 223–240; Arnd Krüger, United States of America: The Crucial Battle, in: Krüger/Murray (Hrsg.), *The Nazi Olympics,* S. 44–69.
40 Krüger, Die Olympischen Spiele 1936 und die Weltmeinung, S. 208.
41 Am Beispiel Frankreichs zeigt dies Hans Joachim Teichler, Sport und Nationalismus. Die internationale Diskussion über die Olympischen Spiele 1936, in: Hans Sarkowicz (Hrsg.), Schneller, höher, weiter. Eine Geschichte des Sports, Frankfurt/M. 1999, S. 369–389, hier S. 385.
42 Rürup (Hrsg.), 1936. Die Olympischen Spiele und der Nationalsozialismus, S. 159.

43 Eisenberg, „English Sports" und deutsche Bürger, S. 441.

44 Hans Joachim Teichler, Olympischer Lorbeer, Prestige, Hybris. Die Folgen der Olympischen Spiele 1936 für den deutschen Sport, in: Rainer Rother (Hrsg.), Geschichtsort Olympiagelände 1909–1936–2006. Ausstellungskatalog, Berlin 2006, S. 38–57, hier S. 38 f.

45 Rürup (Hrsg.), 1936. Die Olympischen Spiele und der Nationalsozialismus, S. 152 f. u. 162.

46 Teichler, Olympischer Lorbeer, Prestige, Hybris, S. 41.

47 Kay Hoffmann, Der Mythos der perfekten Propaganda. Zur Kriegsberichterstattung der „Deutschen Wochenschau" im Zweiten Weltkrieg, in: Ute Daniel (Hrsg.), Augenzeugen. Kriegsberichterstattung vom 18. zum 21. Jahrhundert, Göttingen 2006, S. 169–192, hier S. 174.

48 Zwar musste dieses Deutungsmuster nach dem Ende der Blitzkriege 1941 – vielleicht gipfelte es im Angriff der deutschen Fallschirmjäger auf Kreta, an dem auch Max Schmeling beteiligt war – durch andere Interpretationen ergänzt werden, die zum Beispiel für den Russlandkrieg den ‚tragischen Heroismus' und das ‚Durchhalten' wieder stärker akzentuierten, es blieb aber bis zum Kriegsende virulent. Als Beispiel lassen sich die Attacken deutscher Kampfschwimmer gegen die bereits von den Alliierten genutzten Rheinbrücken im Frühjahr 1945 nennen.

49 Anke Bingmann/Philipp Höhler/Ludwig Stoffels/Lotte Thaler, Hymnen und Rundfunksignale, Frankfurt/M. 1989, S. 134 f.

50 Victor Klemperer, Ich will Zeugnis ablegen bis zum letzten. Tagebücher 1933–1941. Hrsg. von Walter Nowojski unter Mitarbeit von Hadwig Klemperer, Berlin ^{2}1995, S. 292–294.

51 Von den wenigen Elementen, die neu waren, entstammten zudem noch einige der Tradition der deutschen Turnbewegung oder waren schon in den Jahren der Weimarer Republik konzipiert worden; sie gehörten also keineswegs in den Kontext der NS-Propaganda. Eisenberg nennt die Spiele von 1936 vor diesem Hintergrund sogar eine „vorübergehende Auszeit" des Regimes (Eisenberg, „English Sports" und deutsche Bürger, S. 413 f. u. 424).

52 Karl Lennartz, Olympischer oder Faschistengruß? Einige Aspekte zur Geschichte des Einmarsches der Nationen bei den Olympischen Spielen zwischen den beiden Weltkriegen, in: Olympisch bewegt. Festschrift zum 60. Geburtstag von Manfred Lämmer. Hrsg. vom Institut für Sportgeschichte und dem Carl und Liselott Diem-Archiv der Deutschen Sporthochschule Köln, Köln 2003, S. 177–194, hier S. 177–179.

Franz-Josef Brüggemeier

Das potenzierte Nihil?[1]

Deutschland, Medien und die Fußball-Weltmeisterschaft 1954

Die große Popularität, die der Fußball mittlerweile besitzt, führte in den letzten Jahren zu vielen Diskussionen darüber, wie diese Popularität zu erklären ist. Dafür gibt es zahlreiche Erklärungen, die oft sehr grundsätzlich ausfallen und anthropologische oder philosophische Argumente entwickeln. Dabei ist die Begeisterung, wie sie während der Weltmeisterschaft im Jahre 2006 herrschte, ein recht neues Phänomen. In Deutschland trat dieses zum ersten Mal 1954 auf, als die (west-)deutsche Nationalmannschaft in Bern Weltmeister wurde und einen Begeisterungstaumel auslöste. Als 2004 der 50. Jahrestag dieses Erfolges anstand, erschien eine kaum übersehbare Zahl an Beiträgen in Büchern, Radio- und Fernsehsendungen, in Zeitungen und Zeitschriften, und der Film *Das Wunder von Bern* lockte mehrere Millionen Zuschauer in die Kinos.

Immer wieder wurde dabei die Frage diskutiert, wie die damalige Begeisterung zu erklären sei. Dazu wurde zwar kein anthropologisches, aber ein anderes, kaum weniger grundsätzliches Argument bemüht, das die nationale Bedeutung des Titelgewinns betonte. Am 4. Juli 1954 – so die verbreitete Meinung – fand die tatsächliche Gründung der Bundesrepublik statt. Besonders prägnant hat diese Position ein Leitartikel der *Süddeutschen Zeitung* formuliert, der fast auf den Tag genau fünfzig Jahre nach dem Endspiel erschien, von einem der beiden Chefredakteure stammte und all die Deutungsmuster enthielt, die zu diesem Thema im Umlauf waren (und noch sind).

Dem Artikel zufolge hat der Titelgewinn ein Wir-sind-wieder-wer-Gefühl ausgelöst, das erstmals nach dem Krieg die Möglichkeit bot, sich an einem Erfolg zu berauschen, der „quasi gemeinschaftlich" erwirtschaftet worden sei. Der Autor beschrieb Jubelfeiern, die zu patriotischen Kundgebungen gerieten, wies den Ereignissen eine staatstragende Bedeutung zu und sah hierin sogar das „wahre Gründungsdatum der Bundesrepublik", das wichtiger gewesen sei als die Währungsreform, die Verabschiedung des Grundgesetzes und selbst der Fall der Mauer.[2] Vergleichbare Aussagen fanden sich allerorten, auch in den Beiträgen von Politikern, die angesichts der offenkundigen Bedeutung dieses Tages nicht umhinkonnten, sich dazu zu äußern.

Diese Einschätzungen sind verständlich, denn der Titelgewinn hat ganz ungewöhnliche Reaktionen ausgelöst. Den Berichten zufolge haben fast alle Bewohner der Bundesrepublik – und der DDR – das Endspiel verfolgt. Die Straßen wirkten wie leergefegt, die wenigen Fernseher – etwa 40 000 – waren umlagert, während die übergroße Mehrheit die Übertragung im Radio verfolgte. Der Sieg löste großen Jubel aus, und als die Mannschaft am Tage nach dem Endspiel aus der Schweiz zurückkam und mit dem Zug über Konstanz nach München fuhr, waren die Bahnhöfe und deren Umgebung völlig überfüllt, entlang der Strecke standen Hunderttausende. Allein in München haben etwa 400- bis 500 000 Personen die Mannschaft empfangen und zeigten eine Begeisterung, die bis heute schwer zu erklären ist.

Meist wird darin der Ausdruck eines neuen Nationalismus gesehen, der nach dem Krieg unterdrückt war und sich jetzt endlich wieder entfalten konnte. Das klingt plausibel, doch empirisch lässt sich diese Auffassung nicht begründen, wie der folgende Beitrag zeigen wird. Stattdessen bietet er eine andere Erklärung an und führt die Begeisterung vor allem auf eine neue Medienerfahrung zurück, die für einen kurzen Moment eine virtuelle Gemeinschaft hervorbrachte.

Der Kontext

Am 3. Juli 1954, dem Tag vor dem Endspiel in Bern, schrieb die *FAZ*: „Was wir hier erleben, ist in des Wortes echter Bedeutung: Geschichte." Doch von Fußball war in diesem Artikel nicht die Rede. Sie meinte andere Ereignisse, die damals die Schlagzeilen der Zeitungen bestimmten, nicht nur in Deutschland, sondern weltweit. Dazu gehörten vor allem die Auseinandersetzung über die Wiederbewaffnung der Bundesrepublik und der Krieg in Indochina. Der Wiederbewaffnung hatten die Regierungen der USA, Großbritanniens und Frankreichs bereits 1952 zugestimmt und wollten dazu die Europäische Verteidigungsgemeinschaft gründen, doch die Zustimmung des französischen Parlamentes stand aus und wurde immer unwahrscheinlicher. Das lag nicht zuletzt am Krieg in Vietnam, wo französische Truppen die Herrschaft über diese Kolonie sichern wollten, im Mai 1954 jedoch in Dien Bien Phu eine entscheidende Niederlage erlitten. Die Regierung stürzte, und der neue Ministerpräsident Pierre Mendès-France war am 17. Juni mit nur einer Zielsetzung angetreten: innerhalb von dreißig Tagen Frieden zu schließen. Dieser war noch nicht in Sicht, vielmehr drohte ein Eingreifen Chinas und der USA und damit eine Ausweitung des Krieges. Die Uhr tickte.[3]

Vor diesem Hintergrund war eine Zustimmung des französischen Parlaments zur Wiederbewaffnung ausgeschlossen. Das bedeutete für Adenauer einen herben Rückschlag. Zusammen mit den Regierungen in Washington und London versuchte er, Druck auszuüben, und gab ein Interview, das am Vortag des Endspiels erschien und großes Aufsehen erregte. Zur europäischen Verteidigungsgemeinschaft, so Adenauer, gebe es nur eine Alternative: eine eigenständige Bundeswehr. Er fügte gleich hinzu, dass keiner diese Lösung wolle, auch seine Regierung nicht. Doch es war unsicher, was er wirklich beabsichtigte. Entsprechend groß war die Empörung in Frankreich darüber, dass so wenige Jahre nach dem Krieg die deutsche Regierung anscheinend eine eigene Armee forderte.[4]

Zusätzlich zur Wiederbewaffnung und zu dem Krieg in Indochina gab es zahlreiche andere Themen, die damals die Öffentlichkeit beschäftigten. Dazu gehörten die mehr als 1,5 Millionen Vermissten des Zweiten Weltkrieges, von denen vermutlich die weitaus größte Zahl verstorben war. Doch jeder Einzelne konnte hoffen, dass sein Vater, seine Mutter, seine Geschwister oder Freunde noch irgendwo lebten. Ein anderes wichtiges Thema war die verbreitete Armut. Das Wirtschaftswunder hatte eingesetzt und erstaunliche Erfolge gezeigt, die jedoch nur teilweise unten angekommen waren. Vor allem Witwen, Waisen und Rentner mussten mit sehr geringen Beträgen auskommen. Mit dem Alter kam für viele die Armut.

Weniger Beachtung fanden Kriegsverbrecherprozesse oder das Verfahren um das französische Konzentrationslager in Struthof im Elsass, das parallel zur Weltmeisterschaft verlief und dessen Urteile am Freitag vor dem Endspiel ergingen. Diese Prozesse riefen die Schrecken des Krieges und die Verbrechen des Nationalsozialismus in Erinnerung, die – entgegen allen Bemühungen – nicht einfach vergessen oder verschwiegen werden konnten. Die Zeitungsberichte hierzu blieben allerdings begrenzt, jedenfalls in Deutschland. Die französischen Zeitungen hingegen berichteten ausführlich darüber, in einem auffallend sachlichen Ton. Mehrfach hieß es ausdrücklich, dass nicht Deutschland oder Deutsche insgesamt vor Gericht stünden, sondern einzelne Personen und deren Verhalten.[5]

Vor diesem Hintergrund fand das Endspiel statt, das fast die ganze Nation am Radio oder Fernsehapparat verfolgte. Bei den Übertragungen herrschte eine geradezu unerträgliche Spannung. „Atemlose Stille wechselte mit stürmischem Geschrei, das die Räume zu sprengen drohte, als die entscheidenden Tore fielen. Die Menschen sprangen von ihren Sitzen hoch, warfen die Arme in die Luft, Biergläser fingen auf den Tischen an zu tanzen" – so ein damaliger Zeitungsbericht.[6] Diese Begeisterung herrschte in ganz Deutschland, auch in der DDR, setzte sich bei der Heimkehr der Mannschaft fort und beruhte auf mehreren Faktoren. Dazu gehörten der unerwartete Verlauf des Turniers, bei dem die deutsche Mannschaft in der ersten Runde gegen die Ungarn chancenlos war und dennoch das Endspiel erreichte; die ungeheure Anspannung während des Spiels, als sie früh mit zwei Toren scheinbar aussichtslos zurücklag; der überraschende Sieg des krassen Außenseiters; ein intensives Gefühl der Gemeinschaft und nicht zuletzt die Möglichkeit, sich als Deutsche endlich wieder unbeschwert über ein Ereignis freuen zu können, das nicht politisch belastet war.

Nationalgefühl und nationale Symbole

Nationale Gefühle spielten also eine große Rolle, doch von einem verbreiteten Nationalismus oder einer neuen Identität kann keine Rede sein. Vorherrschend war vielmehr das Bemühen, einen nationalen Überschwang gar nicht erst aufkommen zulassen. So warnte der Deutschland-Uniondienst der CDU/CSU bereits am Montag nach dem Endspiel davor, „nach dem Fußballerfolg in Bern von einem ‚deutschen Fußballwunder' zu sprechen". Der große sportliche Erfolg dürfe nicht in nationale Phrasen gehüllt und das Geschehen in der Schweiz so kommentiert werden, als habe das deutsche Volk neun Jahre nach dem Zusammenbruch wieder zu ‚siegen' verstanden.[7] Ebenso zurückhaltend fielen die offiziellen Gratulationen von Adenauer und Heuss aus, die eine neuere Untersuchung als „lediglich protokollarisch korrekte Glückwunschtelegramme" bezeichnet. Sie erkennt darin ein „zur Schau gestelltes Desinteresse", da die Regierung glaubte, „sich keine nationale Ekstase leisten zu können".[8]

Als Beleg dafür könnte die Reaktion im Stadion unmittelbar nach dem Abpfiff gelten, als deutsche Zuschauer die – offiziell verpönte – erste Strophe der Nationalhymne sangen und ‚Deutschland, Deutschland über alles' hochleben ließen. Dieses Verhalten hat bereits damals zahlreiche Kommentare hervorgerufen, die es übereinstimmend als „mehr oder minder" gedankenlos bezeichneten – so selbst Eduard von Schnitzler, der als Chefkommentator der DDR ansonsten jeden Hinweis auf Fehlentwicklungen im kapitalistischen Westen mit aller Härte kritisierte.[9] Diese Beurteilung wird verständlich, wenn wir die Bemühungen betrachten, nach dem Krieg eine Nationalfahne, eine Hymne und einen nationalen Feiertag zu bestimmen. ‚Normale' Staaten hatten alle drei Elemente aufzuweisen, doch die Bundesrepublik gehörte nicht zu diesen Staaten. Hier war noch zu bewusst, welchen Missbrauch die Nationalsozialisten „mit den deutschen nationalen Symbolen betrieben hatte(n)".[10]

Am einfachsten war die Frage nach der Flagge zu lösen. Hieran bestand der größte Bedarf, da der neu gegründete Staat bei zahlreichen Anlässen auf eine Nationalfahne angewiesen war. Bereits 1949 entschied sich der Parlamentarische Rat für die Farben Schwarz-Rot-Gold, die auf die deutsche Einheitsbewegung des 19. Jahrhunderts verwiesen und nach heftigem Streit bereits in der Weimarer Republik zur Nationalflagge gewählt worden waren. Bedeutend schwieriger war die Frage nach dem Nationalfeiertag zu beantworten. Welches Ereignis in der deutschen Geschichte war so positiv verlaufen und so wenig umstritten, dass es die ganze Nation, jenseits von Klasse, Religion oder Geschlecht ansprechen konnte? Das war im Kaiserreich nicht gelungen. Hier hatten die Feiern zum Geburtstag des Kaisers oder zum Sieg im Krieg gegen Frankreich (Sedantag) nur einen Teil der Bevölkerung angesprochen. Auch die Weimarer Republik hatte keine überzeugende Antwort gefunden. Es war deshalb ratsam, in dieser Frage vorsichtig vorzugehen und Gustav Heinemann unterbreitete 1950 den Vorschlag, jeweils den ersten Sonntag im September zu wählen, um an die erste gemeinsame Sitzung der beiden Bonner Parlamente, des Bundestags und des Bundesrats, zu erinnern. Doch die Mehrheit der Bevölkerung betrachtete einen solchen – etwas gewaltsam konstruierten – nationalen Gedenktag mit einer gewissen Distanz, zumal er nicht allgemein gefeiert, sondern im Rahmen einer Staatskundgebung begangen wurde.

Damit verblieb die Frage nach der Nationalhymne, denn es gab immer wieder Anlässe wie Staatsbesuche oder das erste Länderspiel nach dem Krieg in Stuttgart gegen die Schweiz, wo eine Hymne üblich war. Mit den Bemühungen um internationale Kontakte nahmen insbesondere im Sport die Begegnungen zu. Das konnte zu kuriosen Lösungen führen, als etwa 1950 der Hamburger Sportverein in den USA ein Spiel bestritt. Die Gastgeber konnten nicht auf eine Nationalhymne zurückgreifen und spielten deshalb die ‚Nordseewellen', woraufhin sich die Mannschaften in die Arme sanken.[11] Bei anderen Gelegenheiten ertönten deutsche Volkslieder oder aktuelle Schlager, die zum Schmunzeln verleiteten, aber ansonsten keine offiziellen Reaktionen erforderten, da es sich um unbedeutende Veranstaltungen handelte. Das änderte sich mit den bevorstehenden Olympischen Spielen 1952 in Helsinki und Oslo, an denen erstmals nach dem Krieg wieder deutsche Sportler teilnehmen konnten.

Die zuständigen Vertreter des Nationalen Olympischen Komitees wandten sich deshalb im Mai 1951 an Adenauer und baten um seinen Rat, welches Lied bei einem deutschen Olympiasieg gespielt werden sollte. Adenauer riet zum Deutschlandlied, „da ein anderes Lied im Ausland nicht bekannt" sei.[12] Kurz zuvor hatte er bei einer Kundgebung in Berlin bereits dazu aufgefordert, dieses Lied zu singen, allerdings nur die dritte Strophe. Das war verständlich, denn das Deutschlandlied wies eine demokratische Tradition auf. Es besaß aber auch eine nationalistische Aussage, da die erste Strophe ‚Deutschland, Deutschland über alles' stellte und die Nation von der Maas bis an die Memel vereinen wollte. Adenauer forderte deshalb dazu auf, lediglich die dritte Strophe zu singen, die von derartigen Untertönen frei war und sich darauf beschränkte, ‚Einigkeit und Recht und Freiheit für das deutsche Vaterland' zu fordern. Doch derart feine Unterschiede konnte nicht jeder sofort nachvollziehen. Entsprechend hatten sich bei der Kundgebung die drei anwesenden Stadtkommandanten nicht von ihren Sitzen erhoben, als die Hymne erklang, und im Ausland war eine heftige Reaktion zu verzeichnen.

Als Ausweg gab Theodor Heuss eine neue Nationalhymne in Auftrag, die jedoch nur wenig Zustimmung fand, denn Melodie und Inhalt galten als zu kühl und wenig ansprechend. Zugleich rückten die Olympischen Spiele näher, und Adenauer und Heuss einigten sich schließlich auf die dritte Strophe des Deutschlandlieds. Für die Olympischen Spiele wiederum war in der Zwischenzeit eine andere Lösung gefunden worden; hier verständigten sich die Verantwortlichen auf die Zeilen ‚Freude, schöner Götterfunken' aus Beethovens 9. Sinfonie. Doch Außenstehenden, denen die Problematik nicht so vertraut war, fiel es schwer, den Verzicht auf eine Nationalhymne zu verstehen. Als in Oslo die erste Siegerehrung für einen Deutschen anstand, glaubten die verantwortlichen Norweger, durch ein Versehen die falschen Noten erhalten zu haben. Sie setzten die Zeremonie ab, erkundigten sich genauer und holten die Siegerehrung vierundzwanzig Stunden später nach.[13]

Begegnungen mit dem Ausland

Vor diesem Hintergrund kann das Absingen der ersten Strophe des Deutschlandliedes in Bern nicht überraschen und sollte nicht überinterpretiert werden. Es verweist vielmehr auf eine gewisse Unsicherheit, die auch bei den zunehmenden Besuchen von Deutschen im Ausland zu bemerken war. Im Frühjahr 1954, kurz vor der Weltmeisterschaft, hatten niederländische Stellen sich bemüht, deutsche Touristen zu gewinnen, und dabei einen unerwarteten Erfolg erzielt. Über die Osterfeiertage reisten mehr als 150 000 Deutsche in die Niederlande, wo sie jedoch nicht nur Begeisterung auslösten. Denn die Straßen waren voll mit endlosen Reihen deutscher Autos und Busse, zwischen denen die wenigen niederländischen Fahrzeuge wie verloren wirkten. Da auf denselben Straßen und mit derselben Fahrtrichtung im Jahre 1940 Hitlers Wehrmachtkolonnen eingefallen waren, kamen schmerzhafte Erinnerungen auf, der Vergleich mit der wenige Jahre zurückliegenden Invasion lag nahe. Das Verhalten einiger Deutscher bestärkte die unguten Gefühle, wenn diese gestikulierend auf frühere Wirkungsstätten verwiesen oder – wie berichtet wurde – in Amsterdam ein Boot mieteten, die neuen Hafenanlagen besichtigten und dabei erklärten, zu dem Kommando gehört zu haben, das die alten Anlagen in die Luft gesprengt hatte. Doch insgesamt verhielten die Deutschen sich zurückhaltend und auf niederländischer Seite fand sich eine erstaunliche Offenheit. Da die Hotels ausgebucht waren, wurden Privatleute gebeten, Zimmer und Betten zur Verfügung zu stellen. Dazu waren genügend Niederländer bereit, und die deutschen Touristen fanden eine Bleibe.[14]

Diese Gelassenheit und Bereitschaft, sich mit den Deutschen zu arrangieren, fand sich nicht nur in Holland, sondern auch in Dänemark, wohin ebenfalls eine wachsende Zahl deutscher Touristen reiste. Dies hat zwei dänische Journalisten zu einer ungewöhnlichen Aktion veranlasst, worüber deutsche Zeitungen mit einer gewissen Genugtuung berichteten. Die beiden Journalisten hofften offensichtlich, dass noch deutliche Vorbehalte bestanden, und gaben sich große Mühe, diese nachzuweisen. Dazu begaben sie sich nach Hamburg, um ein Auto mit einem deutschen Nummernschild zu mieten, und liehen sich ‚typisch' deutsche Kleidung aus, zwei kurze Tirolerjacken. So ausgestattet kehrten sie in ihre Heimat zurück und unternahmen zahlreiche Versuche, sich unbeliebt zu machen. Dazu fuhren sie hupend an einer dänischen Soldatengruppe vorbei und sangen ‚Wir fahren gegen Engeland', gaben sich als ehemalige Besatzungssoldaten aus, erkundigten sich nach ihrer früheren dänischen Freundin und schimpften in deutsch auf ihre dänischen Landsleute. Nichts, so der Bericht, half, „die Dänen, mit denen sie zusammentrafen, waren gleichbleibend freundlich und erklärten höflich: ‚Der Krieg ist vorbei'".[15]

Diese Reaktionen waren für die beiden enttäuschend, so dass sie einen letzten Versuch unternahmen und in ein Kopenhagener Arbeiterquartier fuhren, deren Bewohner während der deutschen Besatzung großen Widerstand geleistet hatten. Doch selbst dort wirkte ihre bloße Anwesenheit offensichtlich nicht provokativ genug. Erst als einer der beiden Journalisten vorgab, er sei während des Krieges im Hauptquartier der Gestapo tätig gewesen, reagierten seine Landsleute unwillig und empfahlen: „Haut ab, sonst könnte es passieren, dass es raucht." Insgesamt, so ihr abschließendes Urteil, war das Ergebnis verstimmend. Nach zehn Jahren war „schon alles vergessen".[16]

Dieses Urteil war übertrieben, ebenso wie der geschilderte Fall. Weder war alles vergessen, noch befürchteten die Nachbarn, die Deutschen würden sich wie die beiden Journalisten verhalten und nahtlos an Verhaltensweisen aus der Zeit des Nationalsozialismus anknüpfen. Es ging vielmehr um feine Unterschiede, um den alltäglichen Umgang miteinander, um Taktgefühl und um ein Zusammenleben, bei dem die Deutschen nicht zu sehr auftrumpften. Entsprechend klang die Berichterstattung über die Weltmeisterschaft und deren Auswirkungen rasch ab. Nach wenigen Tagen hatten andere Ereignisse wieder den Vorrang gewonnen. So ist die Titelseite der *Süddeutschen Zeitung* lediglich am Tag nach dem Endspiel darauf eingegangen, anschließend nicht wieder – abgesehen von einem kurzen Hinweis auf den Empfang in München, zu dem sich immerhin, wie erwähnt, etwa 500 000 Personen eingefunden hatten. Selbst die *Bild-Zeitung* hat sich mit diesen Themen nur kurz befasst, und generell waren keine Beiträge aufzufinden, welche die Frage der nationalen Identität erörterten oder gar von einem Gründungsdatum des neuen Staates sprachen.

Dazu trug auch bei, dass der Fußball bei weitem nicht die Anerkennung erfuhr, die wir heute kennen. Er war in weiten Teilen der Bevölkerung sehr populär, galt jedoch weiterhin als Arbeitersport, der insbesondere im Bürgertum wenig Interesse, oft sogar Ablehnung fand. Die ‚seriösen' Zeitungen enthielten Spielberichte, befassten sich sonst aber nicht damit. Das galt erst recht für Akademiker, Intellektuelle oder andere Meinungsführer. Bei ihnen gab es Ausnahmen, doch die Vorstellung, Fußballspieler könnten über den Kreis von Fans und Jugendlichen hinaus als Vorbilder dienen oder gar die Nation einen, waren damals geradezu absurd. Das scheint heute anders zu sein. Ob dies allerdings wünschenswert ist und ob Fußball tatsächlich die große Bedeutung haben soll, die ihm vielfach zugeschrieben wird, ist eine andere Frage. 1954 konnte davon keine Rede sein. Entsprechende Bemühungen haben erst in den 1980er Jahren eingesetzt.

Ein Medienereignis

Dennoch: Der Titelgewinn hat Reaktionen ausgelöst, die ganz ungewöhnlich waren und einer Erklärung bedürfen. Warum konnten, so ein Leserbrief an die *Süddeutsche Zeitung*, „alte Mütterchen, die kaum wissen, wie ein Fußball aussieht, beim Anblick einer Fußballmannschaft in Freudentränen ausbrechen?".[17] Das war in der Tat schwer zu erklären, denn nicht nur alte Mütterchen brachen in Tränen aus, sondern auch viele andere, die mit Fußball wenig zu tun hatten, über das Spiel kaum etwas wussten und oft nicht einmal beschreiben konnten, wie die Spieler überhaupt aussahen.

Fraglos entlud sich in diesen Bekundungen auch ein Gefühl von und ein Bedürfnis nach nationaler Gemeinsamkeit. Die Einen wollten vernünftig sein und warnten vor falschen Zungenschlägen, konnten aber der Versuchung nicht ganz widerstehen und bezeichneten etwa das Absingen der Nationalhymne in Bern als nationales Erlebnis. Andere beschrieben „die seit langem in jedem Einzelnen von uns schlummernde Sehnsucht, sich mit allen Deutschen aus einem unpolitischen Anlass heraus zu begeistern und zu freuen und endlich einmal wieder zu fühlen, dass wir alle, ohne Rücksicht auf Politik und Konfession, ein Volk sind".[18] Und wieder andere sahen in dieser Vorstellung eher Grund zur Sorge, wenn sie bei der Rückkehr der Mannschaft „auf die wogende Menschenmenge" blickten und nachdachten über „Vergangenes und (vielleicht) Zukünftiges, jedoch ohne die Gedanken recht fassen zu können". Für einen Moment wussten sie nicht, ob sie sich mitfreuen sollten oder ob ihnen nicht ein wenig ängstlich werden sollte: „Aber dann siegt die Freude."[19]

Diese Freude war verbreitet, und es sprach wenig dafür, bange zu sein. Denn neben dem Wunsch nach Gemeinsamkeit entlud sich in der Begeisterung vor allem die gemeinsam erlebte Spannung und die Teilhabe an einem ungewöhnlichen, neuartigen Medienereignis. Wer heute die Reportage von Zimmermann hört oder Berichte in damaligen Zeitungen liest, kennt das Ergebnis des Endspiels und blickt mit großer Distanz darauf zurück, doch noch heute wird er sich der darin übermittelten Spannung kaum entziehen können. Damals war diese viel ausgeprägter, und entsprechend erwähnten Berichte immer wieder eine ‚unerträgliche Spannung', die nicht nur im Stadion herrschte, sondern auch vor den Fernsehgeräten und Radioapparaten. Einige erinnerte sie an Sondermeldungen während des Krieges, die wenige Jahre zuvor mit Angst und Sorge belastet waren.[20] Davon war jetzt keine Rede mehr; die Spannung war vielmehr gelöst, aber nicht weniger intensiv.

Die gemeinsam erlebte und durch Medien erzeugte Spannung war der wohl wichtigste Grund für die überschwänglichen Reaktionen. Ein vergleichbares Erlebnis hatte es bis dahin nicht gegeben, zumindest nicht für derart viele Menschen. Erst 1954 gab es genügend Radio- sowie Fernsehapparate, und jetzt fand ein Ereignis statt, das sowohl eine äußerst intensive Spannung erzeugte wie auch folgenlos war. Auf der einen Seite ging es um alles – um den Gewinn der Weltmeisterschaft –, auf der anderen aber stand nichts auf dem Spiel. Die Mannschaft brachte einen Pokal mit nach Hause, doch sie hatte keinen Exportrekord erzielt, nichts zur Debatte über die EVG (Europäische Verteidigungsgemeinschaft) beigetragen und keines der drängenden politischen, wirtschaftlichen oder sozialen Probleme gelöst. Wie heftig auch immer dieses Erlebnis die Beteiligten ergriff, es hat ihr weiteres Leben nicht verändert.

Hinzu kam eine weitere Neuigkeit: Das Spiel wurde direkt – heute würde man sagen: live – aus der Schweiz übertragen. Diese Form der Übertragung war für viele so ungewöhnlich, dass ein Journalist in Freiburg eine Spannung bemerkte, „wie sie 300 km weiter in Bern nicht anders gewesen sein kann".[21] Genau wie im Berner Stadion würden die Anwesenden bei den entscheiden-

den Toren von den Sitzen springen – so als befänden sie sich unmittelbar am Ort des Geschehens. Direktübertragungen waren nicht neu und gerade im Sport beliebt. Neu jedoch waren die Kombination von Radio und Fernsehen, die flächendeckende Ausstrahlung, die größere Zahl der Empfangsgeräte und die Übertragung eines Ereignisses, das nicht nur die kleine Gruppe von Fußballbegeisterten, sondern weite Teile der Bevölkerung auch deshalb ansprach, weil sie ein neuartiges Medienereignis erlebten.

Das zeigt schon die Zahl der insgesamt 171 deutschen Journalisten aus beiden Teilen Deutschlands und dem Saarland, die eigens zur Weltmeisterschaft in die Schweiz reisten. Darunter befanden sich 132 Vertreter von Nachrichtenagenturen, Zeitungen, Illustrierten und Magazinen, 22 Fotografen und 17 Radio- und Fernsehreporter.[22] Die Übertragung der Fernsehsendungen hatte die Eurovision übernommen, deren erste europäische Sendung am 6. Juni 1954 stattgefunden hatte und die in den Spielen in der Schweiz ihre Bewährungsprobe sah.[23] Das bedeutete einen technischen Durchbruch, den allerdings in Deutschland nur wenige genießen konnten, da insgesamt nur etwa 40 000 Fernsehapparate zur Verfügung standen. Hinzu kamen die begrenzten technischen Möglichkeiten der Eurovision, die an jedem Spieltag nur eine Begegnung übertragen konnte und so nur wenige Begegnungen der deutschen Mannschaft übertrug. Die Sendungen im Radio waren deshalb viel wichtiger, doch auch hier war das Interesse an den Spielen der Nationalmannschaft anfangs gering, zumindest nach Meinung der Verantwortlichen. Denn die Radioanstalten übertrugen vom ersten Spiel gegen die Türkei nur die zweite Halbzeit, sehr zum Unmut vieler Zuhörer, die sich heftig darüber beschwerten.

Generell war das Interesse an der Weltmeisterschaft weit von dem entfernt, was wir heute kennen. Doch dieser Vergleich ist irreführend. Aufschlussreicher ist ein Blick auf das vorhergehende Turnier, das 1950 in Brasilien stattgefunden hatte. Damals gab es noch keine Fernsehübertragungen, und aus der Bundesrepublik hatten nur drei Journalisten die Reise unternommen, darunter – auf private Initiative – ein Reporter des Hessischen Rundfunks. Da ihm nicht genug Devisen zur Verfügung standen, um die Übertragungsleitungen zu bezahlen, hatte er seine Kommentare auf Band gesprochen und sie mit dem Flugzeug verschickt.[24] Deutschland war zu diesem Zeitpunkt noch nicht in die FIFA aufgenommen und konnte deshalb nicht teilnehmen, während zahlreiche andere Länder aus eigenem Antrieb fernblieben, da sie die Kosten der weiten Anreise scheuten oder in Differenzen verwickelt waren. So zog Argentinien seine Meldung zurück, da Konflikte mit dem brasilianischen Verband bestanden; kurz darauf sagten auch Peru und Ekuador ab. In Europa verzichteten gleich mehrere Länder, darunter die Türkei, Österreich, Portugal, Ungarn, die ČSSR, Schottland und Frankreich, obwohl sie sich teils bereits qualifiziert hatten oder von der FIFA ausdrücklich eingeladen worden waren.[25]

Demgegenüber fand die Weltmeisterschaft in der Schweiz ein bedeutend größeres Interesse. 44 Mitglieder der FIFA meldeten sich dazu an, darunter Indien, Kuba und Vietnam, deren Briefe allerdings zu spät kamen, so dass sie nicht berücksichtigt werden konnten. Doch es war deutlich geworden, dass mittlerweile Mannschaften aus der ganzen Welt teilnehmen wollten und dass der Titelgewinn eine bedeutend größere Bedeutung besaß als zuvor. Entsprechend gründlich bereiteten sich die Teilnehmer vor und reisten – so die Mitfavoriten Brasilien und Uruguay – Wochen vor Beginn des Turniers in die Schweiz, um sich einzugewöhnen. Nahezu aus der ganzen Welt trafen fast 900 zugelassene Journalisten ein – sehr zur Freude der Schweiz und der FIFA, die sich davon zusätzliche Einnahmen erhofften.

Dazu sollten auch die Filmrechte dienen, für die sich lange allerdings kein Käufer fand. Die FIFA hatte für die Rechte 100 000 Franken verlangt, musste aber wegen des ausbleibenden Interesses diesen Betrag auf 50 000 reduzieren. Selbst bei dieser Summe blieb die Nachfrage gering und kam vor allen Dingen nicht aus der Filmbranche. Als Käufer traten Geschäftsleute aus Genf auf, die hierin offensichtlich ein Spekulationsobjekt sahen. Denn sie verkauften die Rechte nach einiger Zeit mit Gewinn an eine deutsche Firma, die ebenfalls ein Geschäft witterte und eigens zu diesem Zweck gegründet wurde, den Berichten zufolge von einem Schrotthändler aus München. Dieser beharrte sogleich auf seinen Rechten und verbot sowohl Wochenschauen wie auch Zuschauern, Aufnahmen zu machen – was später einigen Unmut hervorrief und mit dazu beitrug, dass heute so wenige Filmausschnitte vorliegen.[26]

Trotz dieser zögerlichen Schritte in die moderne Medienwelt ist festzuhalten, dass die Fußballweltmeisterschaft 1954 das erste Sportereignis war, das weltweit ‚live' im Radio und in Europa auch an Fernsehapparaten miterlebt werden konnte. Das hatte es bis dahin nicht gegeben, auch nicht jenseits des Sportes. Doch da es in der Bundesrepublik nur die erwähnten etwa 40 000 Fernseher gab, konnte die weitaus große Mehrheit der Bevölkerung die Ereignisse nicht auf einem Fernseher verfolgen und sich – im engen Sinne des Wortes – kein Bild davon machen. So kam es vor, dass Schlachtenbummler, die von Spielen in der Schweiz nach Hause kamen, am Bahnhof erwartet wurden. Denn sie hatten „das Spielgeschehen mit eigenen Augen verfolgt, sie konnten von den Flanken Fritz Walters und von Toni Tureks Hechtsprüngen" aus eigener Anschauung berichten.[27] Aus Orten, wo der Fernsehempfang schlecht war, fuhren Busse in andere Städte, um dort die Übertragungen besser verfolgen zu können. Doch der Andrang war so groß, dass Wirtschaften

Berechtigungskarten verteilten und vor Kinos lange Schlangen anstanden, um Eintrittskarten zu erwerben.

Trotz dieser Maßnahmen konnten nur wenige das Spiel mit eigenen Augen sehen, zumal es noch keine technischen Möglichkeiten gab, die Bilder der Fernsehkameras zu speichern und sie in einer Aufzeichnung zu senden. Sie waren vielmehr mit dem Ende der Übertragung verschwunden – im Gegensatz zu den Filmrollen, von denen jedoch nur wenige Ausschnitte gezeigt wurden und dies erst Wochen später. Eine Folge davon ist, dass wir heute die Aufnahmen öfter gesehen haben und sie besser kennen als die damaligen Zeitgenossen, denn in den letzten Jahren ist es mit großem Aufwand gelungen, einige dieser Rollen wiederzufinden und sie auszustrahlen.

Damals hingegen blieb nur die Erinnerung und für viele der Wunsch, die Spieler persönlich zu sehen, so dass sich bei deren Rückkehr die erwähnten großen Mengen versammelten. Die Mannschaft war davon ganz überwältigt und sah sich überfordert. Die Begeisterung, so einer der Spieler, trieb „manchen von uns die Tränen in die Augen, das konnte kein Mensch aushalten, und wir beschlossen, den Zug stoppen zu lassen und erst mal einen Erfrischungstrunk zu uns zu nehmen".[28]

Eine virtuelle Gemeinschaft

So entstand eine Gemeinschaft, die wegen ihrer Größe und der Intensität ihrer Gefühle eine neue Qualität besaß und die am besten mit dem Begriff ‚virtuell' bezeichnet werden kann. Sie war virtuell, weil sie auf einem medial vermittelten Ereignis beruhte, bei dem fast keiner der so Begeisterten persönlich anwesend war und das sie meist nicht einmal auf einem Fernseher mit eigenen Augen verfolgen konnten. Ihnen stand lediglich die Stimme des Radioreporters zur Verfügung, angereichert durch die Vorstellungen und Gefühle, die er bei ihnen freisetzte. Dabei führte diese Gemeinschaft keine konkrete Aktion durch und hatte sich nicht versammelt, um gemeinsame Werte zu vertreten. Sie verband vielmehr, dass sie zwei Stunden höchster Anspannung teilten und einem Ereignis folgten, das materiell nicht fassbar war, nur durch die Übertragung und in ihrer Wahrnehmung bestand, damals im Fernsehen nicht einmal konserviert werden konnte, nicht reproduzierbar war und schon im Moment des Erlebens verflog. Wenn die derzeit viel diskutierte Vorstellung von imaginierten Gemeinschaften etwas zutreffend beschreibt, dann die Ereignisse des 4. Juli 1954 und an den darauffolgenden Tagen.

Um daran Anteil zu nehmen, musste man nicht einmal die Spieler kennen oder konkrete Vorstellungen von ihnen besitzen. Es genügte, zu denjenigen zu gehören, die eine Radio- oder Fernsehübertragung miterlebt hatten und dieses Erlebnis mit anderen teilen wollten – wie Friedrich C. Delius in seiner Erinnerung. Darin beschreibt er, wie er als kleiner Junge die Übertragung zu Hause alleine hören musste, nach dem Abpfiff sofort auf den Kirchplatz lief und hoffte, „dass meine Freunde nach dem Ende der Übertragung aus den Haustüren stürmten und andere Leute suchten, um sich und *uns* als Weltmeister zu feiern". Anfangs kam keiner, er fühlte er sich wie nackt in seinem „Siegesgefühl, allein unter den niedrigen Ästen der Linden, und wartete ungeduldig, entdeckt zu werden mit meiner blanken, springenden Freude". Er schämte sich nicht seiner Gefühle, sondern genoss vielmehr den „berauschenden Moment", aber das Dorf blieb ruhig. Enttäuschung machte sich breit, bis zuerst Erwachsene und dann seine Freunde auftauchten und „wir uns, wie blöde geworden, Wortbrocken wie ‚Weltmeister' und ‚Deutschland' und ‚Dreizuzwei' zuriefen" und von der „ungewohnten Wucht der Worte" mitgerissen wurden. Sie kippten, lachten, johlten, und er war „ohne es zu begreifen, der glücklichste von allen, glücklicher vielleicht als Werner Liebrich oder Fritz Walter".[29]

Bei diesen Jugendlichen haben nationale Gefühle wohl keine Rolle gespielt, und offiziell herrschten Bemühungen vor, sie herunterzuspielen. Doch unabhängig davon werden sie ebenso präsent gewesen sein wie Sehnsüchte, sich endlich wieder als ein Volk zu fühlen. Das war im Juli 1954 nicht anders zu erwarten, zumal diese Sehnsüchte und Appelle auch in den kommenden Jahren bestehen blieben und bis heute zu finden sind. Doch sie waren nicht dasjenige Element, das die Zuschauer und Zuhörer verband, und vor allem nicht dasjenige, dass die enorme Begeisterung und den Überschwang der Gefühle auslöste. Diese gingen zurück auf die gemeinsam erlebte Spannung und deren schier unglaubliche Zuspitzung während des Endspiels, auf die Intensität der dadurch erzeugten Gefühle und auf die neuartige Erfahrung, einer virtuellen, aus dem Moment heraus geschaffenen und für den Moment bestehenden Gemeinschaft anzugehören.[30] Deren Sog war so groß, dass – so Dolf Sternberger – auch die „Unempfindlichsten" erfasst wurden, die vom Spiel „wenig verstehen und sonst nur ihre eigenen, individuellen Gedanken und Empfindungen hegen". Jetzt jedoch konnten sie nicht anders, als sich gehen zu lassen und „sogar glücklich darüber zu sein, dass sie nicht ungerührt geblieben sind".[31]

Nicht alle waren darüber begeistert, sondern beklagten, dass das „Wertbewusstsein der Massen" sich angesichts des allgemeinen Taumels nur noch knapp über dem „Nullpunkt" befinde. Sie sahen im „Triumphzug von ‚König Fußball' und seinen zwölf Aposteln … die letzte Stufe einer ungeheuerlichen Bedeutungsentleerung". Ihnen gegenüber stand „das potenzierte Nihil", die absolute Leere.[32] Es liegt nahe, die Spieler, ihre Anhänger und alle, die den Titelgewinn feierten, gegen diese Vorwürfe zu verteidigen und etwa zu zeigen, dass sie Bücher lasen, sie ehrenwerten Berufen nachgingen und überhaupt ganz anständige Leute waren. Diese Bemühungen gab es bereits nach dem Titelgewinn; sie sind wichtig, um elitäre Vorurteile zu entkräften.[33] Doch zugleich übersehen sie einen wichtigen Punkt: Die Vorwürfe waren nicht ganz falsch, denn all die Feiern und die allgemeine Begeisterung waren tatsächlich weitgehend bedeutungsleer, zumindest im Vergleich mit den Wertvorstellungen und Idealen, die den damaligen Kritikern wichtig waren. An deren Stelle waren andere Inhalte getreten, die schwer zu fassen waren und vor allem nur wenig mit den Traditionen des deutschen Kulturgutes zu tun hatten. Vergleichbare Formen der Begeisterung hatte es zuvor gegeben, hatten aber eine deutlich geringere Ausstrahlung erlangt. Jetzt hingegen besaßen sie eine derartige Faszination, dass sie offensichtlich fast alle Deutschen ansprachen, unabhängig von Alter, Herkunft, Schicht, Bildung, Religion oder Ansehen.

Doch diese Stimmung verflog in kürzester Zeit. Im Nachhinein drängt sich der Eindruck auf, dass die Bewohner der Bundesrepublik beim Aufwachen verwundert ihre Augen rieben, sich gefragt haben, was passiert war, und über sich selbst erstaunt waren. Sie wären noch erstaunter, wenn sie heutige Berichte läsen, denen zufolge sie damals eine neue Identität begründet haben. Sie hatten vielmehr eine neuartige Gemeinschaft erlebt, die auf einem spannenden Erlebnis beruhte, das sie vorübergehend faszinierte und zusammenband – wie vor kurzem die Weltmeisterschaft im Jahre 2006. Auch hier fehlte es nicht an Versuchen, der allgemeinen Begeisterung einen Sinn zu geben, und erneut war die Rede von Nationalbewusstsein und nationaler Identität. Diese Elemente mögen eine Rolle gespielt haben, doch entscheidend war auch jetzt eine durch Medien erzeugte Gemeinschaft, die gekennzeichnet war durch Intensität, Spannung und Flüchtigkeit, die keine Werte verkündete und den Moment des gemeinsamen Erlebens nicht überdauerte.

Anmerkungen

1 So bezeichnete ein Leserbrief an die Frankfurter Allgemeinen Zeitung, 12. 07. 1954 die allgemeine Begeisterung nach dem Titelgewinn.

2 Süddeutsche Zeitung, 03. 07. 2004.

3 Gilbert Ziebura, Die deutsch-französischen Beziehungen seit 1945. Mythen und Realitäten, Stuttgart 1997; Heinrich August Winkler, Der lange Weg nach Westen, Bd. 2: Deutsche Geschichte vom „Dritten Reich“ bis zur Wiedervereinigung, München 2000.

4 Basler Nachrichten, 04. 07. 1954; Le Monde, 02. 07. 1954.
5 Arnold Kietzler, Le Camp de concentration du Struthof: témoignages, Schirmeck 1998; Wolfgang Kirstein, Das Konzentrationslager als Institution des totalen Terrors. Das Beispiel des KL Natzweiler, Pfaffenweiler 1992.
6 Badische Zeitung, 06. 07. 1954.
7 Zitiert nach Basler Nachrichten, 07. 04. 1954.
8 Tobias Blasius, Olympische Bewegung, Kalter Krieg und Deutschlandpolitik 1949–1972, Frankfurt/M. u. a. 2001, S. 116.
9 Eduard v. Schnitzler, Missbrauchte Sportbegeisterung, Sendemanuskript vom 07. 07. 1954, Deutsches Rundfunkarchiv, Dokument des Monats April 2000, http://www.dra.de/dok_0400a.htm.
10 Markus Kiefer, Auf der Suche nach nationaler Identität und Wegen zur deutschen Einheit. Die deutsche Frage in der überregionalen Tages- und Wochenpresse der Bundesrepublik 1949–55, Frankfurt/M. u. a. ^{2}1993, S. 57.
11 Die Zeit, 11. 05. 1950, zit. nach Kiefer, Suche, S. 57.
12 Blasius, Bewegung, S. 87.
13 Blasius, Bewegung, S. 102.
14 Frankfurter Allgemeine Zeitung, 25. und 26. 06. 1954; Telegraf, 25. 05. 1954.
15 Westdeutsche Allgemeine Zeitung, 02. 07. 1954.
16 Ebd.
17 Süddeutsche Zeitung, 10./11. 07. 1954.
18 Westdeutsche Allgemeine Zeitung, 13. 07. 1954.
19 Westdeutsche Allgemeine Zeitung, 09. 07. 1954.
20 Frankfurter Rundschau, 05. 07. 1954.
21 Badische Zeitung, 06. 07. 1954.
22 Joachim Schweer, „Der Sieg von Bern". V. Fußball-Weltmeisterschaft 1954, Kassel 1994, S. 21.
23 Beteiligt waren Frankreich, Italien, Dänemark, Belgien, Großbritannien, Niederlande, Schweiz und die Bundesrepublik.
24 Peter Gödeke, Sport im Hörfunk, Münster 1976, S. 171 f.
25 Jo Viellvoye, Die Geschichte der Fußball-Weltmeisterschaft, in: Karl-Heinz Huba (Hrsg.), Fußball-Weltgeschichte, München 2000, S. 129–296, 164 ff.
26 Der Abend, 21. 07. 1954.
27 Alfred Georg Frei, Finale Grande. Die Rückkehr der Fußballweltmeister 1954, Berlin 1994, S. 66.
28 Sportmagazin 27/54 B, 08. 07. 54.
29 Friedrich Christian Delius, Der Sonntag, an dem ich Weltmeister wurde, Reinbek 1994, S. 116 f., 119.
30 Ähnliche Überlegungen bei Hans Ulrich Gumbrecht, Ästhetik und Sport – am Beispiel von Fußball und American Football, in Matias Martinz (Hrsg.), Warum Fußball? Kulturwissenschaftliche Beschreibungen eines Sports, Bielefeld 2002, S. 37–49; Habbo Knoch, Gemeinschaft auf Zeit. Fußball und Transformation des Nationalen in Deutschland und England, in: Jahrbuch für Europa- und Nordamerika-Studien 5, 2001, S. 117–153.

31 Dolf Sternberger, Unter uns Weltmeistern gesagt ... Untersuchung einiger Reaktionen auf den Berner Fußballsieg, in: Die Gegenwart 212, 1954, S. 461–464, 461.
32 Leserbrief an die Frankfurter Allgemeine Zeitung, 12. 07. 1954.
33 Vgl. die Darstellung der Spieler in der Süddeutschen Zeitung, 06. 07. 1954; und im offiziellen Buch des DFB von Gerhard Bahr (Hrsg.), Fußball-Weltmeisterschaft 1954, Nürnberg 1954, 224.

*Christian Morgner**

Zeitlichkeiten globaler Medienereignisse

Am Beispiel der Ermordung John F. Kennedys

Die aktuellen wissenschaftlichen Großtheorien des Ereignisses von Alfred North Whitehead, Martin Heidegger, Niklas Luhmann, Reinhart Koselleck, Paul Ricœur bis hin zu Gilles Deleuze und Jacques Derrida, um einige zu nennen, setzten das Ereignis in einen elementaren Zusammenhang mit Zeit. Diese beiden Phänomene stehen in einem wechselseitigen Bedingungsverhältnis, sind also nicht zwei Facetten innerhalb einer Theorie. Umso mehr muss die scheinbare Zeitlosigkeit von Untersuchungen zu Ereignissen und hier insbesondere zu Medienereignissen überraschen und das in einem doppelten Sinne. Einerseits durch ein Ignorieren des Zusammenhangs von Zeit und Ereignis und anderseits, dass mit den Massenmedien ein Phänomenbereich vorliegt, der sich durch ein hohes Maß an Aktualität, Neuheit und Überraschung auszeichnet.

Das hat sicherlich mit den unterschiedlichen Forschungsinteressen zu tun. Man möchte etwa Kollektivphänomene auf ihre sozialpsychologischen Grundlagen hin untersuchen, wie in den Studien zum Radiohörspiel der Invasion vom Mars,[1] oder ihren Einfluss auf politische Arrangements[2] oder den unerwünschten Bias journalistischer Berichterstattung, im Rahmen von massenmedial erzeugten Krisenphänomenen, wie dem der Ölkrise, pointieren.[3] Vielleicht interessiert man sich, wie Hayden White, für narrative Settings einer Erzählung vom Ereignis[4] oder es handelt sich um Formen affirmativer Kritik; im Umfeld Pierre Bourdieus, zum Verhalten von Journalisten; am Beispiel der Ereignisse in China im Jahre 1989[5]. Ebenso führt die prominente Arbeit von Dayan und Katz zu Medienereignissen[6] den Zeitaspekt nur an einer Stelle der Beschreibung ein, als ein Aufheben von Routinen, das heißt von Abläufen einer bestimmten Dauer, die durch andere Abläufe, vor allem rituel-

* Für wertvolle Hinweise, Kommentare und Kritik danke ich Andrea Jaeger und Thomas Ritter.

ler Art, ersetzt werden. Die Zeitdimension tritt dabei zugunsten der Sozialdimension, also der Konstitution von Gemeinschaftlichkeit angesichts der Krise, zurück.

Dieser Beitrag möchte somit den Zusammenhang von Zeit und Medienereignis im Gegensatz zu bisherigen Untersuchungen stärker akzentuieren und danach fragen, mit welchen Zeitaspekten Medienereignisse konfrontiert sind, welche sozialen Lösungen dafür gefunden werden und allgemeiner formuliert, ob der Aspekt Zeit einen instruktiven Beitrag zur Beschreibung von Medienereignissen leistet. Als Beispiel wird hier die originäre massenmediale Berichterstattung zum Tode John F. Kennedys herangezogen. Materialgrundlage des Beitrages bilden dabei Fernseh-, Zeitungs- und Zeitschriftenbestände aus den Ländern USA[7], der ehemaligen Föderation Malaysia und Westdeutschland. Der Untersuchungszeitraum erstreckt sich vom 22. November 1963 bis zum 27. November 1963. Die gewonnenen Ergebnisse wurden folglich explorativ, das heißt in Bezugnahme auf oben genanntes empirisches Material gewonnen.

Zeitlichkeiten und Verbreitungsmedien

Am 22. November 1963 um 11.30 Uhr Ortszeit (Central Standard Time) landet die Air Force One auf dem Love Airfield von Dallas, Texas. Nach der Begrüßung am Flughafen steigen John F. Kennedy und seine Frau sowie der Gouverneur von Texas samt Frau in die offene Limousine und begeben sich auf eine Paradefahrt durch die Innenstadt von Dallas. Um 12.30 Uhr (CST) fallen mehrere Schusssalven. Gegen 12.32 Uhr berichtet der lokale Radiosender WFAA von den Schüssen auf John F. Kennedy und um 12.36 Uhr berichtet das überregional sendende ABC-Radio, hier Don Gardiner, bereits von drei Schüssen. Zur selben Zeit (12.36 Uhr) spricht der Fernsehsender NBC mit Robert McNeil von den Ereignissen. Etwa fünf Minuten nach den Schüssen geht die erste UPI-Meldung von Merryman Smith über die Ticker der Nachrichtenagenturen. Der Fernsehsender ABC unterbricht um 12.43 Uhr, um 12.48 Uhr CBS und um 12.53 Uhr NBC das Programm und sind fortan kontinuierlich zu den Ereignissen auf Sendung.

In Deutschland hat eine halbe Stunde nach den Schüssen – also um 20.00 Uhr Ortszeit (Central European Time) – die Tagesschau den Ablauf der Nachrichtensendung geändert und beginnt mit der Meldung zu den Ereignissen in den USA:

> „Guten Abend, meine Damen und Herren! Auf den amerikanischen Präsidenten ist heute Abend in Dallas ein Attentat verübt worden. Wie die amerikanischen

Nachrichtenagenturen soeben berichten, wurden Schüsse auf Kennedy und auf den Gouverneur von Texas, Connally, abgegeben, als sie im offenen Kraftwagen durch die Innenstadt von Dallas fuhren. Nach ersten Meldungen wurde der Präsident getroffen, doch liegen bis zur Stunde keine genaueren Einzelheiten über das Attentat vor."[8]

Zu diesem Zeitpunkt, also 30 Minuten nach den Schüssen, sind 68 % der US-amerikanischen Bevölkerung über das Ereignis informiert.[9]

Um 13.27 Uhr (CST) verliest Walter Cronkite von CBS, dass John F. Kennedy verstorben ist, um 13.35 Uhr folgt die offizielle Bestätigung. Gegen 20.30 Uhr (CET) verbreitet die ARD diese Meldung und gibt ihren regulären Programmablauf für diesen Tag auf. Um 14.13 Uhr (CST) geht die UPI-Meldung über den Ticker, dass ein Verdächtiger in einem Kino verhaftet wurde. Innerhalb der nächsten Stunde wird dieser als Lee Harvey Oswald benannt. Ebenso wird in dieser Zeitspanne die Meldung der Ernennung von Lyndon B. Johnson zum neuen Präsidenten verbreitet. Innerhalb dieser Zeitspanne von weniger als zwei Sunden hat die Nachricht 92 % der US-amerikanischen Bevölkerung erreicht.[10] Die Reaktionen weiterer europäischer Sender, etwa des BBC, Radio und Fernsehen in Irland, Frankreich, Italien und anderen, unterscheiden sich nicht von der Reaktion der ARD.

Die Meldung wird noch in den 10-Uhr-Abendnachrichten des Moskauer Fernsehens gebracht. Ein Techniker übergibt dem Nachrichtensprecher vor laufender Kamera einen Zettel mit dem Bericht.[11] Ebenso unterbrechen die Radio- und Fernsehsender anderer osteuropäischer Länder ihr Programm, wie etwa in Ungarn oder dem ehemaligen Jugoslawien. Aufgrund der Zeitverschiebung erreicht die Nachricht Asien in der Nacht. Zu den ersten Ländern in Asien, die von der Nachricht ereilt werden, zählt Japan. Die Meldung trifft hier am Morgen um 4 Uhr Ortszeit ein. Viele Japaner waren früh aufgestanden, um die erste direkte transpazifische Übertragung aus den USA mitzuverfolgen. Vor der Übertragung verkündete der Postminister Shinzo Koike, dass Kennedy Opfer eines Attentates wurde.[12] In Pakistan erfuhr die Nation vom Attentat am Morgen durch eine Radioansprache des Präsidenten Mohamed Ayub Khan.[13] Viele Zeitungen öffneten ihre Redaktionen in der Nacht und druckten neue Frontseiten oder Sonderausgaben, so etwa die Zeitung *The Malay Mail* vom 23. November 1963. An die äußersten Grenzen der Zivilisation, die Antarktis, gelangt die Nachricht bereits nach 90 Minuten zur dortigen US-Marine-Basis bei Macmurdo Sound und wurde 20 Minuten später zur Außenstation am Südpol weitergeleitet.[14]

In weniger als 24 Stunden hat die Nachricht Eingang in alle ‚Texte' der Massenmedien erhalten, hat das Ereignis eine umfangreiche Bekanntmachung, im Zugriff des sozialen Systems der Massenmedien, erreicht.[15] In zeitlicher Hinsicht kann man in Bezug auf die mit den Verbreitungsmedien verbundene Reichweite von einer *Simultanschaltung* sprechen. Die Meldung vom Attentat auf Kennedy ist nahezu simultan präsent[16].

Es soll hierbei gefragt werden, wie sich die Selektivitäten der Massenkommunikation durch die Verwendung von derartigen Möglichkeiten der Telekommunikation ordnen. Welche Einschränkungen, wie auch Potentiale, ergeben sich, wenn Nachrichten eine Zeitlichkeit erhalten, die einer Kommunikation unter Anwesenden ähnlich ist? Im Anschluss an Überlegungen der Konversationsanalyse zum ‚turn taking' in Interaktionen, also zum Wechsel, zur Bezugnahme und Antizipation von Äußerungen, kann die These formuliert werden, dass die Massenmedien, über die Zeitlichkeit der Verbreitungsmedien, eine ähnliche Struktur gewinnen können. Eine Struktur, die sich durch eine Zirkularität der Nachrichten und Kompaktheit auszeichnet, die dem Geschehen eine innere Dichte, eine Ereignisform gibt.[17] Die mit dem Attentat verbundenen massenmedialen Reaktionen haben ein weltweites Ausmaß, wodurch sich auch hier diese Bezugnahme der Meldungen feststellen lassen müsste. Dieser Frage soll im Folgenden nachgegangen werden.

Neben den Beschreibungen von Augenzeugen, den Kommentaren von Reportern in Dallas, kommen erste Live-Aufnahmen und Reaktionen aus anderen Teilen der Welt zum Attentat hinzu. Gegen 14.10 Uhr (CST) kommt die UN zu einer Vollversammlung zusammen. In einer Direktschaltung sind 111 Nationen zu sehen, die in einer Schweigeminute verharren. Wenige Minuten nach 14.30 Uhr (CST) übermittelt und kommentiert man erste Reaktionen aus Europa: „Europe is … stunned."[18] Im Vatikan wurde Papst Paul VI. informiert. Er benennt den Tod von Kennedy „a great loss for humanity" (Reel 2 & 3 – 22. 11. 1963 33:12). Francis Kardinal Spellman aus New York, der zu dieser Zeit im Vatikan verweilt, äußert zum Tode Kennedys: „It was … a great loss for the country and the world" (Reel 2 & 3 – 22. 11. 1963 33:22). „… in Britain, Radio and Television suspended their normal program." Die sowjetische Agentur Tass berichtet: „… the President is assassinated as believed by right-wing forces" (Reel 2 & 3 – 22. 11. 1963 34:00). Etwa fünf Minuten nach diesen Reaktionen wird der Bundeskanzler Ludwig Erhard wiedergegeben: „The German people are filled with deep grief" (Reel 2 & 3 – 22. 11. 1963 38:45). Der italienische Staatsminister Aldo Moro sagte über Kennedy, dass seine Rolle als Politiker, sein großartiges Land und die internationale Landschaft in den Jahren seiner Kongresspolitik immer mehr an Bedeutung gewannen. Der französische Premierminister Pompidou beschreibt das Attentat als fürchterlich und ist von den Ereignissen überwältigt.

Kurz vor 15.00 Uhr (CST) wird ausführlicher auf Reaktionen aus den sowjetischen Medien eingegangen, Radio Moskau berichtet dazu: „... that extreme right-wing elements were believed being responsible“ (Reel 4 – 22. 11. 1963 10:48). Das russische Fernsehen hat sein Nachtprogramm unterbrochen, um die Meldung zur Ermordung zu senden, das Radio spielt fortan Trauermusik. Um 12.30 Uhr (CST) fielen die Schüsse und gut zwei Stunden später hat die Nachricht nicht nur weite Teile in Übersee erreicht[19], sondern schließt dort auch bereits an weitere Äußerungen an.

Die allgemeine Charakterisierung der Massenmedien beschreibt deren Kommunikation als einseitig ausgerichtet, sieht diese losgelöst von den Bedingungen interaktiver Kommunikation. Das hat seine Plausibilität in Bezug auf ein Verständnis von Kommunikation, bei dem Nachrichten von Journalisten an Rezipienten übertragen werden. Kommunikation ist in diesem Sinne eine Art Mitteilungshandeln, in welchem Bedeutungen übermittelt werden. Im Anschluss an Überlegungen von George Herbert Mead kann ein abstrakterer Kommunikationsbegriff formuliert werden, der für die Bedeutungskonstitution von Kommunikation auf einen *drei*teiligen Prozess von Anschlusskommunikationen setzt.[20] Eine erste Geste, Äußerung, Nachricht wird begleitet von einer Reaktion und diese von einem daraus resultierenden Folgeverhalten. Im Lichte der eigenen Äußerungen erscheinen die Reaktionen anderer und dirigieren weitere Anschlüsse, etwa: Nicht nur in den USA, sondern auch in Europa ist man gelähmt, nicht nur hier (in den USA) ist es schrecklich, wird das Programm unterbrochen, ist es ein großer Verlust, sondern auch dort (etwa in Europa) und damit tendenziell überall. Man reflektiert somit an den Reaktionen der Anderen die eigenen Äußerungen mit und umgekehrt. Dafür ist zweierlei notwendig: Es muss eine Anschlussreaktion möglich und die jeweiligen Reaktionen wahrnehmbar sein. Das heißt in zeitlicher Hinsicht, die Nachricht darf nicht bereits überholt, in einem allgemeinen Themenzusammenhang aufgegangen oder der Kontext gewechselt worden sein. Eine weitere Äußerung muss noch als Anschlusskommunikation identifizierbar bleiben. Das erfordert in solchen Zusammenhängen hoher Aktualität, Anschlüsse ohne größeren Zeitverlust herstellen zu können. Dabei kommt den technischen Verbreitungsmedien eine konstitutive Rolle zu. Unter Bezugnahme auf diese können Massenkommunikationen gepflegt werden, die ein *netzwerkartiges Arrangement* erzeugen, in welchem Bedeutungen konstituiert und weitere eingeflochten werden können, wodurch dass Ereignis an innerer Konsistenz, Umfang und vor allem an Dynamik gewinnt.[21] Es handelt sich um einen komplexen Vorgang der Abstimmung von Kommunikationen. Diese Abstimmung oder Koordination kann in Anlehnung an Niklas Luhmann als Synchronisation bezeichnet werden.[22] Synchronisation wird von Gleichzeitigkeit unterschieden. Gleichzeitig meint dabei, dass alles, was geschieht, gleichzeitig geschieht.[23] Dieser Verzicht auf eine Zeitunterscheidung bedeutet jedoch nicht, dass auch alles gleichartig geschieht. Differenz entsteht über die sachliche Verschiedenheit des gleichzeitig Gegebenen, also über das, ‚was' berichtet wird. Allerdings kann man im Moment der gleichzeitigen Gegenwart nicht mehr und noch nicht sicher wissen, welche Nachrichten und Meldungen im Modus gleichzeitig zusammen auftreten oder auftreten werden. Synchronisation kann damit nicht als Herstellung von Gleichzeitigkeit begriffen werden, da alle Synchronisationsversuche auch immer in der Gegenwart erscheinen, auch diese unterliegt somit dem Moment der Gleichzeitigkeit. Der Verfügungsbereich der Synchronisation ist somit auf jenen der Sachdimension und Sozialdimension bezogen.[24] Synchronisationsleistungen, die sich durch ein minimales Vorher und Nachher auszeichnen, werden von Luhmann als Nahsynchronisationen bezeichnet.[25] Es ist gerade dieser zeitlich hohe Wechsel zwischen den Nachrichten, dem Vorher und Nachher, der für die Koordination genügt, wenn Sach- und Sozialdimension davon unterscheidbar hinzutreten und dadurch ein laufendes Nachjustieren, etwa über Veränderungen im Gesundheitszustand des Präsidenten, der Haltung zentraler Repräsentanten aus Ost und West, ermöglichen. In Bezug auf die Sachdimension, hier respektive der Wechsel von Themen und Meldungen, kommt der Eindruck zustande, dass sich die Meldungen wie in einem Programmfluss bewegen.[26] Gleichzeitig ermöglichen die technischen Verbreitungsmedien, in Verbindung mit bestimmten Aufzeichnungstechniken, eine Fernsynchronisation. Zeitlich Zurückliegendes kann aufgezeichnet und zu einem späteren Zeitpunkt gesendet werden, Sendungen werden vorgeplant und an einem zukünftigen Zeitpunkt ausgestrahlt oder abgedruckt, der gleichsam in der Gegenwart angekündigt wird.[27] Für die zeitliche Koordination oder zeitliche Integration der Nachrichten zum Attentat auf John F. Kennedy, als ein globales Ereignisarrangement, wird an dieser Stelle ein Vorschlag von Anthony Giddens[28] aufgegriffen, bei welchem die Sozialintegration auf Kopräsenz angewiesen bleibt. Synchronisation verläuft dabei unter Einschluss von Kommunikation – noch in recht natürlicher Weise – über Nähe und Vertrautheit. In komplexen sozialen Systemen, wie denen der Massenmedien, kann die Sozialintegration die Systemintegration nicht mehr leisten. Fernliegende Meldungen und Berichte können nicht mehr ausreichend, über Spezialrollen in der Interaktion, erfasst und reguliert werden. Die Massenmedien leisten diese Systemintegration über Zugriffe auf Telekommunikation und damit verbundene Programmplanung in Organisationen. Die Interaktion tritt unter diesen Bedingungen in der Form von Freundschaften, Liebe und Intimbeziehungen umso stärker heraus, die nicht mehr auf die Gesamtgesellschaft übertragen werden können. Gleichwohl – das lehren uns die hier verhandelten globalen Medienereignisse – sind die Massenmedien in der Lage, in temporal sehr begrenzten Verhältnissen, derartige Fernsteuerungen zu leisten, die eine Art globale Interaktion simulieren. So werden wieder die Emotionen des Intimen geweckt: Man trauert in Asien und Europa um den Verlust von John F. Kennedy, weint mit seiner Frau, ist tief berührt, wenn John Jr. im militärischen Gruß den vorüberziehenden Sarg mit dem Leichnam des Vaters verabschiedet. Eine Nähe und Vertrautheit wird erzeugt, die an die Formel des ‚Global Village' erinnert.

Semantiken der Zeit

Dieser Abschnitt widmet sich der Frage nach der Selbstbeschreibung des Ereignisses in den Massenmedien, folglich der Semantik des Medienereignisses. Semantiken werden als höherstufige Typisierungen von Sinn begriffen. Diese liegen in abstrakterer Form vor, sind in verschiedenen sozialen Situationen anzutreffen und haben in dieser Form wieder eine *dirigierende* Wirkung auf die Kommunikation und damit auf die Struktur des Ereignisses. Dabei liegt der Fokus auf jenen Semantiken der Zeitdimension, mit deren Hilfe die Massenmedien ihre Relevanzkommunikation organisieren, also sich durch ein ‚zeitliches Herausstellen von etwas' auszeichnen.[29] Aus der Vielzahl solcher Zeitschemata, die die Massenmedien im Rahmen dieses Medienereignisses aufgreifen, soll im Folgenden ein Ausschnitt vorgestellt werden. Einige solcher Schemata sind ‚zum ersten Mal', ‚unerwartet/erwartet', ‚plötzlich/kontinuierlich', ‚Anfang und Ende', ‚vorher/nachher', ‚Wiederholung/Singularität'.

Der Zusatz des ‚Ersten' oder ‚first' verweist auf eine spezifische zeitliche Ordnung. Es bezeichnet etwas, das vor allem anderen steht. Es hat in dieser Hinsicht etwas Initiales und drückt darin eine zeitliche Diskontinuität aus.[30] Ein Ereignis hat einen zeitlichen Nullpunkt erzeugt, der Blick ist in die Zukunft gerichtet. Die zukünftige Dimension wird in den Massenmedien personalisiert und hier ausgefüllt durch Lyndon B. Johnson. Er repräsentiert einen Neuanfang und ist insofern ‚ein Mann der ersten Stunde' – etikettiert durch die Semantik des ‚Ersten'.

Zu Johnsons Rede nach der Ankunft in Washington am 22. 11. 1963 heißt es: „Those were Mr. Johnson's first public words as the President of the United States …" (Reel 9a & 9b – 22. 11. 1963 08:13). Je nach Kontext, Lokalität oder Situation macht Johnson vieles zum ‚ersten Mal': „Als erste Amtshandlung verlas Präsident Johnson gestern eine Proklamation an das amerikanische Volk."[31] Oder in der Tagesschau heißt es: „Der neue amerikanische Präsident Johnson hat heute seine erste Generaldirektive erlassen."[32] Und nicht zu vergessen, die *Frankfurter Allgemeine Zeitung*, hier findet sich der Abdruck „... der ersten Amtshandlung Johnsons, einer Proklamation".[33] Ein weiteres hier abschließendes Beispiel findet sich sowohl in der *Straits Times* als auch in der *New York Times*: Am 23. 11. 1963 beginnt für Johnson nicht irgendein Tag, sondern „his first full day in office".[34] Und ähnlich gelagert: „Johnson sees Truman and Eisenhower on first day in office."[35]

Die Vergangenheit gilt unter diesen Umständen zunächst als abgeschlossen, als redundant, als beendet. Was die Massenmedien interessiert, ist die Zukunft und das somit vermeintlich Neue. Das Neue kommt durch ein gegenwärtiges Ende und einen gegenwärtigen Anfang in den Blick. Der Anfang kündigt von einer Zeit, die im Lichte des Vergangenen nicht mehr hintergehbar ist. Man begibt sich gewissermaßen in eine zeitliche Jungfräulichkeit.[36] Durch dieses Schema von ‚Anfang und Ende' versorgen sich die Massenmedien mit einer Semantik der Neuheit. Indem etwas redundant wird, ermöglicht es ein Ablesen von Varianzen in diesem Pool, die dann als Neuigkeiten auffallen. Dieses Schema bleibt dabei nicht auf die Personen John F. Kennedy und Lyndon B. Johnson beschränkt. Eine Vielzahl weiterer Bereiche werden durch die Ereignissemantik des ‚first' absorbiert. Jacqueline Kennedy erscheint bei NBC als „first widow of a President to walk behind the casket on from the White House to the funeral service" (Reel 82 – 24. 11. 1963 23:45). Die Tagesschau berichtet im Zusammenhang mit der Ernennung von Lyndon B. Johnson zum Präsidenten: „Zum ersten Mal in der Geschichte der USA wurde der Eid von einer Frau abgenommen."[37] Es fällt in dieser Hinsicht aus dem vermeintlichen Normalen heraus, eine Dynamik, die auch für die Massenmedien selbst gelten kann: „For the first time, the Moscow television station broadcasts a live newscast from Washington ..."[38] Das Neue liegt nicht nur in der weltweiten Verbreitung, die dann selbst zum Thema wird, sondern auch darin, dass der Tod eines Menschen im Fernsehen erstmals direkt übertragen wird: „Oswald's murder was the first in history witnessed by a nationwide television audience."[39] Nicht zuletzt beobachten die Berichterstatter sich und andere unter diesem Schema: was wurde bereits berichtet und worin liegt noch Potential, als Erster an erster Stelle zu sein.[40]

Das Geschehen erhält eine zeitliche Reihenfolge, da alles, was kommen wird, auf diesem Anfang aufbaut. Insofern kommt dem ‚Neubeginn' eine Bedeutsamkeit zu, die durch die Massenmedien thematisiert wird. Was in diesem Falle heißt, dass die Vergangenheit in der Zukunft sowohl in symbolischer: „President Johnson marked his first working day in the White House office yesterday by moving in a rocking chair. It was placed on the same spot as President Kennedy's"[41], als auch in instrumenteller Form aufgenommen wird: „At first … he (Lyndon B. Johnson, C. M.) must take over the essentials of Kennedy's program …"[42]

Die Massenmedien beschäftigen eine Vielzahl solcher Semantiken, in zeitlicher Hinsicht ist die wohl am weitesten verbreitete der sogenannte Neuigkeitswert in der Form aktuell/nicht-aktuell.[43] Diese Unterscheidung blendet eine Vielzahl anderer Unterscheidungen aus und bleibt dadurch in ihrem Erklärungswert gering, denn auch die Wissenschaft oder Kunst stehen unter dem Druck des Neuen.

Warum beschäftigen die Massenmedien eine solche Vielzahl an Unterscheidungen für die Organisation von Redundanz und Varietät? Die Unterschiede liegen im systeminternen Kontext der Massenmedien, gegen den sich Varianzen profilieren können. Die Funktion des Kontextes wäre dessen Anwahl, um Abweichungen und, im Sinne der Massenmedien, Relevanzen zu erzeugen. Den Ausgangspunkt bildet die Seite des Herausgestellten, um dafür einen bestimmten Hintergrund wählen zu können; Kunst wie Wissenschaft haben solche fest in ihren Systemstrukturen etabliert. Im Falle der Kunst ist an Museen zu denken, für die Wissenschaft wären es die jeweiligen Klassiker.[44] Die Massenmedien besitzen zwar einen Themenvorrat, dieser ist aber deutlich weniger kanonisiert oder standardisiert. In jedem Fall hat man es mit äußerst selektiven Kontinuitätslinien zu tun und vermutlich ist es gerade dieser vage Charakter, der es immer wieder nötig macht, sich flexibel und mit hohem Wechsel der Themen, durch die je konkrete Etablierung spezifischer Kontexte, auf entsprechende Abweichungen einzustellen. Anscheinend wird gerade deshalb eine Vielzahl solcher Schemata bereitgehalten, an denen die Abweichungen als Relevanzen auffallen.

Eine weitere Semantik soll im Folgenden vorgestellt werden, die in ihrer Verwendung eine ereignisspezifische zu sein scheint. Es geht hierbei um den Aspekt der Unterbrechung der Massenkommunikation durch die Massenmedien selbst. Der Unterbrechung obliegt etwas Separierendes. Etwas, das bis dato geschehen ist und dessen Verlauf sich fortsetzen sollte, endet und wird durch einen anderen Prozess ersetzt. Die Massenmedien sind dabei in der Lage, eine doppelte Unterbrechung zu zelebrieren. Man berichtet nicht nur über das Ereignis als Unterbrechung, sondern unterbricht dafür das eigene Programm: „… television's most powerful gesture consists precisely in interrupting the continuous flow of its programs …"[45]

Die Massenmedien wenden das Schema Abweichung/Normalität auf sich selbst an, führen das eigene Prozessieren des Nicht-Prozessierens als Relevanzmodus vor.[46] Die Ausdifferenzierung der Massenmedien geht einher mit einem regelmäßigen, periodischen Erscheinen, losgelöst davon, ob etwas als außerordentlich oder abweichend beschrieben werden könnte.[47] Die Zeit der

Massenmedien ist eine autonome, die über die Regelmäßigkeit der Massenkommunikation selbst verfügt. Was auch immer die Gesellschaft oder die Massenmedien an Irritationen bereithalten, Zeitungen haben dasselbe Format, erscheinen täglich, ebenso wie die Fernsehprogramme. Serienmäßigkeit und Kontinuität bestimmten maßgeblich die Zeitlichkeit der Massenmedien. In Zeiten von Medienereignissen kann diese Kontinuität auf sich selbst angewendet werden, indem sie durch eine andere ersetzt wird. Diese ist dann mit Sonderausgabe oder Sondersendung tituliert. Das Herausfallen des Herausfallens ist somit eine Art doppelter Relevanz, die noch um ein Vielfaches gesteigert werden kann. Man kann nicht nur darüber berichten, dass das eigene Programm unterbrochen wurde, sondern ebenso über das Verhalten anderer Sender: „After reporting the death of Kennedy, Italian TV and Radio went off for silent music“ (Reel 2 & 3 – 22. 11. 1963 47:34). Das gilt im gleichen Sinne für die Zeitung: „The State radio and the Irish television station cancelled all previously scheduled programs.“[48] Aus der Sowjetunion heißt es: „Comrades, radio-listeners, we have interrupted our broadcast because of the sorrowful report which has just been received from New York.“[49]

Vor allem das Fernsehen der Massenmedien hat hier einen besonderen Zugriff gefunden. Die Zeitungsindustrie kann Sonderseiten drucken, Frontseiten neu gestalten, aber auch dann handelt es sich wieder um eine Frontseite im Duktus der Zeitung. Das Fernsehen der Massenmedien ist in der Lage zu einer doppelten, wenn nicht dreifachen Unterbrechung. Man berichtet nicht nur, wie die Zeitung, über das Ereignis als Unterbrechung, als etwas, das das Leben zum Stillstand bringt. (In dieser Hinsicht finden sich eine Vielzahl an Berichten von abgesagten Sportveranstaltungen, geschlossenen Kinos, bis hin zur Schließung von Disney-Park.[50]) Das Fernsehen unterbricht das eigene Programm *und* verkündet, dass man das eigene Programm unterbrochen hat, um über *weitere* Unterbrechungen zu berichten. In Toledo wurde der Zeitungsstreik für das Wochenende beendet, um die Menschen in dieser kritischen Zeit mit Informationen zu versorgen.[51] Ein Generalstreik in Sizilien wurde aus Trauer um Kennedy eine Woche verschoben.[52]

Im Falle der Ermordung John F. Kennedys geschieht die Betonung dieser Unterbrechung der Unterbrechung fast im Stundentakt über vier Tage hinweg. Das Ereignis wird damit mehrfach gespiegelt, es gewinnt an Größe und Umfang.

Massenmedien, Zeit und Gedächtnis

Der letzte zeitliche Aspekt, der im Folgenden betrachtet werden soll, widmet sich dem Gedächtnis der Massenmedien. Eine Reihe an Forschungen hat bemerkt, dass derartige Medienereignisse Vergleiche zu anderen Medienereignissen ziehen.[53] Im Fall des Todes John F. Kennedys sind dies etwa der Tod Theodore Roosevelts und der Abraham Lincolns. Ein Vergleich mit spezifischem Kontext stellt das Attentat auf Kennedy in einen Zusammenhang mit anderen bekannten Attentaten. Der Vergleich ist eine dreistellige Operation: Zwei Elemente werden im Hinblick auf eine dritte Komponente, ein Vergleichskriterium in Bezug auf ihre Ähnlichkeit oder Unähnlichkeit, unterschieden.[54]

In der *New York Times* vom 23. November 1963 findet sich eine umfangreiche Darstellung, die Attentate auf US-Präsidenten und andere bekannte Persönlichkeiten in einen Vergleich setzt. Dabei bedienen sich die Massenmedien vornehmlich Bildern[55], von denen insgesamt sechs gezeigt werden. Eine Lithografie, die den Tod Lincolns darstellt, ein Bild aus *Frank Leslie's Illustrated Newspapers* zum Tod Garfields, ein Gemälde von T. Dart Walker zum Tode McKinleys, ein Foto des Attentatversuchs auf Roosevelt und das Bild des verwundeten Attentäters (er liegt auf einer Krankenbahre), der versuchte, Harry S. Truman zu töten. Ebenso findet sich ein Bild von Kennedy während der Fahrt durch Dallas, mit der Bildunterschrift: „Moments before assassination … shortly after this picture was taken, rifle fire hit the President and the Governor." Es sind in dieser Form Bildmaterialien, die an andere Attentate erinnern und dabei den Moment des Attentats fokussieren. Die Wiederholung des Bildmotivs verstärkt einerseits die Wirkung und stattet anderseits die Bilder mit einer wechselseitig stabilisierten Relevanz aus: „a well-known photograph … then becomes even better known. There is a certain power of redundancy."[56] Es lässt sich folglich von Höhepunktbildern sprechen, da diese der Herausstellung eines besonderen Momentes dienen, sie bezeugen gleichsam die Relevanz und sind Ausdruck dieser.[57]

Der Begleitartikel versucht im weiteren Verlauf eventuelle Parallelen (Schusswaffe, Attentäter, Ort und so weiter) aufzuzeigen. Begonnen wird mit Lincoln, dann Garfield und McKinley.[58] Es werden Mordversuche an Andrew Jackson, Truman, Franklin D. Roosevelt und Theodore Roosevelt beschrieben. Die Liste wird mit Attentaten auf Trotzki, Ghandi und auf den österreichischen Thronfolger fortgesetzt.[59] Dieser Vergleich dient nicht dazu, eine Wertigkeit zwischen den Ereignissen herzustellen (etwa Kennedys Tod ist bedeutsamer als Roosevelts), sondern er zitiert andere Ereignisse, deren Bedeutsamkeit unterhinterfragt, ja indiskutabel ist. Diese besitzen eine Selbstevidenz und stellen dadurch den Mord an Kennedy ebenso als ein erratisches Geschehen dar, das nicht mehr hinterfragt werden kann, das höchste Relevanz besitzt. Es finden sich, und das wird auch wenig überraschen, keine Versuche, Kennedys Tod etwa mit allgemeinen Mordstatistiken zu vergleichen. Worin würde darin das Ereignishafte liegen? Insofern hat der Vergleich eine paradoxe Wirkung, nämlich auf das eigentlich Unvergleichliche, das Einzigartige wie Singuläre aufmerksam zu machen.

Neben der Gegenüberstellung von Attentaten bedient man sich anderer Vergleiche, wie dem Angriff der japanischen Flotte im Zweiten Weltkrieg auf Pearl Harbor. Bei NBC erörtert man das Ereignis des Attentates auf John F. Kennedy als ein Moment, an das man sich sein Leben lang erinnern wird, und setzt es hier mit Pearl Harbor in Vergleich (Reel 20 – 23. 11. 1963 13:40). Aus Los Angeles zitiert die *New York Times* einen Passanten: „I have the kind of feeling that I had the morning of Pearl Harbor."[60] Als weitere erinnerte Momente werden der Tod Roosevelts oder das Ende des Zweiten Weltkrieges zitiert. Die *New York Times* schreibt etwa, dass die Illinois Bell Telephone Company ein Telefonaufkommen hatte wie beim Tode Roosevelts oder vergleichbar mit dem Ende des Zweiten Weltkrieges. Ganz ähnlich schreibt auch die *Frankfurter Allgemeine Zeitung*: Die Jungen, die den Krieg nicht erlebt haben, für sie ist es die Krise der Generation. Für die Älteren ist es vergleichbar mit Pearl Harbor oder dem Tode Roosevelts.[61]

Ebenso zählt man die Ermordung des österreichischen Thronfolgers und die damit verbundene Auslösung des Ersten Weltkrieges hinzu. Allerdings ist das herausstellende Moment hier weniger das Attentat, sondern die damit verbundene Wirkung. Man zitiert die Vergangenheit, den Tod des Thronfolgers und den Beginn des Ersten Weltkrieges im Lichte des Attentates auf Kennedy und lässt die Zukunft im Rahmen ähnlicher und hoffentlich ausbleibender Wirkungen oszillieren. Das heißt nicht, dass damit wirklich zukünftige Geschehensverläufe antizipiert werden, vielmehr wird die Zukunft auf die Gegenwart gespiegelt, die mit einem Horizont belegt wird, an dessen Ende das mögliche Aus der Menschheit in der nuklearen Zerstörung liegt. Ein Szenario, das nicht mehr zu übertreffen wäre. Das Attentat hat in diesem Kontext das Potential, „the loudest shock the world has ever heard" (Reel 89 –24. 11. 1963 12:18) darzustellen. Das Ereignis, so der *Spiegel*, reflektiert sich über die Geschichtsbedeutung, die Welt, über die „bekannte Geschichte, die gesamte bewohnte Erde"[62], mit den möglichen, ähnlichen, sich an die Ermordung des österreichischen Thronfolgers anschließenden Auswirkungen. „Noch niemals in der Geschichte der Menschheit (hatte, C. M.) ein Wort eine gleich große und weiter reichende Wirkung" wie das von Kennedy; „... vielleicht … lässt die Gegenüberstellung der Mordtat und ihrer weltpolitischen Wirkung einen Augenblick an Sarajevo denken: den Anschlag, der den Ersten Weltkrieg auslöste."[63]

Der diesen Ausführungen bereits eingestreute Gedächtnisbegriff ist der der soziologischen Systemtheorie.[64] Gedächtnis wird als Präsentation der Gegenwart, als ein Resultat der Vergangenheit verstanden und erlaubt gegenwärtig das, was erinnert wird, von dem, was vergessen bleibt, zu diskriminieren. Gedächtnis ist damit eine Begleiterscheinung jeglicher Operationen eines Systems und hat somit seinen ‚Ort'[65] in der Gegenwart allen Operierens. Das heißt, alles Erinnern und Vergessen findet in gegenwärtigen Operationen statt, ist eine systeminterne Konstruktion, die sich durch einen laufenden Bezug von Konsistenz und Inkonsistenz, von Operation auf Operation ergibt und deren Resultate daraus wieder intern zur Verfügung stehen. Das System ermöglicht sich dadurch eine Gegenwart mit einem Vergangenheitshorizont und braucht bei jeder Operation nicht von neuem zu beginnen (ein Gedanke wurde so immer bereits vor- und vorausgedacht). Das Gedächtnis erleichtert somit dauernd, bis zu einem gewissen Grad, den Einsatz folgender Operationen und ermöglicht dadurch, dass einige Verlaufswege mit kontinuierlicher Benutzung zu eingeschliffenen Richtungen werden, dass sich zirkuläre Verbindungen ergeben, die einiges festhalten und vieles dem Vergessen überlassen.[66] In anderen Worten versorgt das Gedächtnis die Massenmedien mit massenmedial spezifischem Sinn. Es lassen sich dabei drei Versionen unterscheiden, wobei in diesem Beitrag die komparative Variante erörtert werden soll.[67] Mithilfe dieser aktivieren die Massenmedien ihre Gedächtnisfunktion und machen einen Ausschnitt aus der Vergangenheit für zukünftige Anschlusskommunikationen zugänglich und verleihen dadurch der Gegenwart Transparenz (Orientierung). Wie werden gegenwärtige Massenkommunikationen in einen Verweisungszusammenhang weiterer, vergangener und zukünftiger Massenkommunikationen integriert oder mit den Worten Heinz von Foersters: Was ist das Gedächtnis, dass es Rückschau und Vorschau ermöglicht?[68]

Ein Vergleich in globaler Referenz ist der zwischen John F. Kennedy und Abraham Lincoln. Die zunächst augenfällige Konvergenz ist, dass beide Personen Präsidenten der USA waren und beide durch ein Attentat ums Leben kamen. Es ist ein unerhörtes Ereignis seit dem Tode Abraham Lincolns, berichtet die *Tagesschau*.[69] Das unterscheidet dieses Ereignis von denen im vorherigen Abschnitt nicht sonderlich. Das Vergleichskriterium ‚Ereignis' signalisiert eine Ähnlichkeit der Fälle. Das ist gewissermaßen der formale Zusammenhang. Allerdings kommt in diesem Kontrastfall ein weiterer Aspekt hinzu, der mit dem Begriff der Werte bezeichnet werden kann. In der ARD zitiert der Bundestagspräsident Dr. Eugen Gerstenmaier einen Ausspruch von

Lincoln und ordnet in diese Tradition sowohl John F. Kennedy und anschließend den neuen Präsidenten der Vereinigten Staaten, Lyndon B. Johnson, ein.[70] Jene Personen werden zu Repräsentanten einer Tradition erhoben, die auszeichnend gegenüber Anderen wirken und in ihren Taten über das Handeln anderer Menschen hinausweisen. Ein ähnliches Beispiel zitiert die *Straits Times*: Kennedy wird von der afro-amerikanischen Prominenz als „the second emancipation" bezeichnet, „the great emancipator" war Lincoln.[71] Oder Lincoln als Klassiker der Bürgerbewegung und Kennedy als ‚the modern Abraham Lincoln'.[72] Die Vergleiche, wie jene mit Pearl Harbor oder der Ermordung des österreichischen Thronfolgers, bleiben in ihrer Verbreitung jedoch eher regional begrenzt. Eine *weltweite* Verknüpfung erreichen die Massenmedien durch den Vergleich von Lincoln und Kennedy im Zugriff auf das Vergleichskriterium der ‚Werte'. Wertsemantiken agieren hier mit der Bedeutung, dass es oberhalb aller Kontingenzen, die mit einem Ereignis verbunden sind, unbezweifelbare Bezugspunkte, sogenannte ‚inviolate levels' gibt.[73] Sie berühren damit eine Semantik, die für sich spricht und nicht erläutert werden muss. Nirgendwo findet sich etwa eine Meldung, die die Bedeutung von Frieden oder Freiheit explizit aufzeigt. Mit der Bezugnahme zu Kennedy als Hüter der Freiheit, der Menschheit und des Weltfriedens ist diese Kontingenz, die mit der Weltgesellschaft für jede Kommunikation gilt, eine mit globaler Referenz. Trotz der Kontingenz des Geschehens, des Herausfallens des Ereignisses und der damit verbundenen paradoxen Lage, dies dann nicht herausstellen zu können, bedienen sich die Massenmedien des wertförmigen Vergleiches mit Lincoln und eröffnen damit einen unbezweifelbaren Bezugspunkt, von dem heraus Kennedys Tod eine Abweichung darstellt, die über allem steht, in diesem Sinne Weltereignis ist.

Einige Schemata – komparativer, narrativer und projektiver Art – zeigen, dass in der Gegenwart ein Ausschnitt der Vergangenheit präsent gehalten wird und weitere Anschlüsse demzufolge Orientierung gewinnen. Die Massenmedien, und hier das Medienereignis, schwingen sich dadurch von Kommunikation zu Kommunikation. Es kondensiert ein Schema, das für weitere Operationen zur Verfügung steht und je nach Gebrauch wieder erhebliches Distinktionspotential bereithält, um eine singuläre Relevanz[74] zu markieren. Mit dem durch das Medienereignis inhibierten Schema, etwa Kennedys Tod als Tragödie, als größter Verlust in der Geschichte der Menschheit, können zukünftige Anschlüsse dirigiert werden. Die Massenmedien greifen auf eine selbstevidente Relevanz zurück und vieles andere kann dem Vergessen überlassen werden. Insofern engt das massenmediale Gedächtnis, wie Pierre Nora anmerkt, die Vergangenheit ein, ermöglicht aber zugleich eine Ausweitung in die Zukunft.[75]

Die Zeitlichkeit der Verbreitungsmedien in Form der Synchronisation, zeitliche Semantiken, wie jene der Abweichung/Normalität, sowie das Gedächtnis, das die Gegenwart mit einer Vergangenheit und Orientierung für die Zukunft versorgt, bleiben in Bezug auf die Ordnung des Ereignisses, wie Reinhart Koselleck anmerkt[76], einer Zeitfolge, einer zeitlichen Konsistenz und Kompaktheit verhaftet, die das Ereignis formen und in seinem Vorher und Nachher unterscheiden. Es kann somit formuliert werden, dass dieses Medienereignis in einem elementaren Zusammenhang mit Zeit steht.

Anmerkungen

1 Vgl. Cantril, Hadley: The invasion from Mars: a study in the psychology of panic, New York [1940] 1960.

2 Vgl. Winebrenner, Hugh: The Iowa precinct caucuses: the making of a media event, Ames, Iowa 1987.

3 Vgl. Kepplinger, Hans Mathias; Herbert Roth: Creating a crisis: German mass media and oil supply in 1973–74, in: Public Opinion Quarterly, Jg. 43, Heft 3, 1979, S. 285–296.

4 Vgl. White, Hayden: The modernist event, in: Sobchack, Vivian (Hrsg.): The persistence of history. Cinema, Television, and the modern event, New York, London: 1996, S. 17–38.

5 Vgl. Andrieu, Jacques: Les journalistes sur la place Tian'anmen: acteurs ou voyeurs?, in: Actes de la recherche en sciences sociales, Heft 101/102, 1994, S. 118–128.

6 Vgl. Dayan, Daniel; Elihu Katz: Media events: the live broadcasting of history, Cambridge, MA 1992.

7 Die Materialien des Senders NBC werden im Folgenden anhand der Archivnummer der JFK Library in Boston zitiert, etwa: Reel 6 – 22. 11. 1963 11:59. Die Minutenangabe bezieht sich dabei auf das jeweilige Band, nicht den Tag. Die Bänder bei der ARD und Mediacorp. (Singapur) waren nicht mit einem Zeitindex versehen und werden nach dem Titel der jeweiligen Sendungen zitiert.

8 Die Tagesschau, 22. November 1963, 20 Uhr, Archivnummer 2844.

9 Vgl. Sheatsley, Paul B.; Jacob J. Feldman: A national survey on public reactions and behaviour, in: Greenberg, Bradley S.; Edwin B. Parker: The Kennedy assassination and the American public: social communication in crisis, Stanford, CA 1965, S. 149–177, hier S. 152.

10 Vgl. ebd.

11 Vgl. Brigham, Robert: Warsaw, no, no, this cannot be true, in: Life, 6. Dezember 1963, Vol. 55, No. 23, S. 129–130.

12 Vgl. o. A.: Slaying cancels US-Japan talks, in: The New York Times, 23. November 1963, S. 12.

13 Vgl. o. A.: Many nations share America's grief. Asia – Karachi: „Dastardly act“, in: The New York Times, 24. November 1963, S. 6.

14 Am 24. November 1963 führte man in der Kapelle der Basis auch einen Gottesdienst durch, siehe o. A.: Memorial Service at Antarctic Base, in: The Malay Mail, 25. November 1963, S. 2.

15 Diese Zeitlichkeit wird im Übrigen auch in den Massenmedien selbst reflektiert. (Reel 25 – 23. 11. 1963 00:45) Man spricht vom ‚incredible speed‘ der Ereignisse und erläutert, dass John F. Kennedy kurze Zeit nach der Ankunft in Dallas erschossen wurde und etwa gegen 13:00 Uhr (CST) bereits tot war, und kurze Zeit darauf war sein Körper zurück in Washington – und das alles in weniger als sechs Stunden.

16 Die Präsenz ist im Sinne eines Input/Output-Modells immer eine doppelte. Einspielbarkeit von Nachrichten und ihre Abrufbarkeit liegen zeitlich dicht beieinander.

17 Vgl. Button, Graham; Neil Casey: Generating topic: the use of topic initial elicitors, in: Atkinson, Maxwell J.; John Heritage (Hrsg.): Structures of social action: studies in conversation analysis, Cambridge 1984, S. 167–190.

18 Reel 2 & 3 – 22. 11. 1963 33:00.

19 Es kommen natürlich auch andere Reaktionen vor, aus den USA selbst aber etwa auch Übertragungen aus Kanada.

20 Siehe dazu Mead, George Herbert: Mind, self, & society: from the standpoint of a social behaviorist, Chicago, [1934] 1967, S. 75 ff., insb. S. 76. Mead spricht den Massenmedien dabei an späterer Stelle dieser Publikation eine wichtige Rolle in der Moderne zu: „The vast importance of media of communication such as those involved in journalism is seen at once, since they report situations through which one can enter into the attitude and experience of other persons.“ A. a. O., S. 257.

21 Es geht somit im Folgenden um Auswirkungen der Verbreitungsmedien auf die Kommunikation, nicht etwa um Veränderungen im Bereich des Bewusstseins, siehe für diesen Systemtyp: Sandbothe, Mike: Mediale Zeiten. Zur Veränderung unserer Zeiterfahrung durch die elektronischen Medien, in: Hammel, Eckhard (Hrsg.): Synthetische Welten. Kunst, Künstlichkeit und Kommunikationsmedien, Essen 1996, S. 133–156.

22 Luhmann, Niklas: Gleichzeitigkeit und Synchronisation, in: ders.: Soziologische Aufklärung 5: Konstruktivistische Perspektiven, 3. Aufl., Wiesbaden 2005, S. 92–125.

23 Vgl. ebd., S. 94.

24 Vgl. ebd., S. 109.

25 Vgl. ebd., S. 110. Luhmann hat allerdings eine etwas eingeschränktere Verwendung des Begriffs. Er verwendet diesen in Bezug auf den Bereich der Interaktion und das Bewusstsein.

26 Das ist in nahezu identischer Form auch von Williams, Raymond: Television: technological and cultural form, New York [1974] 2003, S. 86 ff. bemerkt worden.

27 Diese unterschiedlichen Synchronisationsformen werden auch von Hickethier, Knut: Synchron: Gleichzeitigkeit, Vertaktung und Synchronisation der Medien, in:

Faulstich, Werner; Christian Steininger (Hrsg.): Zeit in den Medien – Medien in der Zeit, München 2002, S. 111–129, hier S. 119 beschrieben, allerdings ohne entsprechende begriffliche Explikation und Unterscheidung von Gleichzeitigkeit.

28 Vgl. Giddens, Anthony: Die Konstitution der Gesellschaft: Grundzüge einer Theorie der Strukturierung, Frankfurt am Main 1988, S. 80 f.

29 Im Gegensatz zum alltäglichen Verständnis des Begriffs Relevanz, im Sinne von Bedeutsamkeit, stützt sich diese Spezifikation auf die etymologische Bedeutung (vgl. dazu Rotenstreich, Nathan: Relevance examined, in: Ethics, Jg. 82, Heft 3, 1972, S. 239–252) und auf eine eher informationstheoretische Lesart der soziologischen Verwendung bei Schütz, Alfred: Das Problem der Relevanz, Frankfurt am Main 1982, insb. S. 56 f. zum Begriff der thematischen Relevanz.

30 Zerubavel, Eviatar: In the beginning: notes on the social construction of historical discontinuity, in: Sociological Inquiry, Jg. 63, Heft 4, 1993, S. 457–459.

31 Die Tagesschau, 24. November 1963, 20 Uhr, Archivnummer 2846.

32 Die Tagesschau, 25. November 1963, 20 Uhr, Archivnummer 2847.

33 O. A.: Die amerikanische Nation nimmt im Capitol Abschied / Beisetzung am Dienstag auf dem Nationalfriedhof in Arlington / erste Proklamation des neuen Präsidenten Johnson, in: Frankfurter Allgemeine Zeitung, 25. November 1963, S. 1.

34 O. A.: Johnson calls on world to mourn, in: The Straits Times, 25. November 1963, S. 1.

35 Reston, James: Cabinet convenes. Johnson sees Truman and Eisenhower on first day in office, in: The New York Times, 24. November 1963, S. 1.

36 Vgl. Mullaney, Jamie: Like a virgin: temptation, resistance, and the construction of identities based on „not doings", in: Qualitative Sociology, Vol. 24, No. 1, 2001, S. 3–24.

37 Die Tagesschau, 23. November 1963, 20 Uhr, Archivnummer 2845.

38 O. A.: Mikoyan is going to capital rites. Premier sends messages and calls on Kohler – TV newscasts are shown, in: The New York Times, 24. November 1963, S. 6.

39 O. A.: Murder on TV: This was what viewers saw at home, in: The Straits Times, 26. November 1963. S. 1.

40 Zum ‚being the first' siehe Zelizer, Barbie: Covering the body: the Kennedy assassination, the media, and the shaping of collective memory, Chicago 1992, S. 75 f.

41 O. A.: Rocking chair is back, in: The Straits Times, 28. November 1963, S. 13.

42 Hodgson, Godfrey: What the new man faces ..., in: The Straits Times, 27. November 1963, S. 10.

43 Für einen Überblick siehe: Merten, Klaus: Aktualität und Publizität: Zur Kritik der Publizistikwissenschaft, in: Publizistik, Jg. 18, 1973, S. 216–235.

44 Zu dieser Argumentation siehe insbesondere Groys, Boris: Die Erzeugung von Sichtbarkeit, in: ders.: Kunst-Kommentare, Wien 1997, S. 27 ff. und Groys, Boris: Über das Neue. Versuch einer Kulturökonomie, Frankfurt am Main 1999.

45 Dayan, Daniel; Elihu Katz: Articulating consensus: the ritual and rhetoric of media events, in: Alexander, Jeffrey C. (Hrsg.): Durkheimian sociology: cultural studies, Cambridge 1998, S. 161–186, hier S. 162.

46 Hier liegt eine Nähe zu bestimmten Formen der Kunst, die selbst wieder die Kunst als Nicht-Kunst und damit als Kunst zelebriert, das wohl populärste Beispiel ist Duchamp. Vermutlich spricht man deshalb den unterbrechenden Bildern des Ereignisses eine ästhetische Wirkung zu. Den Hinweis auf diesen Zusammenhang verdanke ich Thomas Ritter.

47 Vgl. bereits sehr früh Groth, Otto: Die Zeitung. Ein System der Zeitungskunde (Journalistik), Band 1, Mannheim 1928, S. 26 ff. Diese Besonderheit wird heute nur noch selten registriert.

48 O. A.: Memories of visit add to Irish grief, in: The New York Times, 23. November 1963, S. 5.

49 O. A.: World shocked by this ‚most terrible attack', in: The Malay Mail, 23. November 1963, S. 1.

50 Dayan und Katz sprechen von den ‚high holidays' der Massenmedien (vgl. Dayan, Daniel; Elihu Katz: Defining media events: high holidays of mass communication, in: Newcomb, Horace [Hrsg.]: Television. The critical view, 5. Aufl., New York 1994, S. 332–351).

51 O. A.: Truce in Toledo news strike, in: The New York Times, 23. November 1963, S. 11.

52 O. A.: Strike in Palermo postponed, in: The New York Times, 24. November 1963, S. 13.

53 Siehe etwa Referenzen im Rahmen der Watergate-Affäre in Bezug auf das Ereignis zum Tode Kennedys (vgl. etwa Lang, Gladys Engel; Kurt Lang: The battle for public opinion: the president, the press, and the polls during Watergate, New York 1983, S. 140 oder Schudson, Michael: Watergate in American memory: how we remember, forget, and reconstruct the past, New York 1993, S. 84).

54 Vgl. Baecker, Dirk: Vergleich, in: Pethes, Nicolas; Jens Ruchatz (Hrsg.): Gedächtnis und Erinnerung. Ein interdisziplinäres Lexikon, Hamburg 2001, S. 631–632.

55 Die Frankfurter Allgemeine Zeitung vom 25. November 1963, S. 5 druckt ein Bild von Kennedy. Dieses zeigt ihn neben einer Büste Lincolns. Eingereiht wird dieses Bild wieder in eine Dramaturgie des Höhepunktes, hier kurz vor dem Auftakt des Attentats. Die Verbindung ist dabei eine „Ironie des Schicksals", die es wollte, dass Kennedy 15 Minuten vor dem Attentat, neben der Büste von Lincoln, dessen Leistung würdigte, so der O-Ton der Frankfurter Allgemeinen Zeitung. Zu erwähnen ist, dass es sich dabei allerdings um eine inkorrekte Meldung handelt.

56 Goldberg, Vicky: The power of photography: how photographs changed our lives, New York 1991, S. 219.

57 Vgl. dazu Mersch, Dieter: Der versteinerte Augenblick. Zum Verhältnis von Kunst und Ereignis zwischen Barock und Moderne, www.momo-berlin.de/mersch_augenblick.html [18. Dezember 2006].

58 Derartige Darstellungen finden sich auch in der malaysischen Berichterstattung (vgl. o. A.: America stunned: Hollywood stars wept when news of tragedy came, in: The Sunday Mail, 24. November 1963, S. 18). Allerdings finden sich bis auf diese Serien und den Vergleich mit Lincoln keine weiteren Hinweise auf andere Ereignisse mit einem vielleicht kulturell spezifischeren Kontext.

59 O. A.: Lincoln plotters thwarted in 1861. Ghandi and Trotsky slain – 1914 killing touched off the First World War, in: The New York Times, 23. November 1963, S. 10.
60 O. A.: People across US voice grief and revulsion, in: The New York Times, 23. November 1963, S. 11.
61 O. A.: Mein Gott, wohin geraten wir, in: Frankfurter Allgemeine Zeitung, 25. November 1963, S. 3.
62 Augstein, Rudolf: Der Präsident der Stärke und des Friedens, in: Der Spiegel, Nr. 48, 1963, S. 22–29, hier S. 22.
63 Benckiser, Nikolas: Die Welt ohne Kennedy, in: Frankfurter Allgemeine Zeitung, 25. November 1963, S. 1. Der Bericht vollzieht treffend diese Integration von Vergangenheit und Zukunft in der Gegenwart, um den Vergleich prompt abzulehnen und Kennedys Fall, als darüber hinaus, als letztlich unvergleichlich zu präsentieren.
64 Vgl. Luhmann, Niklas: Zeit und Gedächtnis, in: Soziale Systeme. Zeitschrift für soziologische Theorie, Jg. 2, Heft 2, 1996, S. 307–330.
65 Genauer formuliert müsste man sagen, dass Gedächtnis keinen Ort hat, da „dieses Gedächtnis *überall* ist, dass es in der Struktur des Verknüpfungsschemas und in den operationalen Modalitäten aller Knotenpunkte dieses Netzwerkes verwirklicht ist“ (Foerster, Heinz von: Gedächtnis ohne Aufzeichnung, in: ders.: Sicht und Einsicht: Versuche zu einer operativen Erkenntnistheorie, Heidelberg 1999, S. 133–171, hier S. 169).
66 Vgl. Foerster, Heinz von; Alfred Inselberg; Paul Weston: Memory and Inductive Inference, in: Oestreicher, Hans L.; Darrel R. Moore (Hrsg.): Cybernetic problems in Bionics, New York 1968, S. 31–68, hier S. 33.
67 Unterschieden wird die komparative, die narrative und projektive Gedächtnisfunktion. Die Anregung zu dieser Begriffswahl geht auf die Arbeiten von Baecker, Dirk: Vergleich, in: Pethes/Ruchatz (Hrsg.): Gedächtnis, S. 631–632; Ricœur, Paul: Zeit und historische Erzählung, Band 1, München 1988, S. 107 und Fuchs, Peter: Intervention und Erfahrung, Frankfurt am Main 1999, S. 55 zurück.
68 Foerster, Heinz von: Was ist das Gedächtnis, daß es Rückschau *und* Vorschau ermöglicht?, in: ders.: Wissen und Gewissen. Versuch einer Brücke, Frankfurt am Main 1993, S. 299–336.
69 Die Tagesschau, 23. November 1963, 20 Uhr, Archivnummer 2845.
70 Der Nachruf des Bundestagspräsidenten Dr. Gerstenmaier zum Tode von Präsident Kennedy, 22. November 1963 (gesendet in der ARD), Sammelträger A 3144–04 des WDR.
71 O. A.: President’s last moments, in: The Straits Times, 24. November 1963, S. 2.
72 Der Präsident der Asian Regional Organization (Teil der ICFTU) P. P. Narayanan beschrieb Kennedy als ‚the modern Abraham Lincoln‘. Eine ähnliche Mitteilung von Senator S. P. S. Nathan (National Union of Plantation Workers – NUPW) wurde an mehr als zweitausend malaiische Plantagenarbeiter verteilt (vgl. o. A.: Tengku orders all flags to be flown at half mast. Jack gave US ‚best chance to meet the red challenge‘ – Untimely death, in: The Straits Times, 24. November 1963, S. 5).

73 Vgl. Luhmann, Niklas: Die Gesellschaft der Gesellschaft, 2 Bde., Frankfurt am Main 1997, S. 341.

74 Vgl. zu diesem Potential der Singularität Scott, Charles E.: The time of memory, Albany, NY 1999, S. 202.

75 Nora, Pierre: Entre mémoire et histoire. La problématique des lieux, in: ders. (Hrsg.): Les lieux de mémoire: la république, Band 1, Paris 1984, S. XVII–XLII, hier S. XVIII. In der von Nora autorisierten deutschen Übersetzung hat er diesen Zusammenhang begrifflich noch stärker akzentuiert und ‚la médiatisation' mit ‚Medienereignis' übersetzt, vgl. Nora, Pierre: Zwischen Geschichte und Gedächtnis, Frankfurt am Main 1998, S. 12.

76 Koselleck, Reinhart: Vergangene Zukunft. Zur Semantik geschichtlicher Zeiten, Frankfurt am Main 1979, S. 145.

Lorenz Engell

Das Mondprogramm

Wie das Fernsehen das größte Ereignis aller Zeiten erzeugte und wieder auflöste, um zu seiner Geschichte zu finden

Ereignisse sind unter zwei polaren Gesichtspunkten zu betrachten[1]: Sie sind zum einen immer Ereignisse in einem Feld möglicher Ereignisse, sie sind mehr oder weniger wahrscheinlich, sind ermöglicht und unter Bedingungen gesetzt, sind determiniert oder gar überdeterminiert. Zum anderen sind sie immer kontingent und deshalb unerwartet und unwahrscheinlich, unvorhersehbar und wesentlich mehr und anderes als die Möglichkeiten und Bedingungen, aus denen sie hervorgegangen sind und die sie ihrerseits verändern. Ereignisse sind emergent singulär; aber sie sind es vor einem Horizont oder Hintergrund, der nicht immer erkennbar und kommunizierbar ist. Sie sind Fälle und Unfälle zugleich.[2] Ereignisse sind Inbegriffe für dieses Zugleich des Konditionierten mit dem Emergenten; genauer: sie sind Figuren der Wahrnehmung und – wie wir zu zeigen versuchen – der Selbstwahrnehmung und Selbstveränderung dieses Zusammenhangs.

Am Beispiel des Mondflugs können wir paradigmatisch studieren, wie ein Feld der Möglichkeiten und Bedingungen, also ein Medium – hier: das Fernsehen –, ein Ereignis hervorbringt, anlässlich dessen es sich dann als Emergenzfeld wahrnehmen kann, sich mit Möglichkeiten und Unvorhersehbarkeiten ausstattet und damit der Veränderung, der Selbstüberarbeitung öffnet. Der Mondflug ist deshalb so bemerkenswert, weil er zugleich als Modellfall für diesen Prozess gelesen werden kann wie auch als absolut singulärer Einzelfall; immerhin das größte Fernsehereignis aller Zeiten und ein unwiederholtes und wohl auch unwiederholbares Vorkommnis.

Den Prozess der Selbstüberarbeitung des Fernsehens mit Hilfe eines Ereignisses möchte ich hier in fünf Abschnitten beschreiben. Erstens soll kurz das Möglichkeitsfeld beschrieben werden, vor dem und in dem ein Zusammengehen von Fernsehen und Mondflug wahrscheinlich und erwartbar war. Zweitens soll die Paradoxie des Ereignisses anhand des Mondflugs sichtbar gemacht werden, indem er als ‚programmiertes' oder ‚inszeniertes' Ereignis, als paradoxe konditionierte Emergenz beschrieben wird. Daran anschließend soll die Rückbindung des Ereignisses an seinen Horizont, an und in das Medium in Rede stehen, die auf eine Auflösung des Ereignisses hinausläuft und als Phase der ‚An-Emergenz' gefasst wird. Ist mit diesen Betrachtungen zunächst die Dimension der Selbstreferenz des Ereignisses ausgeleuchtet, sollen die beiden verbleibenden Abschnitte zur Selbstreflexion übergehen. Dabei soll das Ereignis des Mondflugs zunächst als ein epistemisches Ereignis gefasst werden, also eines, das absichtsvoll vom Fernsehen als einem komplexen Ensemble herbeigeführt wurde mit dem Ziel, Wissen über das System seiner Hervorbringung, also eben über das komplexe Ensemble des Fernsehens zu erzeugen. Und schließlich fungiert der Mondflug in diesem Rahmen als ein spezifisch historisches Ereignis, mit dessen Hilfe das Fernsehen nicht nur Wissen über sich erlangt, sondern sich als ein historisches System zu begreifen lernt, das heißt als eines, das sich verändert – und in genau diesem Wissen des Fernsehens um seine Veränderlichkeit liegt denn auch die Veränderung, der sich das Fernsehen mit dem Mondflug unterzieht.

Das Feld der Möglichkeiten: Mondblick und Fernsehblick

Die Sprache sedimentiert mitunter verblüffende Erkenntnisse. So sagen wir im Deutschen, wenn eine Anstrengung ins Leere geht und wir um das Ergebnis einer Bemühung gebracht werden, dass wir nun ‚in die Röhre schauen'. Und in eben derselben Bedeutung sagen wir gelegentlich auch ‚in den Mond schauen'. In die Röhre und in den Mond schauen, das ist eng verwandt. Und diese Verwandtschaft besteht nicht nur im Negativen. Denn in den Mond schauen – wie zu anderen Lichtern des Nachthimmels auch – nicht nur die Enttäuschten, sondern vor allem die Sehnsüchtigen, Heimwehkranken und Verliebten in aller Welt. Sie denken dabei an den herbeigesehnten Menschen oder Ort und stellen sich vor, eben die vermisste Person, die anderen am anderen Ort könnten eben jetzt auch zu demselben Himmelskörper aufblicken. Dadurch fühlen sie sich ihnen verbunden. Bei Verliebten ist es allerdings meist nicht der Mond, sondern ein spezieller Stern, den die Liebenden miteinander ausgesucht haben und auf den sie dann auch an getrennten Orten und zu getrennten Zeiten blicken können und sich dennoch eben durch diesen Blick verbunden fühlen. So entstehen in diesem Blick gleich drei Bewegungen zugleich. Der Blick geht erstens nach außen, vom Hier und Jetzt und Ich hinweg ins raum- und zeitübergreifende Endlose. Er fällt aber zugleich zurück in ein ganz konkretes Dort und Du, auf eine bestimmte Person an einem bestimmten Ort; nur ihr und mir gehört dieser Blick. Und drittens verbindet er uns dennoch zugleich über alle Räume und Zeiten hinweg mit allen, die unsere Gefühle der Sehnsucht kennen und teilen; er stiftet eine virtuelle Gemeinschaft nicht nur mit der je eigenen Zielperson oder dem Zielort, sondern auch mit allen anderen, die solche Blicke werfen und auf diese Weise kommunizieren.

Durch diesen dreifachen Blick wird der Mond eigentlich erst zu dem, was er ist. Beim Beispiel des Sterns wird deutlicher, dass die Verabredung des Liebespaars diesen Stern erst aus der Beliebigkeit heraushebt, ihn erfindet. Der Mond unterscheidet sich von dem individuellen Stern, indem er gerade allen sich als Projektionsfläche zur Verfügung stellt. Das ändert aber nichts an seinem Erfundensein, aber diesmal als ein Medium der Verallgemeinerung, weniger der Sonderung. Das Kommunikationsmoment wird dabei herausgekehrt, und wir können mit Fug und Recht den Mond zu einer sozialen oder vielleicht sogar anthropologischen Konstruktion erklären. Und damit dieser Grundzug der Verfertigung des Mondes durch den virtuell kommunizierenden Blick sich diesem Blick auch mitteilt, wurden andere Blickobjekte erzeugt und neben den Mond oder an seine Stelle gerückt; Objekte, die zweifelsfrei künstlicher Herkunft sind und deshalb nicht wie der Mond im Verdacht stehen können, präexistente, vorfindliche und unverfügbare Naturdinge zu sein. Das Lagerfeuer, um das die Horde sich versammelt, stiftet in dieser Weise Gemeinschaft unter allen, die den Blick in das Feuer richten. Das gilt zunächst für alle Anwesenden, die ins selbe Feuer blicken; aber auch darüber hinaus für alle Angehörigen aller Horden, die jetzt und allezeit Blicke in Lagerfeuer werfen. Es gilt für die Leuchtfeuer seit der Antike, die die Reichweite der Menschenwelt markieren. Noch heute gilt es für Lagerfeuer, für kleinbürgerliche Kaminfeuer und die praktischen Feuerschalen im Garten. Im Kleinsten gilt es sogar für die Kerze auf dem Kneipentisch, die unseren Blick oft anzieht, die uns selbst dann, wenn wir nichts sagen, miteinander verbindet und uns schließlich in die Gemeinschaft auch der anderen Kneipengänger aller Räume und Zeiten einreiht.

Immer gibt es dabei also eine individuierende, eine vergemeinschaftende und eine transzendierende, ozeanische Funktion. Und in eben dieser Tradition fungiert auch das Fernsehen. Das Fernsehen ist mehr noch als Lager- und Kaminfeuer der Inbegriff für einen selbst geschaffenen, künstlichen Mond. Der Blick auf den Bildschirm ist, zumindest in der Hochzeit des Mediums, der Inbegriff für den Blick hinaus ins Weite; durch das ‚Fenster zur Welt' hindurch auf alles, was sich da draußen befindet. Er ist außerdem, wenigstens der Zuschreibung nach, der Ort einer extremen Individuierung, ja Atomisierung des Sozialen.[3] Zugleich aber stiftet er auch Gemeinschaft, nämlich einmal die konkrete Gemeinschaft unter Anwesenden, wie bei der Horde, so jetzt in Kleinfamilie und Wohngemeinschaft, und dann die ganz andere Gemeinschaft aller Zuseher, notfalls rund um den Globus, die etwa dem großen Live-Ereignis gerade zusehen.[4] Es ist deshalb überhaupt kein Wunder, dass der Mondblick und der Bildschirmblick eines Tages eine enge Verbindung eingehen würden und mussten.

Konditionierte Emergenz: Der Mondflug als programmiertes Ereignis

Man könnte meinen – und diese Meinung ist bis heute anzutreffen –, der Mondflug sei ein primär technisch-wissenschaftliches und damit militärisches Experiment gewesen, also Fortsetzung der Politik mit anderen Mitteln. Sekundär sei dabei seine Bebilderung und Verbreitung. Der Mondflug habe ‚stattgefunden' und das Fernsehen habe ‚darüber berichtet'. Diese Ansicht ist völlig irrig. Der Mondflug ist keineswegs primär eine Veranstaltung des militärisch-politisch-industriell-technischen Komplexes. Oder genauer: Der Zusammenhalt, die Verknüpfung und Verstrickung aller dieser Komponenten zu und in einem einzigen, punktuellen Projekt, ja einem bestimmten und singulären Ereignis, benötigte ein Medium, in dem diese Herausbildung des Komplexes sich überhaupt vollziehen, mindestens aber sich aktualisieren konnte. Und genau dieses Medium ist das Fernsehen. Das Fernsehen – und nicht: der Weltraum – war der Ort, an dem das Apollo-Experiment stattfand. Ohne das Fernsehen wäre der Mondflug nicht möglich gewesen, weder technisch noch ökonomisch, weder politisch noch symbolisch. Allerdings wäre er ohne das Fernsehen auch, wie wir noch sehen werden, nicht notwendig gewesen. Folglich war das Fernsehen in alle Phasen des Apollo-Programms mit einbezogen und daran beteiligt. Wesentliche Entscheidungen über den Verlauf der Mission wurden ausschließlich im Hinblick auf das Fernsehen und die Fernseheignung des Ereignisses getroffen. Dies gilt für den Aspekt der Hardware, also des technisch-industriellen Kerns des Unternehmens, denjenigen der Software, also des eigentlichen ‚Programms', und den Bereich der ‚Medium Ware' des Politischen und Symbolischen.

Hardware: Der technisch-industrielle Komplex

An der Entwicklung der Apollo-Technik waren zwei Konzerne beteiligt, die auch auf das Engste mit der Fernsehtechnologie verknüpft waren und zu deren primären Geschäftsfeldern das Fernsehen zählte: RCA und Westinghouse.[5] Diese Mitwirkung wurde, mindestens im Falle Westinghouse, nicht nur dadurch wettgemacht, dass eine Westinghouse-Kamera die ersten Mondbilder übertragen durfte, sondern auch durch die Zuteilung attraktiver Werbezeiten während der Fernsehübertragungen vom Mondflug. Mit solchen Kompensationsgeschäften hatte Westinghouse viel Erfahrung. Schon in den 50er Jahren produzierte Westinghouse Fernsehspiele, um in den Werbepausen Reklame für seine Hausgeräte zu machen, Kühlschränke zum Beispiel, aber auch Fernsehgeräte.[6] Der Grund für diese Heranziehung auf der Seite der NASA war, dass man technisches Know-how bei der Fortentwicklung der Funknavigation benötigte, ohne die das Raumschiff nicht zu steuern und nicht zu beherrschen war. Neben der bloßen Messdatenübertragung spielte dabei die Bildübertragung eine wichtige Rolle. Wegen der enormen Datenmengen und der benötigten Kanalkapazitäten stellt die Bildübertragung das ungleich größere Problem dar; sie war aber zur Unterstützung nicht nur der wissenschaftlichen Auswertung des Mondflugs, sondern auch der Anleitung und Überwachung der Crew und zur Steuerung unbedingt notwendig.

Die besondere Bedeutung des Fernsehens und seiner Technologie nicht nur für die Vermarktung und nachträgliche Bebilderung des Mondflugs scheint auch im Zeithorizont von 1969 bewusst und deutlich gewesen zu sein. Jedenfalls widmete die ‚Frankfurter Allgemeine Zeitung' der fernsehtechnischen Ausgestaltung des Fluges am 17. 7. – die Mission war unterwegs – eine ganze Seite; ganz so, als sei das Ziel des Experiments gewesen, nicht etwa einen Menschen, sondern eine Kamera auf den Mond zu bringen.[7]

Man kann sogar weiter gehen und in der Rückschau festhalten, dass der technologische Gewinn aus der Raumfahrt wohl für keinen Industriezweig so groß war wie für die Telekommunikationsindustrie. Noch heute und gerade heute ist sie der einzige ökonomisch gewinnbringende Nutzer der Raumfahrt. Dies hatte schon 1962 mit dem Satelliten Telstar I zur Übertragung von Fernsehbildern begonnen.[8] Fernseh- und Kommunikationssatelliten stellen seither die übergroße Mehrheit aller Flugkörper im Orbit. Das Fernsehen hatte also ein ausgesprochenes Eigeninteresse an der Raumfahrt. Es hat, wenigstens wenn man zurückblickt, sogar den Anschein, als habe das Fernsehen mit Hilfe des Mondflugs den Ausbau seiner eigenen technischen Infrastruktur experimentell vorangetrieben und dabei zwar umfangreiche staatliche Finanzierung genutzt, aber doch auch erheblich selbst investiert.

Software: Programme und Symbole

Deutlicher noch als im technischen Bereich wird die Urheberschaft des Fernsehens am Mondflug, wenn man die Dramaturgie, den Ablauf des Programms selbst betrachtet. Er folgte nicht etwa technischen Erfordernissen, sondern in großem Umfang den Inszenierungs- und Erfolgsstrategien des Fernsehens. Das beginnt mit dem Prinzip der Serialität.[9] Denn wenn die Live-Sendung, die Direktschaltung, das große Live-Ereignis das eine strukturelle Grundmoment des Fernsehens ist, durch das das Fernsehen von allen anderen Kommunikationsmedien unterschieden werden kann, dann sind alle Phänomene der Wiederholung und namentlich der Serialität das andere. Das Moment der Unwiederholbarkeit des Ereignisses, das sich in der Live-Schaltung artikuliert, bedarf der Folie des Wiederholten und Seriellen.[10] Darin aktualisiert sich der oben schon als Paradoxie des Ereignisses skizzierte Zusammenhang in spezifisch televisiver Konkretion. Um das große und singuläre Ereignis des ersten Schrittes auf dem Mond überhaupt möglich zu machen, musste es daher mit einem Umfeld strukturierter Wiederholung umgeben werden.

Also wurde ein Programm mit einzelnen Folgen konzipiert, die aufeinander aufbauten und dabei insbesondere die Apolloflüge 8 bis 14 umfasste; mit dem achten Flug setzte die Intensivphase deshalb ein, weil seither Live-Bilder aus dem All möglich waren;[11] mit dem 14. Flug ließ das Publikumsinteresse, wie wir noch sehen werden, stark nach. Dabei gab es eine kontinuierliche Steigerungsbewegung, wie es eine aufsteigende Spannungsdramaturgie kennzeichnet. Die Entfernung der Kapsel von der Erde nahm von Flug zu Flug zu; damit die Dauer des Raumflugs, besonders aber die Dauer und Intensität der Berichterstattung. Legendär wurde dabei insbesondere der Flug von Apollo 9, der erstmals um den Mond herumführte und Bilder von der Mondoberfläche in jedes Haus übertragbar machte. Als die Kapsel wieder in Erdnähe war, folgte als zweiter Höhepunkt dieser Folge eine Live-Sendung am 24. Dezember 1968 aus dem Inneren der Kapsel. Während die Kamera durch das winzige Fenster der Kapsel auf eine – wie unscharf auch immer erkennbare – Erdoberfläche gerichtet war, lasen die drei Astronauten abwechselnd aus der Schöpfungsgeschichte vor.[12] Damit wurde das ja wesentlich technisch-experimentelle Geschehen mit einer Universalität und Monumentalität symbolisch aufgeladen, mit einer Ergriffenheit angesichts des Ewigen und Unendlichen, der wir oben schon beim Blick in den Mond begegnet sind.

Zugleich aber wurde der Mondflug auch eingerückt in einen rundfunkhistorischen Horizont. Denn Weihnachtssendungen und überhaupt das Weihnachtsmoment gehören zu den markanten Konstanten in der Entwicklung des Radios und des Fernsehens. Bereits am 24. 12. 1906 hatte Fessenden seine legendäre erste Übertragung des gesprochenen Wortes als Seefunknachricht an die Seeleute im Nordatlantik abgefasst, eine Wiederaufnahme des Pharos-Motivs.[13] Die erste Röhrenbildübertragung realisierte Manfred v. Ardenne

Weihnachten 1926. Man denke auch an die oft zitierte Weihnachtssendung des Nazi-Rundfunks 1942 mit dem ‚Stille Nacht'-Gesang der Soldaten an den verschiedenen Kriegsfronten. Genau zehn Jahre später eröffnete die ARD erneut mit einer Weihnachtssendung ihren Programmbetrieb. Und dazu fügt sich auch, dass Fernsehgeräte jahrzehntelang intensiv als ideale Weihnachtsgeschenke beworben wurden. Die enge Beziehung zwischen Fernsehen und Weihnachtsgeschehen mag – neben soziologischen und ökonomischen Gründen – nicht zuletzt einen rein strukturellen Hintergrund haben. Denn in der strategischen Kopplung des Fernsehens an Ereignisse wie das Weihnachtsfest werden zwei Serien miteinander verschränkt, die televisive Serialität wird mit der zyklischen Serialität des sozialen Alltags synchronisiert. So wie zu Weihnachten, so kehrt auch im Fernsehen alles stets wieder, aber es ist dennoch nie dasselbe, sondern immer ein einmaliges Ereignis.

Neben dem Zwang zur Serialisierung unterliegt das Apolloprogramm einem weiteren televisiven Grundzug, nämlich der Epistemologie der Evidenz. Schon in Nipkows Patentschrift von 1884 ist als Grundleistung des Fernsehens die Sichtbarmachung festgeschrieben.[14] Bis heute übernimmt die Herstellung von Evidenz die Hauptlast der Beglaubigungs- und Realitätssetzungskraft des Mediums; bis hin zum allfälligen Bildungsauftrag des (öffentlich-rechtlichen) Fernsehens, der in einem erstaunlichen Maß als Visualisierung realisiert wird. Die Visualisierung des Wissens, wie sie heute von den Seiten des Web und vor allem von den Präsentationsoberflächen der PowerPoint-Vorträge stark vorangetrieben wird, hat vielleicht mit der Diaprojektion begonnen, aber im Fernsehen mit seiner umfangreichen Bildproduktion spürbare Intensivierung und Beschleunigung erfahren. Fernsehtypisch ist deshalb die intensive und extensive Bemühung um Erklärung und Erläuterung des Raumfahrtgeschehens anlässlich des Mondflugs. Die umfangreichen Visualisierungen sind keine Erfordernisse der NASA, sondern ausschließlich des Fernsehens, das ja seine Zuschauer zwar unterhalten und überraschen, aber keineswegs überwältigen und verblüffen will. Ziel des Massenkommunikationsprozesses ist in erster Linie die Versicherung und Rückversicherung, die Ausbreitung einer verlässlichen und kohärenten Welt. Niklas Luhmann hat gezeigt, dass überhaupt nicht in erster Linie Information, sondern im Gegenteil Redundanz, das heißt die Kommunikation eines schon bekannten Wissens, genauer: die Kommunikation eines Wissens als immer schon bekanntes, die Funktion der Massenmedien ist.[15]

Und so wurde der eigentliche Mondflug durch Apollo 11 in zahlreichen Vorbereitungs- und Begleitsendungen immer und immer wieder erklärt und gezeigt. Grafiken und Animationen erläuterten den Aufbau und die Funktionsweise der Rakete (passenderweise hatte auch die Saturn V verschiedene nacheinander zu zündende Stufen), der Kapsel, des Mondlande-Moduls. Dauer des Flugs, zu leistende Arbeiten in jeder Phase, Ort der Landung und detaillierte Zeitplanungen wurden im Fernsehen veröffentlicht; bis hin zu Aussehen und Funktionsweise einzelner Apparaturen wie des Raumanzugs oder eben, wie gesehen, der eingesetzten Fernsehtechnik. Und wie dort, so war auch hier das Fernsehen der Nutznießer der selbst geschaffenen Nachfrage nach visualisiertem und animiertem Wissen. Zwar wurden die visuellen Darstellungen des Mondflugs vom Fernsehen aus in viele andere Medienumgebungen übernommen, sie tauchten in Schulklassen, Jugendkalendern, Magazinen, als Poster und Beilage wieder auf und dürften die Vorstellung von der Funktionsweise des Mondflugs nachhaltig geprägt haben. Aber tatsächlich konnte nur das Fernsehen die Nachfrage nach transparenter und visuell anregender Darstellung komplexer technischer Prozesse dauerhaft befriedigen. Der gegenwärtige Boom von Wissenschaftssendungen und Wissenschaftsshows wäre ohne den Mondflug vermutlich nicht möglich gewesen. Die Herstellung von Evidenz, vor allem aber die Kanonisierung ihrer Mittel, wurde zu einer Domäne der televisiven Epistemologie. In diesem Zusammenhang darf man die zeitlich genau parallel zum Mondflug aufkommende Visualisierung von Statistik im Fernsehen nicht vergessen, die in Deutschland erstmals ebenfalls 1969 im Zuge der Hochrechung zur Bundestagswahl Einzug hielt. Es ist kein Zufall, dass die dabei eingesetzte mathematische und technische Methodik aus derjenigen der Reichweitenmessung von Fernsehsendern entlehnt war; ebenso wenig, dass der Raumfahrtexperte der ARD, Günther Siefarth, zugleich auch der erste Hochrechnungsexperte war. Die Säulen- und Tortendiagramme der Fernsehhochrechnungen machen Mehrheitsverhältnisse und ihre Verschiebungen sichtbar und überzeugend und sind zu einem festen Bestandteil der visuellen Politik geworden.

Ein letztes Beispiel für die Fernsehgerechtigkeit des Mondflugs war die Praxis der Kopie. Nicht nur wurden die einzelnen Detailinformationen im Vorhinein bekannt gegeben und so das Programm geschrieben, dem der Realflug dann folgen sollte; nicht nur wurden die Abläufe immer wieder erklärt und erläutert, sondern Kopien und Modelle der eingesetzten Geräte bevölkerten die Fernsehstudios. Besonders stolz war das ZDF auf seine 1 : 1-‚Realkopie' der Mondlandefähre, die im Studio aufgebaut wurde.[16] Dadurch wurde der Mondflug authentifiziert. Die Mondfähre im Studio war näher und ‚realer' als das entfernte und nie im Ganzen sichtbare Flugobjekt auf dem Mond; das Fernsehen bekannte sich damit zu seiner Inszenierungsfunktion. Es handelt sich um ein Paradebeispiel für die Form der Hyperrealität, die Umberto Eco an amerikanischen Museen beobachtete, in denen etwa, dreidimensional einschließlich Maler und Modell, Leonardos Atelier zu sehen ist, wie es ausgesehen haben muss, als Leonardo darin die Mona Lisa malte.[17] Durch derlei Selbstinszenierung des Fernsehens als eigentlicher Ort des Mondprojekts wurde der ‚reale' Mondflug vom Juli 1969 zur bloßen Aus- und Durchführung, zur Erfüllung einer selbst gestellten Vorhersage, zur ‚Realkopie' seiner eigenen Kopie. Er wurde im Sinne Baudrillards zum Simulacrum.[18] Daher ist es nur folgerichtig, dass die Frage nach der Tatsächlichkeit des Mondflugs beziehungsweise seiner Vortäuschung (in einem Fernsehstudio, in der Wüste New Mexicos, durch den Regisseur Stanley Kubrick, der ja gerade mit *2001 – Odyssee im Weltraum* einen paradigmatischen Science-Fiction-Film vorgelegt hatte ...) sehr schnell aufgeworfen wurde und sich bis heute hartnäckig und erfolgreich hält.[19]

Medium Ware: Politik

Es ist völlig klar, dass der Mondflug in einen politischen Gesamthorizont globalen Ausmaßes eingespannt war und nur in diesem Rahmen möglich wurde. Aber auch auf dieser Ebene kann die Verwobenheit mit dem Fernsehen sichtbar gemacht werden. Denn was als ein Höhepunktprojekt des Kalten Krieges begann, markiert zugleich den Umschlag in die Phase der Entspannungspolitik, die wiederum als ein typisch televisives Politikparadigma sichtbar gemacht werden kann und auch für das Fernsehen von erheblichem Nutzen war.

Eingeleitet wurde das Mondprogramm 1961 mit einer Rede Kennedys, in der er das Ziel des Programms verkündete: „... to beat the Soviets."[20] Die Sowjetunion sollte auf einem technologischen Gebiet geschlagen werden, auf dem sie zunächst einen erheblichen Vorsprung herausgearbeitet hatte. Dabei ging es selbstverständlich um militärisch-technischen Nutzen, der aus der Raumfahrt zu erzielen sein sollte (und schließlich ja auch erzielt wurde, denn ohne das ‚Star Wars'-Programm, das Präsident Reagan in den achtziger Jahren zur Raketenabwehr anstrebte, wäre vermutlich das Einlenken der Sowjetunion in dieser Form nicht zu erreichen gewesen). Wenigstens genau so entscheidend aber war und noch typischer für die Situation des Kalten Krieges, dass es hier um einen Wettstreit der puren Performanz, der technisch-industriellen Leistungsfähigkeit der Wirtschaftssysteme als solche ging. Und dieser Wettstreit wurde in eminenter Weise erneut im Fernsehen ausgetragen, denn es galt, die jeweils eigene und wenn möglich die andere Bevölkerung von der Überlegenheit des jeweiligen Systems zu überzeugen. Wir kommen hier auf die Himmelskörper und den Blick an den gestirnten Himmel zurück. Der enorme Startvorteil der Sowjetunion war, dass sich von der Existenz des Sputniks jeder Mensch durch einen Blick – an geeigneten Abenden – in den Himmel überzeugen konnte. Radioamateure konnten das Signal des Satelliten empfangen. Der Gegenzug musste auf ähnliche Weise weltöffentlich und weltwahrnehmbar gemacht werden; und dies konnte nur im Fernsehen und durch das Fernsehen geschehen.

Zugleich wurde im Zuge des Technikoptimismus und der Affirmation des Industrialismus auch ein unmittelbarer Zusammenhang hergestellt zwischen der technischen Performanz und der Lebensqualität, die das System ermöglichte. Die Lebensqualität bemaß sich am Lebensstandard, für den wiederum die Durchdringung der Gesellschaft mit bestimmten Konsumwaren ein Indikator war. Zu diesen Konsumwaren aber zählten in allererster Linie die Durchsetzung des Fernsehens und die Versorgung der Bevölkerung mit Fernsehgeräten; wohl noch vor Waschmaschinen und Kraftfahrzeugen. Nur so ist zu erklären, dass beispielsweise in Deutschland in beiden Staaten die Versorgung mit Fernsehgeräten in den 70er Jahren als vollständig angesehen werden kann, wogegen diese Gleichleistung beispielsweise auf Autos nicht zutrifft. Der Wettstreit um den Lebensstandard war deshalb auch, ganz konsequent, überhaupt der Beginn organisierter Fernsehpolitik in den Vereinigten Staaten. Das erste politische Großereignis, das im amerikanischen Fernsehen durchinszeniert wurde, war der Besuch Chruschtschows in den USA im Sommer 1956. Dabei war einer der Höhepunkte der Besuch des Generalsekretärs auf einer Konsumgütermesse, bei dem der berühmte ‚Kitchen Talk' am Stand eines Küchengeräteherstellers mit dem Vizepräsidenten Nixon stattfand.[21] 1960 dann kam es zum ersten eigentlichen Fernsehwahlkampf, die Auseinandersetzung zwischen Kennedy und Nixon, mit den Fernsehdebatten, die in manchen Augen diesen äußerst knappen Wahlausgang zugunsten Kennedys entschieden. So wurde das Fernsehen zu dem Ort, an dem Hochtechnologie, Konsumniveau und Militärpolitik zu einem Komplex verschmolzen wurden, der im Fernsehen für sich selbst Reklame machte – und zwar prominent mit Hilfe des Mondflugs.

Zugleich aber markiert der Mondflug die Abkehr vom Paradigma des Kalten Krieges in seiner ersten Phase und den Übergang zu einer zweiten, der Entspannungsphase. Das politische Programm wird vom programmierten Ereignis erfüllt; zugleich aber ergeben sich Emergenzeffekte und Eigensinnigkeiten, die nicht programmiert werden konnten, sondern am Beginn einer neuen Programmierung standen. Denn der Mondflug sollte nicht mehr nur dazu dienen, die eigene Seite zu stärken und von den Nachteilen der anderen Seite zu überzeugen, sondern er verfolgte zugleich die Strategie, die Abgrenzung überhaupt zwischen der einen und der anderen Seite unmöglich zu machen. Statt im eigenen Namen agierte das Mondprojekt im Namen aller, auch derer, die nicht daran mitwirkten. Die Ausdehnung der Klientel, die Aufhebung der Grenzen des Kalten Krieges sollte dabei natürlich nach den eigenen Gesetzen, als Ausweitung des eigenen Anspruchs, verlaufen. Ein funktionaler Teil des Kalten-Kriegs-Dispositivs sollte als Ganzes eingesetzt werden in einer riesigen Metonymisierung. Das Ziel war, unter der amerikanischen Flagge nicht mehr nur die Amerikaner (und ihre Verbündeten) zu versammeln, sondern auch deren Gegner und am Ende schlicht die gesamte Menschheit. Für einen Gegenpol sollte kein Definitionsraum verbleiben. Für diese neue Strategie, die durch umfangreiche Propagandamissionen – wie etwa eine Welttournee der Astronauten Borman und Lovell und, Zufall oder nicht, durch den Erfolg des erwähnten Kubrick-Filmes auf dem Moskauer Filmfestival von 1969 – flankiert wurde, war das Fernsehen als potentiell weltumspannendes Medium erst recht völlig unentbehrlich. Und sie war erfolgreich, denn das Publikum von gut 1 Milliarde Menschen, die in der Nacht vom 20. auf den 21. Juli 1969 das Mondbild schauten, war die größte jemals gemessene relative Reichweite einer Fernsehsendung und damit das größte Ereignispublikum überhaupt.[22]

Seither funktionierte die Verstrickung von Fernsehen und Entspannungspolitik. 1969 gewann in Deutschland die sozial-liberale Koalition die oben schon erwähnte Wahl und setzte energische Schritte der Entspannungspolitik um. 1974 fand die erste gemeinsame Weltraumaktion der Supermächte statt, die Einrichtung des Weltraumlabors ‚Skylab'. Gleichzeitig wurde die KSZE eingesetzt, die 1977 mit dem Helsinki-Protokoll endete. In diesem Vertrag wurde wiederum der Freiheit der Berichterstattung allergrößter Wert zuerkannt; und genau unter Berufung auf diese Regelung der Schlussakte von Helsinki war westlichen Fernsehteams eine wesentlich breitere Arbeit in den sozialistischen Ländern möglich. Der Einsatz des Westfernsehens sollte dann 1989 von entscheidender Bedeutung für die Oppositionsbewegung und den Umsturz in der DDR werden.[23]

Aber in noch einer Hinsicht markiert der Mondflug eine Kehrtwende, die unmittelbar mit dem Fernsehen, wenngleich weniger mit seiner Verbreitungs- und Kommunikationsfunktion als vielmehr seiner Visualisierungsfunktion zu tun hat. Denn die Mondmission produzierte vor allen Dingen eins: Bilder. Und zu den wirksamsten Bildern, das zeichnete sich schon mit der Weihnachtssendung aus dem All ab, gehörte der Blick aus dem All auf die Erde, auf – so ein populärer Buchtitel – ‚unseren blauen Planeten'. Die Bilder vom Mond, vor allem aber der Blick vom Mond zurück auf die Erde, die das Fernsehen zuerst möglich gemacht hatte, die aber bald in viel besserer Qualität als das Fernsehen sie ermöglichte als Plakate und Reklamemotive ungeheure Verbreitung fanden, übten eine große Faszinationskraft aus. Sie standen für einen Blickwechsel, von dem noch die Rede sein wird, den Blick zurück auf die Erde. Und dieser geoästhetische Blick wiederum findet seine Entsprechung in einer globalen Epistemologie, die die Dimension des Planetarischen entdeckt und die die Erde als einen unteilbaren Ort und einen geschlossenen Naturraum sieht. Dies sind Voraussetzungen für das Einsetzen eines ökologischen Bewusstseins, wie es dann insbesondere die achtziger und ansatzweise die neunziger Jahre prägen sollte. Es ist erneut bezeichnend, dass das Bild des Planeten in der Sicht aus dem All 1972 den Titel des Buches über die *Grenzen des Wachstums* zierte, die erste Publikation, die wirksam auf die globale Ökologie aufmerksam machte. Seither ist die Gleichung von Lebensqualität und Lebensstandard, wie sie den frühen Kalten Krieg beschreibt, zumindest in ihrer Automatik und Selbstevidenz außer Kraft gesetzt.

An-Emergenz: Der Mondflug als negatives Ereignis

In der Rede von den Medien-Ereignissen wird immer wieder gesagt, dass die Medien ein eigenes Interesse an Ereignissen haben. Da sie von Ereignissen leben, und da viel weniger Ereignisse eintreten als das Fernsehen sie benötigt, oder sie zu entlegen und zu schwierig zu detektieren sind, geht das Fernsehen dazu über, sie, wo immer nötig, selbst zu produzieren oder die Bedingungen ihrer Entstehung absichtsvoll herbeizuführen, zu kontrollieren und zu fördern. Diese verbreitete und naheliegende Sicht der Dinge muss jedoch korrigiert werden. Hier kann keine ausgearbeitete Theorie des Ereignisses im Allgemeinen und des Fernsehereignisses im Besonderen entwickelt werden. Fest steht aber für jedes temporalisierte, also auf die Ereignisform gegründete System, dass Ereignisse vor allem eins tun müssen, damit Ereignisse möglich sind: sie müssen verschwinden. Nur, wenn Ereignisse aufhören, können (neue und immer neue) Ereignisse eintreten.[24] Das Fernsehen lebt deshalb nicht von Ereignissen, sondern von ihrem Verschwinden; jedenfalls nicht weniger als von ihrer Herbeiführung.

Aus einem anderen Kontext heraus gerät dieser Umstand ebenfalls ins Bild. Jürgen Link hat in ausgiebigen Forschungen die These von der ‚Normalisierung' entfaltet[25]: Massenmedien, so Link ähnlich wie Luhmann, arbeiteten an der Herstellung einer gesellschaftlichen Konsens- und Erwartungsfolie. Alles, was aus der Normalerwartung – als Katastrophe oder Glücksfall etwa – herausrage, müsse im Hinblick auf diese Erwartung zurückgegliedert werden. Es gebe eine in etwa der Gauß'schen Normalverteilung entsprechende Erwartungskurve, auf die die Medien letztlich alle Ereignisse bezögen und die sich damit immer wieder bestätigen würde als „Normalfall". So wird auch das Außergewöhnliche zurückgeholt in den Konsens. Auch diese These spricht also von der Notwendigkeit des Ereignisrückbaus oder -abbaus. Dies will ich hier gar nicht weiter untersuchen. Im vorliegenden Zusammenhang wird vielmehr die Selbstreferenzfunktion des Fernsehens interessant. Wie schon oben anhand der Konditionierung des Ereignisses gesehen, produziert das Fernsehen alles, was es benötigt, selbst, technisch, thematisch und politisch. Es schafft sich seine eigene Nische. Ereignisse aber haben den Charakter von Wucherungen der Selbstreferenz: Ihr bloßes Eintreten ist, unbeschadet des eigentlichen ‚Ereignisinhalts', selbst ein Ereignis. Und bei entsprechender Erwartungshaltung ist sogar das Ausbleiben eines Ereignisses ein Ereignis.[26] Die daraus erwachsende Kettenreaktion muss das Fernsehen aber unter Kontrolle bringen, will es nicht völlig außer Form und außer Struktur geraten. Es würde sich sonst selbst überfordern und an Kohärenzmangel zu Grunde gehen. Deshalb wurde im Mondprogramm zugleich mit der Erzeugung eines Ereignisses im Weltmaßstab auch der Umbau dieses Ereignisses, seine Umlegung und Umdefinition in genau das, was Ereignis nicht ist, nämlich in Struktur und Erwartung, erprobt.

Dies zu zeigen, müssen wir nach der Serialität des Mondprogramms nunmehr seine Ereignisform selbst analysieren.[27] Die televisive Form des Ereignisses ist die Live-Sendung, die Direktübertragung. Es geht also um die Sendungen der Mondnacht vom 20. auf den 21. Juli 1969. Hier fällt als Erstes auf, dass von dem Ereignis selbst so gut wie nichts zu sehen ist (ein Muster, das sich dann auch später immer wieder bewähren sollte, man denke nur etwa an den Golfkrieg, der ebenfalls „near to live", aber eben unsichtbar, im Fernsehen stattfand[28]). Überwiegend waren die Studios der Fernsehanstalten mit ihren Experten, Modellen und Attrappen zu sehen sowie die Mutter aller Mondlandestudios, das legendäre Kontrollzentrum in Houston, Texas. Hier konnte man lange Reihen von Männern in weißen Hemden erkennen, die vor Bildschirmen saßen und an Kontrollschaltern drehten. Alle Akteure hatten Ohrhörer und schienen so miteinander vernetzt zu sein; jedenfalls an Botschaften Anteil zu haben, die für die Zuschauer unhörbar blieben. Hörbar war dagegen immer wieder der Funkverkehr zwischen den Raumfahrern und dem Kontrollzentrum, der dann in der deutschen Übersetzung auch noch übersprochen und immer wieder durch Kommentare unterbrochen wurde. Zu sehen gab es von der Mondlandung zunächst gar nichts. Wo evidente Anteilhabe versprochen worden war, trat die Abhängigkeit von Ohrenzeugen ein, die durch ihren Expertenstatus und die Verbindung untereinander beglaubigt wurden. So fand sich das Ereignis bereits in einen vagen Raum, in eine Art Klangwolke verstreut; sein Eintreten vollzog sich eben nicht selbstreferentiell-ereignishaft, sondern schwankend, unsicher, allmählich.

Nachdem die erwartete Normalität, nämlich die geglückte Landung, wenngleich unsichtbar, offenbar eingetreten war, griff eine geniale Regie ein und stellte das Ereignis, eigentlich Inbegriff des Zeitpunkts, der reinen Differenz von vorher und nachher, auf Dauer, wenigstens für einige Stunden. Nach der – wahrscheinlich – geglückten Landung war eigentlich laut Programm eine mehrstündige Ruhephase für die Raumfahrer vorgesehen.[29] Dazu sollte die Live-Sendung unterbrochen und erst zum Ausstiegszeitpunkt wiederaufgenommen werden. Nun aber wurde überraschenderweise eine Abweichung vom selbstgeschriebenen Skript angekündigt und ein sofortiger, jedenfalls umgehender Ausstieg angekündigt, der auch Bilder vom Mond live in alle Haushalte bringen sollte. Diese Abweichung wurde erst als Möglichkeit hingestellt, dann als zur Entscheidung anstehend bekannt gegeben, dann getroffen. Dann musste der Ausstieg aber genau vorbereitet werden; das dauerte Stunden (in Mitteleuropa: von 21:20, dem Zeitpunkt des Aufsetzens der Mondfähre auf der Mondoberfläche, bis 3:56 am anderen Morgen, immerhin sechseinhalb Stunden). In dieser Zeit wurde die Live-Sendung ununterbrochen fortgesetzt. Es gab – Supernormalisierung – keinen Sendeschluss. So wurde das Unternehmen durch Beschleunigung (früher als geplant sollte der Ausstieg erfolgen) verlangsamt, denn zu sehen gab es in diesen Stunden gar nichts. Eine Weltgemeinschaft des Wartens auf das Ereignis, des „Hinhaltens und dabei Leerlassens“ entstand.[30] Durch Heranrücken des Ziels wurde eine Verlängerung der Erwartungszeit erreicht.

Ereignisse sind ausdehnungslos, reine Differenz in der Zeit. Handlungsleitend, kommunizierbar und wirksam werden sie nur in der Erwartung; Erwartungen bilden, so Luhmann, die Strukturen, in die Ereignisse eingebunden sind.[31] Die Erwartung eines Ereignisses bestimmt kognitiv oder normativ das Handeln, nicht das Ereignis selbst. Das Merkmal dieser Live-Nacht nun wurde das Warten und Erwarten, nicht das Ereignis selbst. Und umgekehrt wurde das weltumgreifende gemeinsame Warten und Erwarten zum eigentlichen Ereignis dieser Nacht, wie auch von den Kommentatoren bemerkt wurde. Das Nicht-Auftauchen des Ereignisses, seine An-Emergenz war die paradoxe Form, in der es eintrat und sich erfüllte, die Form eines über viele Stunden sich erstreckenden, nicht eintretenden Ereignisses. Die Komplementarität von Zeitpunkt und Dauer, von Jetzt und Nicht-Jetzt verschwand und damit die Grundlage des linearen Zeitverständnisses unserer Alltagswirklichkeit.[32]

Und das schließlich doch eingetretene nicht mehr ereignisförmige Ereignis wurde schon am nächsten Morgen wieder abgetragen. In den Zeitungen tauchen schon am nächsten Tag Fragen danach auf, was das Ganze denn nun eigentlich zu bedeuten habe, welcher Erkenntnisfortschritt, welcher Menschheitswandel von hier ausgehen solle.[33] Die Gemeinsamkeit des bloßen Erlebens wird sogar ausdrücklich als einziger Inhalt eben dieses Erlebens erkannt. Und in der Folgezeit lassen dann auch die Einschaltquoten der Fortsetzungsserie ‚Mondprogramm' rapide nach. Schon die Live-Sendungen von der Bergung der zurückgekehrten Kapsel und von der Heimkehr der Astronauten haben signifikant geringere Einschaltquoten. Apollo 12 kommt in keiner Phase an Apollo 11 heran. Bei Apollo 13 sorgen nur der Unfall und die drohende Katastrophe für ein nochmals anschwellendes Interesse. Ab Apollo 14 sacken die Quoten stetig ab, mit Folge 17 wird die Serie dann eingestellt. Eben noch ein Riesensprung für die Menschheit, ist der Fernsehmondflug Normalität geworden.[34]

Wissen über sich selbst: Der Mondflug als epistemisches Ereignis

Die Ereignisform des Mondflugs fungiert aber nicht nur in einem Horizont der televisiven Selbstreferenz; vielmehr erweist sie sich auch als ein Element der Selbstreflexivität. Das Fernsehen unternimmt den Mondflug, wie gesehen, um seines eigenen Fortoperierens, seiner – gesteigerten – Autopoiesis willen. Zugleich aber nutzt es ihn als ein Experiment, durch das es Aufschluss über sein eigenes Funktionieren erhalten will, als Frage, die es an sich selbst richtet. Das Besondere an diesem Experiment ist, dass das Fernsehen zugleich den Versuchsaufbau stellt – also, im Sinne Rheinbergers[35], das technische Objekt, das auskristallisierte Wissen – und andererseits den Fragegegenstand repräsentiert, also das Ungewusste, das ‚epistemische Objekt' (Rheinberger), das als Wissensgegenstand noch ungeformt und unbenannt ist und das im Experiment erst erzeugt wird.

Der gewaltige Umfang des Projektes steht seinem experimentellen Charakter keineswegs entgegen. Ein Teilchenbeschleunigerexperiment ist heute nicht wesentlich kostengünstiger. Der streng experimentelle Charakter des Mondflugs kann schon an seinem Aufbau abgelesen werden. Auch wenn der Raum, in dem es stattfand, nämlich der Weltraum, als Inbegriff der ‚unendlichen Weiten' angesehen werden mag, so zeigt doch ein genaueres Hinsehen, dass das Weltall – und zwar gerade wegen seiner Unendlichkeit – keineswegs der Raum des televisiven Experiments war. Der Weltraum war vielmehr Teil des epistemischen Objektes. Der Weltraum selbst ist nämlich, anders als andere Räume, eben wegen seiner Grenzenlosigkeit beziehungsweise der Unwahrnehmbarkeit seiner Grenzen grundsätzlich unerfahrbar, unsichtbar und unübertragbar. Diesen Raum dennoch sichtbar zu machen war dagegen eines der Anliegen des Experiments, und zwar mittels und innerhalb eines sehr wohl definierten, geschlossenen Experimentalraums.

Der eigentliche Experimentalraum war jedoch verteilt und auf eine relativ komplizierte Weise gegliedert. Er bestand, wie schon oben gesehen, aus einem Verbund miteinander gekoppelter einzelner Studios, die als Laboratorien dienten und deren wichtigstes das schon erwähnte ‚Kontrollzentrum' in Houston war. Das Innere von Kapsel und Mondfähre sowie der von der Sichtweite der Mondkamera definierte Teil des Landungsortes auf dem Mond markierten weitere entscheidende Laborräume. All diese Laborräume nun wurden durch die Fernsehübertragung miteinander zusammengeschaltet. Allerdings bedingte der Aufbau, dass dies keine vollkommene Vernetzung, sondern eine höchst selektive und zudem nicht umkehrbare Verknüpfung war. Das Kontrollzentrum konnte an allen anderen Orten sichtbar gemacht werden, ebenso alle Außenorte, deren Bilder das Kontrollzentrum erreichten. Das jeweils Umgekehrte traf aber – wie für das grundlegend monodirektionale Fernsehen verbindlich – nicht zu. Die Hauptleistung des Fernsehens betraf aber die Übertragung der Kontrollbilder – als der Orte, an denen der Ausgang des Experiments sichtbar wurde, an denen das epistemische Ding (genauer: eines der drei involvierten epistemischen Objekte, wie wir gleich sehen werden), nämlich eben das Mondbild selbst, sich zeigte – auf alle zugeschalteten Fernsehgeräte. So wurden auch alle Wohnzimmer an die experimentelle Konfiguration angeschlossen, Außenstellen des gesamten Laboratoriums. Und genau darum sind die Sendungen der Mondnacht auch gekennzeichnet von immer wiederkehrenden Bemerkungen über die weltweite Zuschauerzahl und von andauernden Appellen an die weltumspannende Zuschauergemeinschaft, die Bildschirme nicht zu verlassen.

Das hier unternommene Experiment hat, wie leicht erkennbar ist, drei Ebenen oder drei Dimensionen; es ist ein Experiment in dreierlei Hinsicht und hegt deshalb auch drei verschiedene epistemische Objekte. Zunächst war es auf einer ersten Ebene der epistemische Gegenstand, also das Erkenntnisobjekt, der technische Versuchsaufbau selbst, der erprobt wurde. War es möglich, ein Mondbild live zur Erde zu senden, das den ersten Schritt eines Menschen auf dem Mond zeigen würde? Würde das gesamte Mondflugdispositiv funktionieren und das darin auskristallisierte Wissen dadurch legitimieren? Das Fernsehen findet sich dabei auf beiden Seiten der apparativen Konstruktion wieder. Als Teil des Versuchsaufbaus, der zu seinem reibungslosen Ablauf notwendig war, war es Teil einer Gewissheit, die es repräsentierte. Zugleich aber ist es in dem unternommenen Versuch selbst der technischen Erprobung ausgesetzt, das heißt, es wird auch unter dem Aspekt des Befragten, des Ungewussten und der Ungewissheit sichtbar. Gerade in dem hinausgezögerten Ausstieg kann der Umschwung von der einen zur anderen Seite erkannt werden.

Das Hinzuziehen einer zweiten Unbekannten, eines weiteren epistemischen Objektes, das heißt das Experiment der zweiten Dimension, ist auf charakteristische Weise an das Publikum gebunden. Denn das Publikum war nicht nur Zeuge und Beobachter, Teilnehmer des Experiments, sondern zugleich auch selbst eine befragte, getestete Größe. „Cosmic Nielsen" nennt Barnouw folgerichtig das Mondflugexperiment nach dem bekanntesten Marktforschungs- und Reichweitenermittlungsinstitut der Vereinigten Staaten.[36] Das Experiment hatte das Publikum, wie spätestens am nächsten Tag deutlich wurde, zweigeteilt, genauer: verdoppelt in ein Zuschauer- und ein Testpersonenpublikum. Nicht weniger als die Raumfahrer waren die Zuschauer der Erprobung ausgesetzt: war es möglich, das größte Live-Publikum aller Zeiten zu erzeugen und sogar kommunizierbar zu machen, so dass sich die beiden Publika – denen jeder Zuschauer zugleich angehörte – sich am Ende selbst beim Zuschauen zwar nicht zusehen, aber erfahren konnten.

Eine dritte Ebene und ein drittes Erkenntnisobjekt tritt hinzu, wenn eine weitere Unbekannte mit reflexiver Funktion eingespannt wird. Das ist dann der Fall, wenn die Relation zwischen den beiden anderen Unbekannten ihrerseits unbekannt gesetzt und der Fortgang des Experiments von dieser dritten Unbekannten in Abhängigkeit gebracht wird. Das experimentelle Verfahren selbst wird im Experiment erprobt, und das bei Kontrollverhältnissen, die gegenüber dem ‚normalen', dem klassischen Experiment stark herabgesetzt sind. Denn normalerweise gehört zum Experiment zwingend die weitgehende Kontrolle der Außen- und Randbedingungen. Das Experiment der dritten Ebene, das sich selbst ins Spiel bringt und aufs Spiel setzt, erforscht aber gerade diese Kontrolle und stellt sie ins Ungewisse. So trifft es nach Lyotard auf das künstlerische Experiment zu, in dem der Experimentator eben selbst nicht mehr weiß, was er tut.[37]

Im Apollo-Experiment trat dieser Übergang zum epistemischen Ereignis der dritten Art an mindestens zwei Punkten auf. Zum einen geschah das in der Mondnacht selbst durch den beschriebenen Aufschub. Das Fernsehen wies hier in einem groß angelegten Versuch nach, dass es selbst auf der Suche nach den Regeln war, nach denen es eigentlich funktioniert; und diese Regel wurde schließlich mit der Formel des ‚Hinhaltens und dabei Leerlassens' einigermaßen angegeben; und mit dieser Feststellung wurde das Experiment dann auch beendet. Zudem hatte der Vorgang des Beobachtens durch das Massenpublikum hier Einfluss auf den Fortgang des Beobachteten selbst. Die Zuschauer nahmen etwas Drittes wahr, das sie durch ihre Beobachtung erst erzeugt hatten, nämlich die Wechselwirkung zwischen ihrem Verhalten und dem der Raumfahrer. Letztlich schauten sie also nicht den Astronauten zu, sondern ihrem eigenen Warten, auf das sie warteten. Der andere Punkt wurde, jenseits des Live-Ereignisses, in der Frage nach der Serialisierungs- und Wiederholungsperspektive gesetzt. Auch hier, bei der seriellen Vorbereitung und dem Abstieg der Serie der Mondflüge, stand die Frage nach den diskursiven Verfahren des Fernsehens selbst im Hintergrund; genauer: diejenige nach der Wiederholbarkeit und der Ereignishaftigkeit des Fernsehens, nach dem Verhältnis von Serialität und Live-Gleichzeitigkeit. Deren Polarität und Übergänglichkeit, in den Anfangsjahren des Mediums aus verschiedenen Gründen nicht denkbar, wurde hier als Basis spezifischer Televisualität erkundet und etabliert. Das Live-Ereignis wurde also relational in seinem Verhältnis zur Wiederholbarkeit zum epistemischen Objekt. Der rasche Abbruch der Serie ist so leicht erklärbar: Die gestellte Frage nach dem eigenen Frageverfahren war, wie vorübergehend auch immer und auch nur in Abhängigkeit zum speziellen Versuchsaufbau, zum televisiven Dispositiv der Zeit um 1970, beantwortet. Das Experiment konnte beendet werden.

Das fernsehhistorische Ereignis

Die Selbstreflexion des Fernsehens mit Hilfe des Mondereignisses als Erkenntnisgewinnung des Mediums über sich selbst wird aber erst abgeschlossen durch eine grundlegende Veränderung, die das Fernsehen eben durch das Ereignis an sich vornimmt. Denn wenn das Ereignis eine Differenz von vorher und nachher markiert, dann gilt das besonders für das Fernsehen selbst, Fernsehen nach dem 21. 7. 1969 ist etwas anderes geworden als davor. Genau deshalb ist der Mondflug überhaupt ein historisches, nämlich: ein fernsehhistorisches Ereignis; und das im doppelten Sinn. Denn die Differenz zwischen dem Vorher und dem Nachher des Mondflugs besteht darin, dass das Fernsehen vor dem Mondflug keine Geschichte hatte; also vorher und nachher gar nicht an sich selbst unterscheiden konnte. Der Mondflug markiert die Einführung einer Differenz von Vorher und Nachher in die Selbstbeschreibung und Selbstauffassung des Fernsehens und steht damit am Beginn seiner Selbsthistorisierung.[38]

In einer ersten Annäherung kann am Mondflug doch ein bestimmtes hoch emergentes Phänomen ausgemacht werden, etwas, das so weder erwartbar noch planbar noch wiederholbar war; und das war das Mondbild selbst, das erste Bild von der Oberfläche des Trabanten. Dieses Bild, seltsam glänzend grau in grau, scharf ausgeleuchtet, aber unscharf im Fokus und in der Auflösung, groß, mit dem seltsamen, kaum zu verstehenden Funkton, hatte eine magische Ausstrahlung.[39] Das Erlebnis dieses Bildes nach Stunden des Wartens und – in Mitteleuropa – zu frühmorgendlicher Zeit, kurz vor dem

Tagesanbruch, überlebt nur in der Erinnerung derer, die es gesehen haben, und in den Erzählungen, die es davon gibt. Es ist ein Ereignis im Raum ästhetischer Erfahrung. Wie jedes Bild des Fernsehens repräsentiert aber dieses Bild nicht nur etwas, was wir darauf sehen können, sondern zugleich einen bestimmten Blick; und dieser Blick produziert eine bestimmte und bestimmbare Struktur. Schon oben haben wir diese Blickstruktur kurz angesprochen: Es handelt sich um den Blick zurück auf die Erde; um den Blick nicht so sehr hinaus auf den Mond und ins All, sondern auf den Menschen, der dort hin- und hergeht und der ausdrücklich ‚Menschheit' repräsentiert. Im äußersten Außen begegnet der Blick also dem innersten Innen. Und diese Blickwende ist Teil eines ungeheuren Rekursions- und Rückwendungsgeschehens, das mit dem Mondflug in Gang gesetzt wird. Die Erde selbst wird aus dem All sichtbar, sichtbar gemacht wird also vom Fernsehbild nicht ein Objekt, das sich an einem (anderen) Ort befindet, sondern sichtbar gemacht wird die Gesamtheit aller Orte, an denen das Bild empfangen werden kann. Die Welt, aus der Perspektive des Fernsehens die Gesamtheit aller möglichen Bildschirme, erscheint auf den Bildschirmen. So wie das Erwarten des Erwartens es bereits aufwies, so kann sich hier nun das Zusehen zusehen. Auf den berühmtesten Postern der Mondflugzeit spiegelt sich die Kamera in dem goldglänzenden Visier des Raumfahrers.

Und genau diese Umkehr des Blicks, in der sich das Fernsehen auf eine Welt richtet, die immer schon im Fernsehen ist und nur durch Fernsehen, markiert die entscheidende Zäsur in der Geschichte des Fernsehens, durch die das moderne Fernsehen sich vom klassischen Fernsehen abheben kann; das heißt, ein Fernsehen entsteht, das sich auf sich selbst bezieht und sich seiner selbst bewusst wird. Das klassische Fernsehen war sich seiner selbst nicht bewusst. Es hatte einen medientypischen Formenkanon, stabile Formate und mit seiner Eingelassenheit in die Wohnung, besonders in das Wohnzimmer, ein dauerhaftes Dispositiv entwickelt, das im Zusammenhang mit der patrizentralen Familie stand und sich selbst als veränderungsfrei repräsentierte.[40] Selbst stabil, konnte es den Wandel seiner Umwelt sichtbar machen, etwa in Nachrichten und Berichten. Das Medium war ein unverrückbares ‚Fenster zur Welt', ein stabiler Anschauungsrahmen. Das Medium trat völlig zurück hinter seinen ‚Inhalten' und ‚Botschaften'; dissimulierte seine eigene Gemachtheit und bildete einen Standardrealismus heraus, der alternativlos und damit natürlich gesetzt wurde.[41] Als ‚natürlich' aber war das klassische Fernsehen eben nicht historisch. Mit der Blickwende, die ihren Fokus im Mondflug und im Mondereignis hat, änderte sich das jedoch. Das Fernsehen wurde rekursiv und selbstreflexiv. Es betrachtete plötzlich sein eigenes Vorkommen in der Welt, es wurde selbst sichtbar und bemerkbar. Seine Formen wurden damit auch erstmals kritisierbar; wir haben schon gesehen, wie die Verschwörungstheorie vom simulierten Mondflug letztlich eine Konsequenz eben der Mondinszenierung ist.

Mit dieser Reflexion wurden dann auch die zentralperspektivischen Ordnungen des Fernsehens kritisierbar und schließlich aufgebrochen. 1969 war nicht nur das Jahr des Mondflugs und der Hochrechnung. Andere Innovationen waren etwa die epochale Fernsehshow ‚Wünsch Dir was' als eine familien- und fernsehkritische, auf Diskussion und Vielfalt statt bloßer Informationswiedergabe basierte Sendung;[42] und der ‚Tatort' in der ARD. Der ‚Tatort' markiert ästhetisch die Abkehr von der Fernsehspiel- und die Hinwendung zur Spielfilmästhetik. Er bringt das Spiel mit dem föderalen, multizentralen Aufbau des ARD-Fernsehens auf den Bildschirm; er durchbricht auch bald erstmals das Schema des bloßen ‚Whodunnit'.[43] Das Fernsehen schaut nun nicht mehr einfach hinaus auf eine als von ihm unabhängig gesetzte Welt, hinter der sich das Fernsehen selbst verstecken kann. Sondern es schaut immer so auf die Welt, dass sein eigenes Verhältnis zur Welt, sein eigener Ort in der Welt, dabei mit reflektiert werden. Das Fernsehen kommt in der Welt, die es zeigt, selbst mit vor. Die fundamentale Unterscheidung zwischen Wirklichkeit und Repräsentation wird damit kritisch; und eine Zäsur wird sichtbar und für das Fernsehen selbst wirksam, in der ein zeitresistentes, ahistorisches Fernsehen von einem geschichtlich gebundenen unterscheidbar wird. Dieses Letztere ist ein veränderungsoffenes Fernsehen, eines, das voller Entwicklungsmöglichkeiten steckt und das sich gerade deshalb von nun an auch unentwegt verändern muss, einem Innovationszwang unterliegt. Und je rascher das Fernsehen von nun an neue Formen und Formate und Blickstrategien und Selbstreflexionsprozesse entwickeln wird, desto mehr wird es zugleich Rückschau nehmen auf sich selbst, wird in Wiederholungszyklen, Wiederaufführungen und Reminiszenzsendungen seine eigene Geschichte beschreiben. Es wird sich selbst mit einer Geschichte ausstatten. Und es wird im Mondflug von 1969 nicht nur das größte Ereignis dieser Geschichte erkennen, sondern auch den Punkt kenntlich machen, von dem aus so etwas wie eine Geschichte des Fernsehens überhaupt möglich wurde.

Anmerkungen

1 Zum hier und im Folgenden zu Grunde gelegten Ereignisbegriff s. v. a. Niklas Luhmann, Soziale Systeme, Frankfurt/M. 1984, S. 41–44; S. 389–393; Niklas Luhmann, Die Gesellschaft der Gesellschaft, Frankfurt/M. 1997, S. 42 ff.; S. 139 f.; François Zourabichvili, Deleuze – une philosophie de l'évènement, Paris

1994; Jean Baudrillard, Die Illusion des Endes oder Der Streik der Ereignisse, Berlin 1994, S. 41 ff.; Matthias Thiele, Ereignis und Normalität. Zur normalistischen Logik medialer und diskursiver Ereignisproduktion im Fernsehen, in: Oliver Fahle, Lorenz Engell (Hrsg.), Philosophie des Fernsehens, München 2006, S. 121–136.

2 S. dazu Lorenz Engell, Fall und Fälle. Kleine Philosophie des Fernsehskandals, in: C. Gerhards et al. (Hrsg.), TV-Skandale, Konstanz 2005, S. 17–40.

3 Niklas Luhmann, Die Realität der Massenmedien, Opladen 1996, S. 132 ff.

4 Elayne Rapping, The Looking Glass World of Non Fictional TV, Boston 1987, S. 80 ff.

5 Hierzu und zum Folgenden Eric Barnouw, Tube of Plenty. The Evolution of American Television, New York 1990, S. 423 ff.

6 Rick Marschall, The Golden Age of Television, London 1987, S. 66–81.

7 Hanno Kühnert, Die Mondnacht, in: Frankfurter Allgemeine Zeitung, 22. 7. 1969, S. 7; zur Zweideutigkeit des Mondflugs als Fernseherfahrung s. a. Knut Hickethier, Geschichte des deutschen Fernsehens, Stuttgart 1998, S. 274 f.

8 Barnouw, a. a. O., S. 308–313.

9 Vrääth Öhner, Von der Gewöhnlichkeit des Unheimlichen. Serielle Ordnung und Ordnungen des Seriellen im Fernsehen, in: Fahle, Engell (Hrsg.), a. a. O., S. 173–180.

10 Luhmann, Soziale Systeme, a. a. O., S. 388 ff.

11 Barnouw, a. a. O., S. 423.

12 Ebenda.

13 Ebenda, S. 13; s. a. Hans H. Hiebel et al., Große Medienchronik, München 1999, S. 912.

14 Hickethier, a. a. O., S. 15

15 Luhmann, Die Realität der Massenmedien, a. a. O., S. 41–48.

16 Hickethier, a. a. O., S. 274 (Abb.); Zweites Deutsches Fernsehen: Jahrbuch 1969, Mainz 1970, S. 216.

17 Umberto Eco, Reise ins Reich der Hyperrealität, in: Eco: Über Gott und die Welt, München 1985, S. 36–99.

18 Jean Baudrillard, Agonie des Realen, Berlin 1978.

19 Peter Zec, mana oder die 0-Funktion der Television, in: Norbert Nowotsch, Rainer Weißenborn (Hrsg.), Unser Fernsehen! Vom Pantoffelkino zum Terminal, Drensteinfurt 1985, S. 17–23, hier: S. 18 f.

20 Barnouw, a. a. O., S. 427.

21 Ebenda, S. 240 ff.

22 Ebenda, S. 427.

23 Peter Ludes, Die Rolle des Fernsehens bei der revolutionären Wende in der DDR, in: Publizistik, 36, 1991, 2, S. 201–216; Helmut Hanke, Umbruch im Fernsehen der DDR, in: Ästhetik und Kommunikation, 19, 1990, 73/74, S. 79–86.

24 Luhmann, Soziale Systeme, a. a. O., S. 390.

25 Jürgen Link, Versuch über den Normalismus. Wie Normalität produziert wird, Opladen 1996.

26 Paul Virilio, L'horizon négatif, Paris 1984, S. 243–267; vgl. a. Baudrillard, Die Illusion des Endes, a. a. O.
27 Vgl. dazu a. Lorenz Engell, Das Amedium. Grundbegriffe des Fernsehens in Auflösung, in: montage a/v, 5/1/1996, S. 129–153.
28 Paul Virilio, Krieg und Fernsehen, München 1993.
29 Kühnert, a. a. O.
30 Martin Heidegger, Grundbegriffe der Metaphysik: Welt, Endlichkeit, Einsamkeit, Frankfurt 1979, S. 130.
31 Luhmann, Soziale Systeme, a. a. O., S. 396 ff.; S. 411 ff.
32 Otthein Rammstedt, Alltagsbewußtsein von Zeit, in: Kölner Zeitschrift für Soziologie und Sozialpsychologie, 27, 1975, 1, S. 47–63.
33 Kühnert, a. a. O.
34 Hickethier, a. a. O., S. 275.
35 Hans Jörg Rheinberger, Experimentalsysteme und epistemische Dinge. Eine Geschichte der Proteinsynthese im Reagenzglas, Göttingen 2001, S. 18–34.
36 Barnouw, a. a. O., S. 422.
37 Jean-François Lyotard, Philosophie und Malerei im Zeitalter ihres Experimentierens, Berlin 1986, S. 51–78.
38 Lorenz Engell, Die genetische Funktion des Historischen in der Geschichte der Bildmedien, in: Archiv für Mediengeschichte, 1, 2001, S. 33–56.
39 Kühnert, a. a. O.
40 Lynn Spiegel, Make Room For TV. Television and the Family Ideal in Postwar America, Chicago 1992, S. 36 ff.
41 Vgl. dazu Hickethier, a. a. O., S. 175 ff.; vgl. a. Engell, Die genetische Funktion des Historischen in der Geschichte der Bildmedien, a. a. O.
42 Hickethier, a. a. O., S. 261 f.; Peter Friedrich, Von Spielleitern als Testleitern, Unfällen und Gesichtern in Fernsehshows – Verhaltensmikroskopie als Unterhaltungskunst, in: Rolf Parr, Matthias Thiele: Gottschalk, Kerner und Co., Frankfurt/M. 2001, S. 102–131, hier: S. 109 f.; S. 116.; s. a. Hermann Schreiber, Wünsch dir was anderes ..." Protokoll einer umstrittenen Fernsehshow, in: Der Spiegel, 1972, H. 22, S. 138–142.
43 Eike Wenzel, Tatort – Deutschland. Eine Einleitung, in: Eike Wenzel (Hrsg.), Ermittlungen in Sachen Tatort, Berlin 2000, S. 7–18; vgl. a. Hickethier, a. a. O., S. 237 ff.

Heidemarie Uhl

Medienereignis *Holocaust*

Nationale und transnationale Dimensionen eines globalen Gedächtnisortes

Kurz vor der Ausstrahlung von *Holocaust* im Januar 1979 äußerte sich das Nachrichtenmagazin *Der Spiegel* kritisch zum Ankauf der US-amerikanischen TV-Serie durch deutsche Sendeanstalten. Dies sei erst nach einem „heftigen internen Meinungsstreit“ erfolgt, der „‚fahrlässig gemachte Schund‘“ – so wird der Fernsehspielchef des Südwestfunks zitiert – sei nur angekauft worden, weil „man *Holocaust* nicht ablehnen (habe) können, nicht im Land der Urheber der Endlösung“, so die Rechtfertigung des WDR. Der *Spiegel* konnte dieser Argumentation nichts abgewinnen: „Das ist feige und falsch: Das kollektive Schuldbewußtsein sollte eine öffentlich-rechtliche Anstalt nicht zwingen, eine Serie zu kaufen, die ihren ästhetischen, aufklärerischen und Informations-Prinzipien kraß zuwiderläuft.“ Auch das Urteil des *Spiegel* war eindeutig negativ: ein „Trivialfilm“, ein „Konsumartikel“, fabriziert von US-amerikanischen „Serien-Konfektionären“, in dem selbst „die Gaskammern vermarktet“ werden: „‚Holocaust‘ vertreibt Geschichte im Format eines Familienalbums, der Völkermord schrumpft auf ‚Bonanza‘-Maße (…). Nichts wird erklärt, durchleuchtet, verifiziert. Alles folgt dem Schnittmuster einfältiger Serienfabrikation.“[1] Zwei Ausgaben später war *Holocaust. Der Judenmord bewegt die Deutschen* die Titelgeschichte des *Spiegel* (Nr. 5, 29. 1. 1979). Das Titelbild zeigt ein Close-up des SS-Manns Dorf, im Hintergrund die jüdische Familie Weiss auf dem Transport in die Maschinerie der ‚Endlösung‘.

Diese Momentaufnahme aus der Rezeptionsgeschichte von *Holocaust* verweist auf die Besonderheiten dieses transnationalen Medienereignisses[2]: die fiktionale Erzählung über eine Täter- und eine Opfer-Familie – eine typische Kontrast-Zeichnung aus dem ‚Klischee-Vorrat‘ der US-amerikanischen Medienindustrie, konzipiert nach dem Erfolgsmodell *Roots*, ein „blutrünstiges Sklavenepos, das alle amerikanischen Zuschauer-Rekorde gebrochen und entsprechend Kasse gemacht hatte“, wie im *Spiegel* vermerkt worden war[3] – fungierte als Intervention in die nationalen Geschichts-Diskurse, vor allem in der BRD und in Österreich als ehemalige Tätergesellschaften; in der DDR wurde der Film nicht gezeigt. Die Aneignung der TV-Serie *Holocaust* erfolgt somit zunächst im jeweils nationalen Container. Heute gilt die massenmediale Konfrontation mit dem Schicksal der Opfer der ‚Endlösung' hingegen als Markstein für einen globalen Perspektivenwechsel auf die Vergangenheit: 1979 sollte mit *Holocaust* ein neues, emotionales Narrativ jenseits der nationalen Entlastungsmythen und der rational-wissenschaftlichen Erklärungsmodelle auftauchen: Eine fiktionale Story machte es möglich, die Geschichte der ‚Endlösung' aus der Perspektive der Opfer darzustellen, Täterschaft nicht abstrakt zu verhandeln beziehungsweise auf die NS-Führungselite zu projizieren, sondern durch einen ‚ordinary man', einen gutaussehenden jungen Deutschen zu verkörpern. In diesem Film wurden die Opfer zu Identifikationsfiguren, denen emphatisches Mitgefühl entgegengebracht werden konnte. Eine Einfühlung, die nun – vor allem durch die begleitende Berichterstattung der Print- und audiovisuellen Medien – mit den historischen Bilddokumenten, den „Ikonen der Vernichtung"[4] verknüpft wurde.

Zu Ende des 20. Jahrhunderts ist der Holocaust in den Erinnerungskulturen vieler europäischer Länder (und darüber hinaus) in das Zentrum des offiziellen Gedächtnisses gerückt. Die Errichtung von Holocaustdenkmälern in europäischen Hauptstädten, aber auch in kleineren Kommunen, die Entdeckung neuer *sites of memory* und die Neugestaltung bereits bestehender Gedenkstätten, Ausstellungen und Museen, neue Gedenktage zur Erinnerung an die jüdischen Opfer des NS-Regimes, die zunehmende Verankerung des 27. Januar als internationalem Holocaust-Gedenktag sind Indikatoren für diese Transformation der gesellschaftlichen Erinnerung auf nationaler Ebene, die – supranational betrachtet – eine Synchronisierung der europäischen beziehungsweise globalen Gedächtniskultur[5] ergibt.

Daniel Levy und Natan Sznaider verorten in ihrem vielbeachteten Buch *Erinnerung im globalen Zeitalter: der Holocaust*[6] den Holocaust als Zentrum eines globalen Gedächtnisses, in dem sich lokale, nationale und kosmopolitische Erinnerungskulturen überlagern. Das Medienereignis *Holocaust*, die globale Ausstrahlung einer amerikanischen TV-Serie, die auf unerwartet hohe Resonanz stieß und der nationalsozialistischen Judenvernichtung einen neuen Namen gab – „aus *Holocaust* wurde Holocaust"[7] –, gilt als ein Meilenstein dieser Globalisierung.

Die Universalisierung jenes Narrativs, das erstmals in *Holocaust* öffentlichkeitswirksam die Perspektive der Opfer einnahm, ist allerdings das Ergebnis von Verhandlungen, die jeweils im nationalen Container stattfanden. Die nationalen Aneignungen und ‚Übersetzungen' dieser Perspektive bildeten, wie das hier exemplarisch analysierte österreichische Beispiel zeigen soll, die Voraussetzung für die Wirkungskraft von *Holocaust* im Hinblick auf eine

Transformation des Geschichtsbewusstseins: Erst aus der Konfrontation der *Holocaust*-Erzählung mit dem nationalen historischen Narrativ erwuchs jene „explosive Wirkung“[8], die insbesondere in Österreich und in der BRD wohl entscheidend dazu beitrug, die Perspektive auf die NS-Zeit langfristig zu verändern. Durch die Rezeption in einem nationalen Kommunikationsraum wurde dieses universalisierungsfähige Narrativ über das Schicksal der Opfer der rassischen Verfolgung wiederum in national strukturierte Argumentationsmuster eingebunden, deren gemeinsamer Fluchtpunkt die Frage nach der kollektiven Mitverantwortung an der NS-Vernichtungspolitik war – nicht nur in den Tätergesellschaften, sondern auch in anderen Ländern des nationalsozialistischen Herrschaftsbereichs.

Die Frage nach den Auswirkungen des Medienereignisses *Holocaust* als einer gewissermaßen externen Intervention in die diskursive Ordnung des vom Opfermythos geprägten österreichischen Gedächtnisses, nach dem *framing* und der Einbettung der US-TV-Serie in das österreichische Vergangenheitsnarrativ, steht im Mittelpunkt dieses Beitrags. Das österreichische Fallbeispiel soll hier exemplarisch Einblick in die Konstellation Ende der 70er Jahre geben, als die europäischen Nachkriegsmythen noch ihre weitgehend ungebrochene Wirkungskraft entfalten konnten. Diese Mythen finden ihren Ausdruck in jeweils unterschiedlichen nationalen Erzählungen, deren gemeinsames, transnationales Muster der New Yorker Historiker Tony Judt als Varianten einer Opfererzählung charakterisiert: Ihr Leitmotiv ist die Unschuld des ‚eigenen‘ Volkes, die Schuldfrage und damit auch die Verantwortung für den Holocaust wird auf Deutschland beziehungsweise die BRD projiziert.[9]

„Österreich wird seinen Holocaust zu sehen bekommen“, bemerkte der Politologe Anton Pelinka kurz vor der Ausstrahlung unter Hinweis auf den österreichischen Anteil an den NS-Verbrechen;[10] insofern hat jedes Land „seinen Holocaust“ zu sehen bekommen. Die Konfrontation mit *Holocaust* ist zum Schlüsselereignis einer transnationalen Gedächtnisgeschichte geworden, die in jeweils nationalen Varianten erfolgt ist – wobei *Holocaust* nicht allein den konkreten Film bezeichnet, sondern jenen Komplex von Bildern, Orten und Ereignissen, die sich im Gefolge der Ausstrahlung von *Holocaust* nachhaltig in das kollektiv geteilte Wissen über die Vergangenheit eingeschrieben haben.

Holocaust hat die erste jener gesellschaftlichen Grundsatzdebatten um den Ort des Nationalsozialismus in der jeweiligen nationalen Geschichte evoziert. In den 80er und 90er Jahren sollten die Nachkriegsmythen von neuen Geschichtsvorstellungen abgelöst werden, in deren Zentrum der ‚Zivilisationsbruch Auschwitz‘ steht.

Die Reaktionen auf die Ausstrahlung von *Holocaust* im Jahr 1979, als die Serie in der BRD und Österreich gesendet wurde, können Einblick in die Entstehungsgeschichte dieses zunächst keineswegs unumstrittenen globalen Gedächtnisortes geben.

„Holocaust-Schock"[11] 1979: das österreichische Fallbeispiel

Die Ausstrahlung der TV-Serie *Holocaust* (Donnerstag, 1. bis Sonntag, 4. März 1979) und der flankierenden Sendungen im ORF war von hohem öffentlichen und medialen Interesse begleitet. Die österreichischen Medien waren nach der unerwarteten, überwältigenden Resonanz, die *Holocaust* in der BRD erfahren hatte, vorbereitet. Bereits am Aschermittwoch und damit dem Beginn der Fastenzeit wurde im zweiten TV-Programm die Dokumentation ‚Endlösung' gezeigt; im Anschluss an den letzten Serienteil erfolgte die Live-Übertragung der Diskussionssendung *Club 2.*[12] Die öffentliche Erwartungshaltung galt weniger dem *Holocaust*-Film selbst – der *plot* konnte nach der Berichterstattung über die Ausstrahlung in der BRD als weitgehend bekannt vorausgesetzt werden –, sondern dessen Resonanz in der Bevölkerung: Wie würden die Österreicherinnen und Österreicher auf *Holocaust* reagieren, wie würden positive und negative Äußerungen gewichtet sein, welches Ausmaß an „Betroffenheit" und – als Folge davon – Meinungsänderung im Hinblick auf die Haltung zur NS-Vergangenheit und auf antisemitische Vorurteile würden durch den Film bewirkt werden? Und: Welche Unterschiede würden sich dahingehend zwischen Österreich und der BRD ergeben?

Denn dass *Holocaust* ein Thema war, das nicht nur die Deutschen, sondern auch die Österreicher betraf, wurde – ungeachtet der ‚Opferthese' – kaum bestritten. „Es wäre verfehlt, die nationalsozialistischen Judenverfolgungen einzig und allein als Problem der Deutschen zu betrachten", ebenso seien Österreicher als Opfer wie als Täter betroffen, erklärte beispielweise der Historiker Wolfgang Neugebauer einleitend in *Holocaust und Österreich*, einem Text, der als Begleitmaterial für den Schulunterricht eingesetzt wurde.[13]

Gerade im Hinblick auf die im öffentlichen Interesse stehenden Fragen nach den Reaktionen auf die Ausstrahlung von *Holocaust* wurden seitens des ORF „außerordentliche Anstrengungen"[14] unternommen, um das zu erwartende Medienereignis zu verstärken und zugleich zu beobachten. Erstmals wurde das Instrumentarium der Medienforschung eingesetzt, um die Reaktionen der Zuschauer zu erheben. Angeregt durch die Erfahrungen in der BRD, wo zu Telefonanrufen an die Sendeanstalten aufgefordert und die Breitenwirkung mit Hilfe von Umfragen ermittelt worden war, und darüber hinausgehend (wie nicht ohne Stolz vermerkt wurde), plante der ORF eine Reihe von wissenschaftlichen Begleituntersuchungen, wofür im Bereich der Hauptabteilung ‚Generalintendanz – Koordination und Kommunikation' eigens die Funktion ‚Medienforschung' eingerichtet wurde. Das für *Holocaust* entwickelte ‚kommunikationswissenschaftliche Instrumentarium' versuchte mittels verschiedener *tools*, das Meinungsklima im Sendeumfeld zu erheben: Eine telefonische Blitzumfrage nach der Ausstrahlung des letzten Teils sollte im Hinblick auf das öffentliche Interesse an der Wirkungsweise des Films möglichst rasch die Reichweite und die Beurteilung von *Holocaust* ermitteln. Im Hinblick auf eine genauere Ermittlung der Publikumswirkung wurde eine Infratest-Erhebung durchgeführt; weiter wurden die während und unmittelbar nach der Ausstrahlung eingehenden Telefonanrufe ausgewertet, ebenso die an den ORF gerichteten Zuschriften. Einen weiteren Erhebungs- und Untersuchungsbereich erfasste die mediale Berichterstattung (*Presseecho*) im Zeitraum von Mitte Januar bis Anfang April 1979. Die Ergebnisse wurden schließlich in der vom ORF herausgegebenen Publikation *Holocaust. Anatomie eines Medienereignisses* veröffentlicht.

Zwischen Abwehr und „Hoffen, daß der Schock kommt": Positionen in der Mediendebatte um *Holocaust*

Holocaust generierte offenkundig ein mediales *setting*, das eine Positionierung dafür oder dagegen – mehr noch: ein ‚Bekenntnis' – erforderlich machte – gerade auch seitens der Presseorgane, die sich so als Akteure im Kampf um das Geschichtsbild (und nicht allein als Beobachter gesellschaftlicher Deutungskonflikte) deklarierten: „Jetzt haben wir alle ‚Holocaust' gesehen", schrieb Hubert Feichtlbauer am 7. März 1979 in der katholischen *Furche*, „jetzt kann keiner mehr sich um ein persönliches Bekenntnis drücken."[15]

Die Positionen von Gegnern und Befürwortern von *Holocaust* verliefen erwartungsgemäß entlang der geläufigen geschichtspolitischen Trennlinien. Ablehnende Stellungnahmen fanden sich vornehmlich in jenen Presseorganen, die sich auch bei anderen Anlässen gegen eine kritische Auseinandersetzung mit der ‚verdrängten' Vergangenheit ausgesprochen hatten beziehungsweise darin eine Störung des inneren Friedens und einen unnötigen Masochismus sahen. Die negative Haltung zu *Holocaust* reichte von Teilen der Tagespresse, insbesondere dem bürgerlich-konservativen Leitorgan *Die Presse* und der populistischen *Kronen Zeitung*, bis zu den Zeitungen der katholisch-konservativen Volkspartei (ÖVP) und vor allem den Blättern der FPÖ beziehungsweise von deutschnationalen, rechtsextremen und neonazistischen Gruppierungen.

Die im medialen *mainstream* artikulierbaren Kritikpunkte argumentierten vor allem mit dem mehr oder minder antisemitisch getönten Vorwurf des Kommerzes, so die in der Tageszeitung *Die Presse* erschienenen Kommentare von Herausgeber Otto Schulmeister und Chefredakteur Thomas Chorherr. Schulmeister bezeichnete etwa am 6. März 1979 den Film als „Kommerzware, die auf Gruseln und Schuldgefühl spekuliert", einen „nach Hollywood-Manier abgedrehten Horrorschinken".[16]

Besondere Beachtung fand Thomas Chorherrs *Presse*-Leitartikel *Der Holocaust-Masochismus* vom 3./4. Februar 1979, also noch im Vorfeld der ORF-Ausstrahlung, der insbesondere auf Applaus von ‚rechts' stieß; er wurde unter anderem im Februar-Heft der *Aula*, dem Organ der FPÖ-Akademikerverbände, und in der *Holocaust*-Ausgabe der *Aula*-Schülerzeitung *Sonderblatt* abgedruckt. Chorherr gesteht dem Film Medienwirksamkeit zu: Obwohl die TV-Serie, so Chorherr, „um des puren Geschäftes, jawohl um nichts als der Dollars wegen hergestellt" worden sei, habe sie mehr bewirkt als alle Dokumentationen, Exkursionen und Diskussionen der vergangenen Jahre. *Holocaust* erweise somit vor allem eines: „was die Television erreichen kann, welche Macht diesem Medium innewohnt. Wie man mit seiner Hilfe bewußtseinsbildend wirken kann." Allerdings, im Fall von *Holocaust*, in einem nach Meinung Chorherrs fragwürdigen Sinn: „Wir erleben in diesen Tagen, vorerst noch jenseits der Grenze, einen der faszinierendsten Fälle von Autosuggestion und Massenpsychose der letzten Jahre." Die Ausstrahlung von *Holocaust* verwandle „ein ganzes Land in einen überdimensionierten Verhandlungssaal, in dem ein riesiger Schauprozeß abgewickelt wird. Angeklagt sind ‚die Deutschen'", wobei nicht zwischen „verbrecherischen Organisationen wie der SS und den organisierten Mordkommandos wie dem SD einerseits und dem sogenannten Volk andererseits unterschieden" werde. Was konstruiert werde, sei die „Mitschuld aller an den Verbrechen vieler", auch über die Generationen hinweg: Konstruiert werde eine „politische Erbsünde", ein „immerwährendes Kainsmal". Es sei zwar ein Verdienst dieses „schlechten Fernsehfilms voller Horrorshoweffekte", das „entsetzliche Schicksal der Juden deutlich zu machen", seine Aussage sei aber, „die Deutschen sind ein Mördervolk", und seine Intention, dass sich „die Kinder ihrer Eltern schämen und ihrer Großeltern".[17]

Chorherrs Kommentar greift wesentliche narrative Strategien der Abwehr des *Holocaust*-Schocks auf – neben dem Vorwurf der kollektiven Schuldigsprechung des deutschen Volkes („Erbsünde") bildet der Vergleich mit anderen Formen von gewaltsamen Kriegseinwirkungen auf die Zivilbevölkerung ein konstitutives Element dieser Relativierungsstrategie. ‚Holocaust' habe sich nicht in Mauthausen oder Auschwitz zum letzten Mal ereignet, Auschwitz sei „ein Zeichen wie Hiroshima", erklärte beispielsweise Otto Schulmeister am 6. März 1979 in der *Presse.*[18] Chorherrs Verweis auf die „Erinnerung an ein anderes Brandopfer"[19], an die „Massenvernichtung im alliierten Bombenhagel, an das Verglühen im Phosphor – auch ein Inferno, auch ein Holocaust", wird hier nicht allein zur Relativierung im Hinblick auf die Singularität des Holocaust eingesetzt – sondern auch, um die Semantik von ‚Holocaust' und ‚Massenvernichtung' auf die Erfahrungen der Deutschen (und damit auch der Österreicher) während der NS-Zeit zu übertragen und sie so ebenfalls als Opferkollektiv zu stilisieren.

Die Presseorgane rechtsextremer und neonazistischer Kreise operierten mit ähnlichen Argumenten, allerdings dezidiert antisemitisch, und verschrieben sich darüber hinaus der Verteidigung ‚der Deutschen', die zu Unrecht zu Sündenböcken gemacht würden, wobei Aufrechnung und Vergleich zur zentralen rhetorischen Figur einer Täter-Opfer-Umkehr wurden:

> „Aber nur die Deutschen will man ewig auf die Armensünderbank der Geschichte fesseln. Eine Blutspur des Völkermordes zieht sich durch alle Jahrhunderte. Der Unterschied ist nur der! Die Hinterbliebenen der toten Juden werden mit Wiedergutmachung überschüttet, die der toten Deutschen wurden auch noch ausgeraubt und verjagt. Die Schuldigen für Auschwitz wurden gehängt, die Schuldigen für die Massenmorde an den Deutschen gingen mit Orden und Ehrenzeichen in die Geschichte ein."[20]

Dieses Zitat stammt aus der bereits erwähnten Ausgabe des *Sonderblatts*, der *Aula*-Schülerzeitung, mit dem Titel *Holocaust international.* Die Verbreitung dieses Pamphlets in einer Auflage von 150 000 Gratis-Exemplaren, die auch vor Schulen verteilt wurden, verweist indirekt auf das dem Medienereignis *Holocaust* zugeschriebene Potential an Einstellungsänderung zur NS-Vergangenheit.[21]

Die Strategie der Gegenerzählung beziehungsweise der Verweis auf „andere Holocausts" – den Bombenkrieg und die Vertreibung der deutschen Bevölkerung[22] – erwies sich auch in der ORF-Medienauswertung als wesentliche Ausdrucksform für eine negative beziehungsweise reservierte Haltung zu *Holocaust*, während explizit antisemitische Äußerungen im öffentlich-medialen Diskurs eher selten zu verzeichnen waren.[23] Die Auswertung von 1099 im Zeitraum vom 18. Januar bis 2. April 1979 publizierten Artikeln mit Bezug zu *Holocaust* ergab eine hohe Zustimmung: 49 Prozent aller Zeitungsartikel äußerten sich positiv, 14 Prozent negativ, 9 Prozent ambivalent. Als „auffallend" wurde in der ORF-Medienanalyse die „äußerst hohe Ablehnung" in der *Kro-*

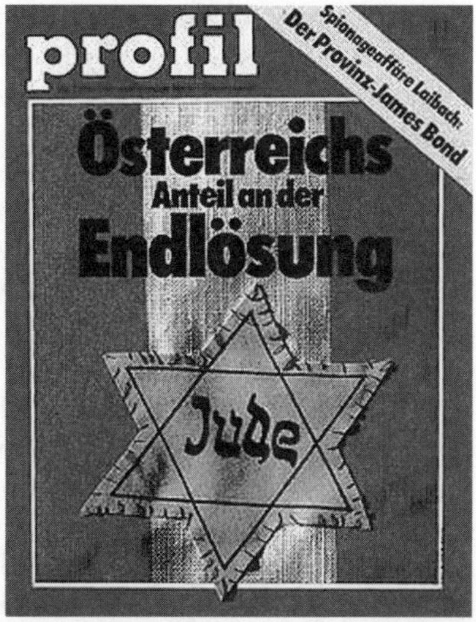

Mediale Resonanz: drei aufeinanderfolgende Titelgeschichten des Nachrichtenmagazins *Profil* zu *Holocaust* (10, 11, 12/1979)

nen Zeitung bezeichnet, weiter die überwiegend negativen Kommentare (und Leserbriefe) in den ÖVP-Medien, während in den SPÖ-Medien *Holocaust* am deutlichsten auf Zustimmung stieß, annähernd gleich hoch war die Befürwortung bei den kirchlichen Medien.[24]

Die Kongruenz zwischen den Meinungsäußerungen der Leser und der Redaktion wurde allerdings in einigen Presseorganen durchbrochen. So hatte in den *Salzburger Nachrichten* Chefredakteur Karl Heinz Ritschel im Januar 1979 die ORF-Ausstrahlung befürwortet und den Film gegen Kritik verteidigt – *Holocaust* sei „nicht antideutsch – der Film ist antinazistisch" –, obwohl er damit zumindest einen Teil seiner Leserschaft provozierte. Die *Salzburger Nachrichten* verzeichneten daraufhin einen „riesigen Posteinlauf", darunter offenkundig nicht wenige Stellungnahmen, „die von triefendem Haß getragen sind und letztlich nur beweisen, daß es in unserem Land noch Menschen gibt, die blind an den Führer glauben und die die unmenschliche Judenhatz als notwendig und gerechtfertigt sehen".[25]

Gerade die nun zutage tretenden antisemitischen Ressentiments bestärkten die Befürworter des *Holocaust*-Films in ihren emphatischen Erwartungen hinsichtlich der kathartischen Wirkung der Betroffenheit, die so zu einem Vehikel politisch-historischer Aufklärung werden sollte: Der Film „hat möglicherweise – hoffentlich! – das Tor aufgestoßen zu einer längst überfälligen Überwindung der fast perfekten Verdrängung dieser Greueltaten aus dem Bewußtsein jener Generation, die diese Zeit selbst erlebt hat", war etwa in den *Salzburger Nachrichten* zu lesen.[26]

Peter Rabl, einer der namhaften Journalisten einer jungen Generation, erhoffte sich eine „Schockerfahrung" für das gegenwärtige Österreich und reagierte damit auch auf Chorherrs Masochismus-Vorwurf in der *Presse*. Rabls *Kurier*-Kommentar „Hoffen, daß der Schock kommt" (10. Februar 1979) kann als ein paradigmatisches Beispiel für jenes neue, punktuell sichtbar werdende narrative Element angesehen werden, in dem sich Kritik an der politischen Kultur der Zweiten Republik und vor allem an deren Vergangenheitsbewältigung mit dem kollektiven Einbekenntnis („wir Österreicher") der historischen Schuld an der Judenvernichtung verband. Die Verantwortung für die Verbrechen der Vergangenheit wurde nun als demokratiepolitischer Auftrag für das gegenwärtige Österreich aufgefasst:

> „Wir Österreicher haben es uns ja nach 1945 viel bequemer machen können als die Deutschen: Wir waren ‚befreit', wir haben unseren Staat zurückbekommen, wir waren bewußt ganz wer anderer als die ‚da draußen'. Damit hat man sich bei uns beinahe alles an Aufarbeitung des NS-Greuels erspart. Die Deutschen haben in ihrer großen Mehrheit jahrzehntelang verdrängt, wir haben das Ganze überhaupt gleich über die Grenze abgeschoben. Und dabei haben die Österreicher so arg mitgemacht. Kaum eine Stadt hat einen so hohen Prozentsatz an Juden in die Gaskammern geliefert wie Wien. Unter den Kriegsverbrechern war der Anteil der Österreicher wesentlich höher, als es ihrem Anteil an der reichsdeutschen Gesamtbevölkerung entspräche. Entsprechend kläglich ist unser Anteil am Widerstand gegen das Hitler-Regime. […] Wir hätten den *Holocaust*-Schock bitter nötig. Nicht aus Masochismus, nein. Nur um endlich die grausame Wahrheit jüngster eigener Geschichte wenigstens einmal bewußt zur Kenntnis zu nehmen."[27]

Im Zusammenhang mit *Holocaust* wurde vor allem auch das Nachrichtenmagazin *Profil* zum geschichtspolitischen Akteur[28] – als einem wöchentlich erscheinenden politischen Magazin kam ihm über die aktuelle Berichterstattung hinaus die Funktion eines *agenda setting*-Mediums zu, von dem auch Hintergrundberichte und vertiefende Informationen erwartet wurden. Bereits im Februar 1979 ließ Anton Pelinka, wie eingangs erwähnt, in einem Kommentar keinen Zweifel daran, dass nicht nur Deutschland, sondern auch Österreich von *Holocaust* betroffen war, vielmehr: Österreich habe einen spezifischen Beitrag zur Judenvernichtung geleistet.

> „Österreich wird seinen Holocaust zu sehen bekommen. Und das ist gut so. Waren doch Hitler und Kaltenbrunner, Eichmann und Globocnik und viele, viele der kleinen Massenmörder Österreicher; wurde doch die Ideologie der Unwertigkeit des Judentums wesentlich in der Hexenküche nationaler Vorurteile des alten Österreich gebraut; ist doch auch heute noch der Antisemitismus in Österreich in jeder sozialwissenschaftlichen Studie zum politischen Bewußtsein empirisch nachweisbar; hat doch in kaum einem anderen Land der Totstell-Reflex, das ständige Wegschauen gegenüber dem Menschheitsphänomen Auschwitz, so neurotische Züge wie eben in unserer so kleinen, so heilen Welt."[29]

Empirisch untermauert wurden diese Aussagen etwa durch die *Profil*-Ausgabe vom 13. März 1979, deren Titelgeschichte dem Thema *Österreichs Anteil an der Endlösung* gewidmet war. Das Cover – eine von drei aufeinanderfolgenden *Profil*-Titelseiten zu *Holocaust* zeigte die rot-weiß-rote Fahne, versehen mit dem nationalsozialistischen Judenstern. Im zentralen Beitrag von Joachim Riedl – „Preußisches Schwert und österreichische Narretei. Österreichs Anteil an der Endlösung" – wurde die Genese der NS-Judenvernichtung in Verbindung zu einer spezifisch österreichischen nationalistisch-antisemitischen Tradition gebracht, die sich an der Wende vom 19. zum 20. Jahrhundert vor allem in Wien herausgebildet habe. „Die österreichischen Täter, Adolf Eichmann wie Adolf Hitler, Ernst Kaltenbrunner wie Hanns Rauter, haben vieles von ihrem österreichischen Erbe mit nach Großdeutschland genommen."[30]

Die Haltung des offiziellen Österreich: die ORF-Begleitsendungen zu *Holocaust*

Während im weltanschaulich ausdifferenzierten Feld der Printmedien kontroverse Positionen generiert wurden (wobei sich einige Medien gegen einen Teil ihrer Klientel richteten, wie die erwähnten *Salzburger Nachrichten*), agierte die öffentlich-rechtliche Rundfunkanstalt ORF als Sprachrohr des offiziellen Österreich.[31] Der ORF unternahm es mit seinen Begleitprogrammen, das fiktionale *Holocaust*-Narrativ in zweifacher Weise einzubetten – sowohl was die Beweisführung über historische Wahrheit der NS-Vernichtungsmaßnahmen als auch was eine Kontextualisierung im Hinblick auf die Ordnung der österreichischen Gedächtnisnarrative betraf. In zwei Produktionen – der Dokumentation ‚Endlösung' und der Diskussionssendung *Club 2* – präsentierte der ORF als die offizielle Stimme Österreichs ein gewissermaßen über den Parteien stehendes, repräsentatives Statement zu der von *Holocaust* ausgehenden Irritation.

Die Dokumentation ‚Endlösung' fasste die beiden, in der BRD die TV-Ausstrahlung begleitenden dokumentarischen Beiträge (‚Antisemitismus' von Erhard Kloess und ‚Endlösung' von Paul Karalus, beide im Ersten Programm gesendet) zu einer Sendung zusammen,[32] wobei die Darstellung der Judenverfolgung in den Jahren 1938/39 bis 1945 weitgehend aus der deutschen Dokumentation übernommen wurde, während der Abschnitt *Der Antisemitismus. Ursprünge und Folgen* durch historische und aktuelle Filmsequenzen zum jüdischen Leben in Wien sowie durch Interviewpassagen mit österreichischen Zeitzeugen und Experten (Wissenschafter, Journalisten) im Hinblick auf die Geschichte des Antisemitismus in Österreich adaptiert wurde. Nach der Darstellung der Tradition der christlichen Judenfeindschaft seit dem Mittelalter werden im 19. und 20. Jahrhundert die politischen Massenparteien als Träger des Antisemitismus präsentiert – damit rückt die Frage, welches der politischen Lager mehr an Schuld auf sich geladen habe, ins Zentrum, wodurch auch jenes strukturelle Muster des Konflikts zwischen ÖVP und SPÖ, das seit dem Ende der 40er Jahre die Geschichtspolitik der Zweiten Republik bestimmt hat, aufgerufen war. Der ORF vermied eine explizite Stellung- beziehungsweise Parteinahme und ließ Wissenschafter – die Historiker Friedrich Heer und Karl Stuhlpfarrer, den Politikwissenschafter Norbert Leser – als Vertreter der politischen Lager agieren: So erklärte Friedrich Heer, dass nicht allein die christlichsoziale Partei, sondern auch die Sozialdemokratie schon sehr früh eine „sehr starke antisemitische Einfärbung" gehabt habe; unmittelbar darauf folgte ein Interview mit dem jungen Zeithistoriker Karl Stuhlpfarrer, der erklärte, die christlichsoziale Partei habe dem Antisemitismus eine Massenbasis gegeben, und auf Nachfrage des Interviewers („Nun gab's aber auch in der Arbeiterschaft antisemitische Strömungen") differenzierte, dass es in den Parteien der Arbeiterbewegung zwar „niemals, zu keiner Zeit" programmatischen Antisemitismus gegeben habe, dass dies aber nicht ausschließe, dass „einzelne Arbeiter antisemitisch eingestellt waren", wobei es einen Zusammenhang mit der sozialen Schicht gebe, aus der sich diese rekrutierten; „der Kern der

Arbeiterschaft" sei aber „nicht antisemitisch eingestellt" gewesen. Diese soziale Zuordnung korrespondiert mit Erklärungen im Off-Text, die das verunsicherte Kleinbürgertum als Trägerschicht des Antisemitismus im Wien der Jahrhundertwende darstellen. Ein gewissermaßen paritätisch austariertes Konsensangebot stellte der Politikwissenschafter Norbert Leser vor: Wenn man den Antisemitismus den noch heute bestehenden politischen Lagern zuordnen wolle, so habe die Sozialdemokratie „zweifellos die weißeste Weste, weil die Sozialdemokratie nicht nur nicht antisemitisch war, sondern programmatisch gegen jede rassische Diskriminierung festgelegt war"; trotzdem habe es auch in der Sozialdemokratie „gelegentlich antisemitische Unterströmungen und Rülpser" gegeben. Die Christlichsozialen seien zwar „programmatisch auf eine gewisse Form des Antisemitismus festgelegt" gewesen, der „aber kein Rassenantisemitismus war, sondern nur religiös und wirtschaftlich begründet war". Zudem seien, ähnlich wie im Fall der Deutschnationalen, „aus dieser Programmatik keine besonderen Konsequenzen gezogen" worden – Vertreter dieser Lager hätten sich „nie zu irgendwelchen Maßnahmen oder Taten, höchsten zu Worten hinreißen lassen". Darüber hinaus seien führende Repräsentanten dieser Parteien keine Antisemiten gewesen. Der Antisemitismus, so Lesers Schlussfolgerung, habe „erst in einer viel späteren Phase, durch das Auftreten des Hitlerismus in Österreich, militante und virulente Züge angenommen".

Die damit bereits angedeutete ‚Externalisierung' der Schuldfrage am Holocaust, ihre Projektion auf Deutschland beziehungsweise auf führende Nationalsozialsten wird in der Darstellung der Situation in den 30er Jahren deutlich: „Während zu Beginn der 30er Jahre die illegalen Nazis in Österreich immer stärker in Erscheinung traten", erläutert der Sprecher aus dem Off, „setzt in der katholischen Kirche eine Neubesinnung ein." Trotz vereinzelter antisemitischer Äußerungen (etwa jenen des Linzer Bischofs Gföllner) begannen „immer mehr Christen dennoch umzudenken". Dieses Versöhnungsbild, das die Verantwortung an der Verfolgung der Juden den Nationalsozialisten anlastete und „die Christen" pauschal von Schuld freisprach, entwarf der Wiener Judaist Kurt Schubert. Die Kirche habe sich in dieser Situation immer mehr für die Juden eingesetzt; „jetzt setzt mit einem Paukenschlag die christlich-jüdische Verständigung ein, als Reaktion auf den rassisch gefärbten Antisemitismus und den militanten Antisemitismus des Nationalsozialismus". An dieser Stelle wird in ‚Endlösung' vorläufig der österreichische Bezugsrahmen verlassen – nach Schuberts Worten werden Bilder Hitlers eingeblendet, der Sprecher fährt fort mit den Worten: „30. Jänner 1933. Nationalsozialistische Machtergreifung in Deutschland. Damit begann für die Juden ein neues, das schrecklichste Kapitel in der langen Geschichte ihrer Verfolgung"; darauf folgt ein schriftliches Insert mit dem Text *Deutschland 1933–1938. Ausschaltung der Juden aus dem öffentlichen Leben.*

Im Zusammenhang mit der ‚Okkupation' Österreichs im März 1938 findet allerdings jenes Ereignis Erwähnung, das sich gerade im Kontext mit der medialen Berichterstattung über das Schicksal der österreichischen Juden als das Fanal einer österreichischen Mitverantwortung für die NS-Vernichtungspolitik herauszukristallisieren begann: das ‚Anschluss'-Pogrom. Die Bedeutung dieser pogromartigen Ausschreitungen für die Radikalisierung der nationalsozialistischen Judenpolitik wurde in ‚Endlösung' von den Historikern Friedrich Heer und Jonny Moser unterstrichen, allerdings (und im Unterschied zur heutigen Interpretation) wird nicht die österreichische beziehungsweise Wiener Bevölkerung dafür verantwortlich gemacht, sondern die Nationalsozialisten: Der „besonders aggressive, antijüdische österreichische Nationalsozialismus" (Heer) wurde nun zu einem Modell für die Verschärfung der antijüdischen Maßnahmen im „Altreich"; gewissermaßen, so Friedrich Heer, „das österreichische Vorbild der Endlösung". Damit endet der Österreich-Bezug in der Dokumentation ‚Endlösung', die Darstellung von Deportation und Ermordung und ihres zentralen Ortes, Auschwitz, wird nicht mehr mit Österreich in Verbindung gebracht.[33]

Eine andere Form der Kontextualisierung des *Holocaust*-Schocks eröffnete die Diskussionssendung *Club 2*, ein Live-Sendungsformat des ORF, das kontroversen Debatten Raum gab. Die wesentlichste Aussage wurde bereits durch die Auswahl der Diskutanten getroffen: Wer durfte – gewissermaßen repräsentativ für die österreichische Gesellschaft – das Wort ergreifen? Aus der Generation der Zeitzeugen waren vier ehemalige KZ-Häftlinge geladen, drei prominente Vertreter des politischen Widerstandes aus den drei Gründungsparteien der Zweiten Republik – die ehemalige SPÖ-Nationalratsabgeordnete Rosa Jochmann, der ehemalige ÖVP-Nationalratspräsident Alfred Maleta und der Schriftsteller Hermann Langbein, der als Kommunist verfolgt worden war und später mit der KPÖ gebrochen hatte – sowie Viktor Frankl, der als Nervenarzt und Autor des Buches *… trotzdem Ja zum Leben sagen. Ein Psychologe erlebt das Konzentrationslager* vorgestellt wurde; als Experten fungieren der Judaist Kurt Schubert, der bereits in der Dokumentation ‚Endlösung' mitgewirkt hatte, die Historikerin Erika Weinzierl und der Regisseur und Autor Axel Corti. Viktor Frankl deklarierte sich während der Debatte selbst als Jude, und er als Repräsentant der Holocaust-Opfer unternahm es, jene „befreienden Worte" zu sprechen, die von der ‚Tätergesellschaft' als Freispruch hinsichtlich der Schuldfrage gedeutet werden konnten. Mit Verweis auf humane Verhaltensweisen auch von SS-Männern in den Konzentrationslagern plädierte Frankl mit Zustimmung anderer Zeitzeugen für eine differenzierte Sichtweise („[...] denn gerade die, die im Lager waren, sind viel nachsichtiger in dieser Beziehung, denn die wissen, wie groß der Druck war [...]"), es habe bei Tätern und Opfern beide Möglichkeiten gegeben – „[...] auf der einen Seite waren die Schweinehunde, und auf der anderen Seite waren die Leute, die ihre Menschlichkeit bewahrt haben, auch noch in diesen ärgsten Bedingungen". Daher Frankls Schlussfolgerung: „Holocaust ist in uns [...]. Jeder einzelne Mensch [...] ist prinzipiell [...] Holocaust-fähig."

Diese in der Berichterstattung über den *Club 2* viel zitierte Aussage setzte gewissermaßen einen versöhnlichen Schlusspunkt in der Debatte. „Trotz Holocaust: Es gibt keine kollektive Schuld!" – dies wurde als Ergebnis in den Medien kommuniziert.[34] Frankls Worte können einerseits als Versuch eines Zeitzeugen gelesen werden, gegen eine vereinfachende Dichotomie von Opfern und Tätern zu argumentieren. Aber es ist andererseits wohl kein Zufall, dass es dem jüdischen Zeitzeugen Viktor Frankl oblag, diese Worte auszusprechen – dass also offenkundig den Opfern die Funktion zukam, das ‚Täterkollektiv' von Schuld freizusprechen.[35] Der harmonische Ausklang des *Holocaust*-Schocks wurde mit Erleichterung aufgenommen. Darüber hinaus war – so die ersten, unmittelbar nach der Ausstrahlung des letzten Serienteils bekannt gegebenen Ergebnisse der ORF-Medienforschung – die Resonanz auf *Holocaust* in Österreich verhältnismäßig stärker als in Deutschland: 7361 Zuschauer hatten die Möglichkeit, sich telefonisch an den ORF-Kundendienst zu wenden, genutzt, in der BRD waren rund 30 000 Anrufe verzeichnet worden.[36] Diese hohe Frequenz lag aber auch an den „außerordentlichen Anstrengungen" der Sendeanstalt: Die bestehenden fünf Kundendienstleitungen im ORF-Zentrum waren um weitere 31 aufgestockt worden, die 36 Amtsleitungen waren an den Tagen der *Holocaust*-Ausstrahlung von 8–24 Uhr besetzt; insgesamt waren 52 Mitarbeiter im Telefondienst eingesetzt worden.[37]

„Holocaust – was nun?"[38]

Die Frage, was *Holocaust* bewirkt habe beziehungsweise weiterhin bewirken könne, wurde nach der Ausstrahlung der Serie unterschiedlich eingeschätzt. Seitens der Akteure im Feld der politisch-historischen Aufklärung wurde *Holocaust* als „Herausforderung im positiven Sinn" (Unterrichtsminister Fred Sinowatz)[39] und zugleich als Vehikel gesehen, um aus dem Klima von Betroffenheit und emotionaler Erschütterung heraus eine nachhaltige Veränderung des Geschichtsbewusstseins zu bewirken und durch zum Teil neu geschaffene Instrumente politisch-historischer Aufklärung zu festigen. In dieser Hinsicht hatten Schulunterricht und Wissenschaft offenkundig bislang versagt, wie selbstkritisch vermerkt wurde. Im Beitrag *Holocaust – was nun?*, veröffentlicht in der *Zeitgeschichte*, dem wissenschaftlichen Organ der österreichischen Zeitgeschichtsforschung, sprach Peter Dusek von einem „schwarzen Freitag der Historiker", von einem Scheitern der Geschichtswissenschaft, die offenkundig „jahrzehntelang an den Interessen und Bedürfnissen der Bevölkerung vorbeigelebt hatte". Erst eine Hollywood-Familienstory habe „jene Betroffenheit aus(gelöst), um die sich die Geschichtsforschung bisher zumeist vergeblich bemüht" habe. In Österreich sei es allerdings nötig, im Unterschied zur BRD ein „Nachholverfahren" in Gang zu setzen, denn „Vergangenheitsbewältigung" sei hier erst seit einigen Jahren möglich: Unter dem Slogan vom „ersten Opfer" der nationalsozialistischen Expansionspolitik habe bald nach Kriegsende das Buhlen der Großparteien um die „Ehemaligen" eingesetzt; „wer sich in Österreich mit der NS-Ära beschäftigte, galt als Nestbeschmutzer, als Ewig-Unversöhnlicher, der sich vor neuem Unrecht in der Welt verschließt".[40]

Wie nachhaltig das Veränderungspotential von *Holocaust* wirkte, diese Frage stellte sich auch die Medienforschung des ORF: Laut Meinungsumfragen war es gelungen, bei rund fünf Prozent der österreichischen Bevölkerung eine „zumindest kurzfristige Einstellungsänderung" zu bewirken: „Das bedeutet, daß etwa 300 000 Österreicher zu den entscheidenden, durch Holocaust relativierten zeitgeschichtlichen Tatbeständen und Diskussionspunkten einen Einstellungswandel mitmachten, der durch wissensvermittelnde oder wissensverändernde Information (beziehungsweise bewußtseinsändernde Emotion) seitens der Massenmedien herbeigeführt wurde."[41] So waren vor der Ausstrahlung von *Holocaust* 44 Prozent der Österreicher der Meinung, „daß die Österreicher den Massenmord an den Juden mitzuverantworten haben", während 38 Prozent „die Verantwortung dafür allein den Deutschen zumessen" wollten. Nach der Ausstrahlung von *Holocaust* lag das „Bewußtsein einer Mitschuld der Österreicher" bei 50 Prozent der Bevölkerung.[42]

Um die Langzeit-Wirkung von *Holocaust* auf die Einstellung der Österreicher zur NS-Vergangenheit genauer zu erheben, wurde im Juli und August 1979 eine weitere Meinungsumfrage durchgeführt, wobei sich zeigte, dass die im Umfeld von *Holocaust* erhobenen Werte wieder abgeflacht waren. Ernüchtert wurde festgehalten, dass „oft schon Jahrhunderte existierende Einstellungen [...] eben auch mediale Großereignisse nicht ändern (können)" und dass „die Langzeitwirkung selbst eines Medienereignisses wie ‚Holocaust' in der Gesamtbevölkerung offenbar minimal ist". Zudem bleibe es offen, ob es sich im März 1979 um einen tatsächlichen Meinungsumschwung gehandelt habe oder ob es im Klima der *Holocaust*-Ausstrahlung vermieden worden war, antisemitische Vorurteile öffentlich zu äußern. Allerdings zeigten sich auch positive Aspekte, so war die Zahl derer, die keine Antwort auf die verwendeten Messfragen gaben, insbesondere bei jüngeren Altersgruppen gesunken. Auch das abschließende Resümee ließ auf eine nachhaltigere Wirkung hoffen, als aus den Meinungsumfragen abzulesen war: „Als Hypothese ließe sich formulieren, daß 'Holocaust' im *kognitiven Bereich* offenbar nur eine minimale (manifeste) Langzeitwirkung, im *emotionalen Bereich* vermutlich aber eine höhere (latente) Dauerwirkung erzielt hat. Diese könnte bei Aktualisierung der Thematik freilich ‚abgerufen' werden. Mit Sicherheit hat die Serie jedoch zu einer Sensibilisierung der Träger der veröffentlichten Meinung und des gesamten Bereiches Schule und Volksbildung geführt."[43]

Diese neue Sensibilität sollte sich im Jahr 1983 erweisen, als die Bestellung des langjährigen FPÖ-Bundesparteiobmannes Friedrich Peter zum dritten Nationalratspräsidenten auf vehemente öffentliche Kritik stieß. Simon Wiesenthal hatte, wie bereits erwähnt, 1975 offengelegt, dass Peter nicht allein, was allgemein bekannt war, der Waffen-SS angehört hatte, sondern dass er als Angehöriger der ersten SS-Infanteriebrigade, eines unter direktem Befehl Himmlers stehenden Mordkommandos, in Massenmorde an der jüdischen Bevölkerung involviert gewesen war, was Peter zurückwies. Acht Jahre später sah sich Peter aufgrund des Drucks der öffentlichen Meinung veranlasst, seine Kandidatur zurückzuziehen. Offenkundig war es 1983 nicht mehr möglich, mit einer dermaßen belasteten Vergangenheit ein hohes Staatsamt innezuhaben. In der Diskussion um Friedrich Peters Eignung für das Amt des dritten Nationalratspräsidenten deuten sich bereits die Konfliktkonstellationen der Waldheim-Affäre an.[44]

Ausblick: der Holocaust als transnationaler Gedächtnisort

Tony Judt beschließt seine *Geschichte Europas von 1945 bis zur Gegenwart* mit einem *Versuch über das moderne europäische Gedächtnis*, in dem der Holocaust zum historischen Bezugspunkt für die Gründung der Europäischen Union wird: Das gegenwärtige Europa sei „aus den Krematorien von Auschwitz" erbaut, „durch die Zeichen und Symbole seiner schrecklichen Vergangenheit zusammengeschlossen".[45]

Den Holocaust als ‚Zivilisationsbruch' zu denken[46], als Leitmotiv des 20. Jahrhunderts[47] und Schlüsselereignis der Moderne, wäre ohne den radikalen Perspektivenwechsel, der seit den 1980er Jahren in den nationalen Gedächtniskulturen[48] erfolgt ist, nicht möglich. Welchen Einfluss die Ausstrahlung von *Holocaust* auf die Erosion der Nachkriegsmythen und auf die Entwicklung neuer Ordnungen im Haushalt der Geschichtsbilder hatte, darüber können nur Hypothesen entwickelt werden, ebenso über die Frage, inwieweit *Holocaust* als auslösendes Moment gewirkt hat oder ob nicht eher von einer Katalysator-Funktion zu sprechen ist. Die emotionalen Reaktionen in der BRD, in Österreich und anderen europäischen Ländern können auch als Indikator für einen ‚need for memory' gesehen werden, das Bedürfnis nach anderen Erzählungen und Bildern, die neue Fragen an die Geschichte der NS-Zeit und neue historische Identifikationsangebote eröffneten – ein Indikator für die beginnende Erosion der Nachkriegsmythen.

Holocaust hat vor allem die Schuldfrage neu formuliert, die sich zunehmend auf die Frage verlagert hatte, welches politische Lager, welche Klasse den Aufstieg Hitlers in Deutschland beziehungsweise die Einverleibung der Nation in den nationalsozialistischen Herrschaftsbereich ermöglicht beziehungsweise nicht verhindert hatte. In Österreich stand etwa die Frage im Vordergrund, welches der beiden großen politischen Lager dem ‚Anschluss' den Weg bereitet hatte und so ein größeres Maß an Schuld für den Untergang Österreichs 1938 trug. Die NS-Zeit selbst wurde – unter dem Vorzeichen der Opferthese – aus diesen Debatten ausgeblendet, die österreichische Gesellschaft im Nationalsozialismus als unschuldiges Opfer und/oder heroisches Widerstands-Kollektiv imaginiert.[49]

Holocaust verlagerte die Frage der Schuld auf das Verhalten gegenüber der jüdischen Bevölkerung. Für die kurze Phase der TV-Ausstrahlung wurde die Geschichte aus dem Blickwinkel der Opfer erzählt, wurde erstmals in der öffentlichen Kommunikation eine breite emphatische Einfühlung in das Schicksal der Opfer ermöglicht. Mit dieser Perspektive verband sich eine Vorstellung über die Gesellschaft im Nationalsozialismus, die Raul Hilberg auf wissenschaftlicher Ebene entwickelt hatte: Opfer, Täter, Bystander.

Die Opfer-Täter-Konstellation bezog sich zwar auf das nationalsozialistische Deutschland, langfristig zeichnete sich aber eine partielle Herauslösung aus dem konkreten historischen Kontext ab. Dies ist eine Voraussetzung für die Universalisierung und die ethisch-moralische Gegenwartsrelevanz der Holocaust-Erinnerung, die eine „Geschichte für heute"[50] erzählen will und jeden Einzelnen mit der Frage nach dem eigenen Verhalten gegenüber Rassismus, Antisemitismus und Intoleranz konfrontiert. Der englische Regisseur Rex Bloomstein hat bei einer Wiener Vorführung seines Films über die Gedenkstätte Mauthausen, *KZ* (UK 2005), erklärt, dies sei kein Film über die Vergangenheit, sondern über die Gegenwart – ein Film „about us, about you and about me"[51].

Der nationalsozialistische Judenmord markiert mittlerweile einen Gedächtnisort, der als Bezugspunkt einer universalen ‚Ethik der Erinnerung'[52] wirksam geworden ist. Die Ausstrahlung von *Holocaust* am Ende der 1970er

Jahre war ein erster Schritt zu dieser globalen Synchronisierung von Bildern und Narrativen, und möglicherweise bedurfte es dazu des Potentials an emotionaler Energie, das ein Produkt der Popular Culture – ein US-amerikanischer Trivialfilm nach dem „Schnittmuster einfältiger Serienfabrikation" – zu evozieren vermag.

Anmerkungen

1 Klaus Umbach, Endlösung im Abseits, in: Der Spiegel, Nr. 3, 1979, S. 133 f.

2 Vgl. Zeitgeschichte-online, Themenschwerpunkt: Die Fernsehserie *Holocaust* – Rückblicke auf eine „betroffene Nation". http://www.zeitgeschichte-online.de/portal/alias_Rainbow/lang_de/tabID_40208184/DesktopDefault.aspx

3 Umbach, S. 133.

4 Cornelia Brink, Ikonen der Vernichtung, Öffentlicher Gebrauch von Fotografien aus nationalsozialistischen Konzentrationslagern nach 1945, Berlin 1998.

5 Vgl. z. B. Christoph Cornelißen, Lutz Klinkhammer, Wolfgang Schwentker (Hrsg.), Erinnerungskulturen. Deutschland, Italien und Japan seit 1945, Frankfurt/M. 2003.

6 Daniel Levy, Natan Sznaider, Erinnerung im globalen Zeitalter: Der Holocaust, Frankfurt am Main 2001.

7 Ebenda, S. 132.

8 Peter Dusek, Holocaust – was nun?, in: Zeitgeschichte 6 (1979) 7, S. 266.

9 Vgl. Tony Judt, Die Vergangenheit ist ein anderes Land. Politische Mythen im Nachkriegseuropa, in: Transit (1993) 6, S. 87–120.

10 Anton Pelinka, Tabu Auschwitz, in: Profil, 10. Jg., Nr. 7 (13. 2. 1979), S. 9.

11 Peter Dusek, Auf euch lastet die Hoffnung …, in: Die Gemeinde, 4. 4. 1979 (7. Nissan 5739), S. 5 (Dokumentationsarchiv des österreichischen Widerstandes Wien – Schnittarchiv).

12 Peter Diem, Holocaust. Anatomie eines Medienereignisses, hrsg. v. Österreichischen Rundfunk (ORF), Wien 1979 (= Berichte zur Medienforschung 1/79), S. 4. – Darüber hinaus wurde nach der dritten Folge eine Sendung im Hörfunk-Programm Ö1 ausgestrahlt und am 10. 3. 1979 eine Jugenddiskussion zu *Holocaust* (FS 2, 16.00) gesendet.

13 Wolfgang Neugebauer, Holocaust und Österreich, Manuskript, o. O. [1979], S. 1 (Dokumentationsarchiv des österreichischen Widerstandes Wien).

14 Diem, Holocaust, S. 3.

15 Hubert Feichtlbauer, „Holocaust in uns" bleibt die Frage, in: Die Furche, 7. 3. 1979.

16 Otto Schulmeister, Holocaust und kein Ende, in: Die Presse, 6. 3. 1979, zit. n. Wassermann, „Zuviel Vergangenheit tut nicht gut!", S. 321.

17 Thomas Chorherr, Der Holocaust-Masochismus, in: Die Presse, 3./4. 2. 1979.

18 Otto Schulmeister, Holocaust und kein Ende, in: Die Presse, 6. 3. 1979, zit. n. Wassermann, „Zuviel Vergangenheit tut nicht gut!", S. 323. – In anderen Presseorganen wurde der Vergleich zu Kambodscha und sogar zur „Fristenregelung", der

umstrittenen gesetzlichen Regelung des Schwangerschaftsabbruchs, gezogen, so etwa in der katholisch-konservativen „Kleinen Zeitung" (Graz), vgl. Wassermann, „Zuviel Vergangenheit tut nicht gut!", S. 320.

19 Ebenda; konkret bezieht sich Chorherr auf die Bombentoten des Philipphofs in Wien.

20 N. N. [Ingomar Pust]: Rummel um *Holocaust*, in: Holocaust international (= Sonderblatt 5/1979); dabei handelte es sich um den Nachdruck eines Artikels aus der „Volkszeitung Kärnten-Osttirol" vom 9. 2. 1979. Zit. n. Wassermann, „Zuviel Vergangenheit tut nicht gut!", S. 405.

21 Das „Sonderblatt", nach eigenem Bekunden eine Schüler, Jugend- und Studentenzeitung, erschien in einer Normalauflage von 30 000 Expl. Nach Einschätzung von Heinz P. Wassermann ritt das „Sonderblatt" die „fraglos heftigste Attacke gegen ‚Holocaust'". Wassermann, „Zuviel Vergangenheit tut nicht gut!", S. 304.

22 Vgl. die Serie „Der andere Holocaust" in der „Salzburger Volkszeitung" (Dokumentationsarchiv des österreichischen Widerstandes Wien – Schnittarchiv).

23 „Häufigste negative Einstellung zu 'Holocaust' drückt sich in Gegendarstellungen aus, also z. B. der Hinweis auf durch die Alliierten ausgeübte Greuel oder das Leid, das etwa die Sudetendeutschen durchzumachen hatten." Diem, Holocaust, S. 63.

24 Vgl. ebenda, S. 55–69. Die sozialistische „Arbeiter Zeitung" und die katholische „Furche" wiesen – gemessen an der Zahl der Kommentare – den höchsten Zustimmungsgrad auf.

25 Karl Heinz Ritschel, Die Endlösung ist unverlierbare Geschichte, in: Salzburger Nachrichten, 28. 2. 1979, zit. n. Wassermann, „Zuviel Vergangenheit tut nicht gut!", S. 342.

26 Holocaust ist in uns, in: Salzburger Nachrichten, 6. 6. 1979, zit. n. Wassermann, „Zuviel Vergangenheit tut nicht gut!", S. 314.

27 Peter Rabl, Hoffen, daß der Schock kommt, in: Kurier, 10. 2. 1979, zit. n. Wassermann, „Zuviel Vergangenheit tut nicht gut!", S. 343.

28 Zum „Profil" als „geschichtspolitischem Akteur" vgl. Alexander Pollak, Die Wehrmachtslegende in Österreich. Das Bild der Wehrmacht im Spiegel der österreichischen Presse nach 1945, Wien–Köln–Weimar 2002, S. 104.

29 Anton Pelinka, Tabu Auschwitz, in: Profil, 10. Jg., Nr. 7 (13. 2. 1979), S. 9.

30 Joachim Riedl, Preußisches Schwert und österreichische Narretei. Österreichs Anteil an der Endlösung, in: Profil, 10. Jg., Nr. 11 (13. 3. 1979), S. 44–56.

31 Zur Funktion der öffentlich-rechtlichen Sendeanstalt ORF im Hinblick auf das Medienereignis *Holocaust* vgl. den Beitrag von Vrääth Öhner in: Öhner, Marchart, Uhl, Holocaust revisited, S. 310–315.

32 Endlösung. Ein Film von Paul Karalus, Erhard Klöss, Peter Huemer und Paul Schulmeister. Produktion: WDR – ORF, 1979. Die folgenden Zitate stammen aus dieser TV-Dokumentation.

33 Allein die Zentralstelle für jüdische Auswanderung in Wien findet Erwähnung; der Historiker Jonny Moser wird in diesem Zusammenhang gefragt, wie vielen österreichischen Juden (ungefähr 120 000) die Auswanderung gelungen ist.

34 A. S., Trotz Holocaust: Es gibt keine kollektive Schuld!, in: Südost-Tagespost, 6. 3.

1979; vgl. weiters z. B. Gerhard Pistor, Holocaust ist in uns, in: Kurier, 6. 3. 1979 (Dokumentationsarchiv des österreichischen Widerstandes Wien – Schnittarchiv).

35 So wurde auch Ella Lingens, die in Auschwitz inhaftiert gewesen war und deren Bericht im „Profil" veröffentlicht wurde, mit der Titelschlagzeile zitiert: Kein Groll gegen Landsleute, in: Kurier, 5. 3. 1979 (Dokumentationsarchiv des österreichischen Widerstandes Wien – Schnittarchiv).

36 7361 Anrufe zu Holocaust, in: ebenda.

37 Diem, Holocaust, S. 32.

38 Dusek, Holocaust – was nun?, S. 266–273.

39 NRAbg. Dr. Fred Sinowatz, Bundesminister für Unterricht und Kunst: Die Jugend muß informiert werden, in: Das Menschenrecht. Offizielles Organ der Österreichischen Liga für Menschenrechte 34 (Juni 1979) 2, S. 1 f. (Wiedergabe eines Interviews mit der „Gemeinde", dem Organ der Israelitischen Kultusgemeinde Wien, Nr. 255 v. 7. 3. 1979). Sinowatz verweist auf neue Aktivitäten im Hinblick auf den Zeitgeschichte-Unterricht, vor allem auf den im Jahr 1978 ergangenen „Grundsatzerlaß politische Bildung", auf den Vermittlungsdienst für zeitgeschichtliche Vorträge an den Schulen, auf neue Unterlagen und eine Reform der Schulbücher sowie die Nationalfeiertagsaktion „Schüler forschen: ZEITGESCHICHTE".

40 Dusek, Holocaust – was nun?, S. 267.

41 Diem, Holocaust, S. 28.

42 Ebenda, S. 29.

43 Ebenda, S. 73; Hervorhebungen im Original.

44 Vgl. Wassermann, „Zuviel Vergangenheit tut nicht gut!", S. 91 f.

45 Tony Judt, Geschichte Europas von 1945 bis zur Gegenwart, München–Wien 2006, S. 966.

46 Dan Diner (Hrsg.): Zivilisationsbruch. Denken nach Auschwitz, Frankfurt/M. 1988; ders., Den *Zivilisationsbruch* erinnern. Über Entstehung und Geltung eines Begriffs, in: Heidemarie Uhl (Hrsg.), Zivilisationsbruch und Gedächtniskultur. Das 20. Jahrhunderts in der Erinnerung des beginnenden 21. Jahrhunderts. Innsbruck u. a. 2003 (= Gedächtnis – Erinnerung – Identität 3), S. 17–34.

47 Omer Bartou, The Holocaust as „Leitmotif" of the Twentieth Century, in: Zeitgeschichte 31 (2004) 5, S. 315–327.

48 Monika Flacke (Hrsg.), Mythen der Nationen. 1945 – Arena der Erinnerungen, Mainz 2004 (Katalog zur gleichnamigen Ausstellung des Deutschen Historischen Museums Berlin 2004/05).

49 Heidemarie Uhl, From Victim Myth to Co-Responsibility Thesis: Nazi-Rule, World War II, and the Holocaust in Austrian Memory, in: Richard Ned Lebow, Wulf Kansteiner, Claudio Fogu (eds.), The Politics of Memory in Postwar Europe, Durham, NC, S. 40–72.

50 So der Titel der Anne-Frank-Wanderausstellung. Vgl. http://www.annefrank.at.

51 Einführung des Regisseurs anlässlich der Vorführung bei der Jüdischen Filmwoche 06 im Wiener Votivkino, 13. 11. 2006.

52 Avishai Margalit: Ethik der Erinnerung. Max Horkheimer Vorlesungen. Frankfurt am Main 2000.

Claus Leggewie

Der andere Elfte September

Mediale Spiegelungen eines freudig begrüßten Ereignisses

Einleitung

Der Elfte September 2001 gehört zu jenen historischen Zäsuren, über die man sich zu erzählen pflegt, wo man sich aufgehalten hat, als sie eintraten. Die Ortsbestimmung ist für die Deutung in der Tat wichtig. Denn ‚wir' – der politische Westen – waren von den einstürzenden Twin Towers zunächst entsetzt und über die unerdenkliche Tat empört, dann, das belegt die Masse der auflagenstarken Darstellungen von *Nine eleven*, von ihr auch hochgradig fasziniert. Das Faszinosum war der ästhetische Effekt des Widerscheins der Feuerbälle (da hat Stockhausen recht[1]), dann jedoch kam eine fatale Derealisierung (alias Dekonstruktion) dieses Ereignisses durch eine Flut konspirationistischer Geschichten. Ein Beispiel ist das Pseudo-Dokumentar-Video eines 22-jährigen US-Studenten *Loose change*, das die Anschläge vom 11. September 2001 als von der US-Regierung eingefädelt entlarven will. Die Zugriffszahlen waren enorm, bei Google sollen den Film über 10 Millionen Menschen angeschaut haben, *www.loosechange911.com* wurde zeitweise 20 000 Mal am Tag angeklickt.

Auch die kulturwissenschaftliche Literatur ist voll von minutiösen Abhandlungen über die medialen Spiegelungen dieser unerhörten Begebenheit, die in der Mediengeschichte eine echte Zäsur darstellt.[2] Aber was wurde eigentlich gespiegelt, reflektiert? Das Risiko kulturwissenschaftlicher Stellungnahmen zu diesem Ereignis besteht darin, an einem reinen Kunst- und Kultur-Palaver mitzuwirken, das – da redet Stockhausen irre – aus Terror eine bodenlose Trivialität macht. Die Art, wie oft über *Nine eleven* palavert wird, müsste eine medial fixierte Kulturwissenschaft irritieren, die im Verhältnis zu dem dekonstruierten Ereignis bisweilen den Boden unter den Füßen verliert und dabei unpolitisch wird. Es beeindruckt das ‚Kunstwerk': der Text, die Inszenierung, das Narrativ, das Medienereignis, die martialische Bildkommunikation, nicht deren politisch-soziales Substrat, nämlich die Aktion des Feindes und ihre Erklärung. „Wir sind gewarnt und schauen weg."[3] Eine an der medialen Oberfläche haftende Kulturwissenschaft redet vom Feindbild, ohne den Feind zu kennen.

Dagegen möchte ich die ‚andere Seite' thematisieren, die zum einen in dieser brutalen Feinderklärung besteht, zum anderen in der Freude, die der Massenmord außerhalb, vor allem in der arabisch-islamischen Welt ausgelöst hat. Erneut hat man es mit medialen Spiegelungen zu tun, die in diesem Fall nicht ‚Narrative des Entsetzens'[4] sind, sondern solche triumphaler Genugtuung. Sie sind im Westen kaum bekannt und werden in den genannten Abhandlungen fast nie einbezogen und analysiert. Das dürfte nicht nur an Sprachbarrieren oder Disziplingrenzen liegen. Aufklärungsbedürftig ist die extrem feindliche Haltung, die radikale Islamisten und ihre Sympathisanten einnehmen, und ihre Legitimation in einem religiösen Opferdiskurs, der Massenmord in Kauf nimmt und junge Männer und Frauen in Selbstmordaktionen verheizt. Dieser aggressive Opfer-Diskurs ist in der arabisch-islamischen Welt seit langem präsent und hat, nicht zuletzt über die Ikonographie des ‚anderen Elften September', muslimische Einwanderer-Gemeinschaften im Westen erreicht, gerade auch die zweite und dritte Generation. Das Fanal des Elften September hat, so viel kann man nach gut sechs Jahren behaupten, selten zur Selbstreflexion, häufiger zur Radikalisierung in der arabisch-islamischen Hemisphäre beigetragen.

Was können die Kulturwissenschaften da tun? Ich möchte mich nicht den westlichen Rezeptionsformen des Elften September in Film, Fotografie, Literatur und Kunst sowie in der populären Massenkultur widmen, sondern dem Phänomen zuwenden, das den Namen Al-Qaida trägt, dem ‚Netzwerk der Netzwerke', bei dem man es mit einem transnationalen Medienereignis par excellence zu tun hat. Was ist Al-Qaida, welche Rolle spielen religiöse Elemente im politischen Terror, welche Rolle spielen digitale Medien in seiner transnationalen Kommunikation? Wie werden muslimische Einwanderer im Westen davon erfasst? Meine Betrachtungen möchte ich in eine vielleicht provokante Konklusion einmünden lassen, die uns vom Feindbild zum Feind führt und zu den Aufgaben der Kulturwissenschaften neben dem Fremdverstehen (und gerade darin) die Beobachtung erklärter Gegner der westlichen Freiheit und Demokratie zählt.

Al-Qaida

Das Terrornetzwerk Al-Qaida (zu übersetzen mit: *Basis, Regel, Stützpunkt, Fundament, die Sitzende,* auch: *Datenbank*) wird in der westlichen Welt weiter verrätselt, obwohl es so enigmatisch niemals war. Dazu tragen die zahlreichen

'Terrorexperten' bei, indem sie etwa Aiman al-Zawahiri, nach einer Video-Reaktion auf den US-Präsidenten, zur 'Nummer zwei' der Al-Qaida erklären, als handele es sich dabei um eine Regierungsorganisation. Es ist aber nicht die hierarchische, von einem Anführer Osama bin Laden oder seinem 'Vize' al-Zawahiri angeführte Organisation, zu der es westliche Geheimdienste ernannt haben, sondern genau das, was der Name sagt und die im Westen wenig übersetzten und gelesenen Schriften aussagen[5]: ein medial distribuiertes Regelwerk der Kriegsführung gegen „Juden und christliche Kreuzfahrer", das auf neoreligiös-ideologischer Basis locker verbundene Netzwerke bildet und diese punktuell für Kampfhandlungen mobilisiert. Natürlich gibt es Al-Qaida, als Name und als Sache, seine Struktur bezeichnet der britische Journalist Jason Burke aber treffend als „Netzwerk der Netzwerke"[6], womit er eine Metapher aufgreift, die üblicherweise dem dezentral-horizontalen Gefüge der digitalen Informations- und Kommunikationstechnologien zuteil wird. Auch das Internet gilt als ein solches Netzwerk der Netzwerke, und in diesem Sinne gehört man Al-Qaida nicht an wie ein Mitglied dem Verein, der Mitarbeiter dem Unternehmen, der Beamte der Verwaltung und auch nicht wie der Partisan der Armee, sondern so wie ein User dem Internet-Forum oder der Eintrag einer Datenbank, der eingefügt, überschrieben und gelöscht werden kann. Daran wird deutlich, wie sehr Al-Qaida ein modernes Medienereignis ist, aber eben eines, das sich nicht in medialer Spiegelung oder virtueller Inszenierung erschöpft.

Es ist vielmehr ein Netzwerk, dem seit 1993 Tausende von Toten und Zig-Tausende von Verletzten zum Opfer gefallen sind und weiter zum Opfer fallen werden.[7] Einer militärischen Organisation am nächsten kam es in den Jahren zwischen 1996 und 2001. Der Name 'Al-Qaida' geht zurück auf den 1989 ermordeten palästinensischen Theologen (und Mentor von Osama bin Laden) Abdallah Azzam, der im April 1988 in der Zeitschrift *Al-Dschihad* zur Gründung einer „soliden Basis" (arabisch *al-Qaida al-sulba*) aufgerufen hatte.

Seit Anfang der achtziger Jahre, seit 1984 gemeinsam mit Osama bin Laden, organisierte Azzam von Pakistan aus finanzielle und personelle Unterstützung für den Kampf der Mudschahedin gegen die sowjetische Besetzung Afghanistans, aber stets war Al-Qaida weniger die in Afghanistan gebildete Söldner-Armee aus der gesamten islamischen Hemisphäre von Marokko bis Pakistan als die Maxime einer geistigen Avantgarde. Die Kerngruppe des Netzwerkes, die sich zwischen 1996 und 2001 in Afghanistan unter dem Schutz des Taliban-Regimes festigte und verankerte, soll den Umfang von 50 bis 100 Personen niemals überschritten haben, aber auch zu diesem Zeitpunkt war Al-Qaida „keine geschlossene und strukturierte, überall präsente, aus Zellen bestehende Terrororganisation".[8] Nur in diesem Zeitraum kann auch Osama bin Laden als zentrale Schnittstelle des Netzwerkes definiert werden, der wesentlich von seinem medialen, in der westlichen Medienwelt zunächst kaum zur Kenntnis genommenen Renommee zehrte und vor allem von seiner funktionalen Rolle, die Burke treffend vergleicht mit einem „... Risikokapitalgeber, der von verschiedenen Gruppen oder Einzelpersonen vorgeschlagene Projekte fördert, in der Hoffnung, dass sie sich als gewinnbringend erweisen werden".[9]

Al-Qaida steht für Gefolgschaft ohne Zugehörigkeit, bin Laden für Charisma ohne Befehlsgewalt, der gesamte, weitverzweigte Dschihadismus für ein Empire ohne Territorium. Bin Laden ist heute nur noch der symbolische Führer eines seit 2001 erheblich geschwächten und zugleich erweiterten Netzwerkes. Al-Qaida ist in die ‚Post-bin-Laden-Phase' eingetreten – und damit nicht irrelevant oder weniger gefährlich. Diese Entwicklung passte weder in die Nachrichtenwerte westlicher Redaktionen, die eher ein ausschweifendes Leben bin Ladens oder die Verbindungen seiner Familie in die USA beschäftigte, noch in die Schemata westlicher Geheimdienste, die sich am KGB und am Kalten Krieg und damit an dem von ihnen selbst geschaffenen Kosmos orientieren.

Was damit weithin unverstanden bleibt: Al-Qaida ist der Prototyp eines transnationalen Terrorismus[10], ein nicht-staatlicher Akteur, der in mehreren Staaten und darüber hinaus in einer Sphäre weltgesellschaftlicher Emergenz tätig ist, die jenseits von Staatlichkeit angesiedelt ist und transnationale Sozialräume schafft. Zu seinen Hauptmerkmalen zählt die ‚glokale', also lokale mit globalen Elementen zusammenspannende Agenda und Konfliktlinie, eine internationalistische Ideologie, eine multinationale Mitgliedschaft und transnationale Netzwerke. Waren die RAF und der ‚Leuchtende Pfad', sind IRA und ETA, die Befreiungstiger und die PKK genau wie das Gros der palästinensischen Organisationen dem Wesen nach lokale Erscheinungen, die auf die Bildung staatlicher Territorien aus sind, ist Al-Qaida ein globales Terrornetzwerk mit lokalen Ausprägungen.

Glokale Agenda und Konfliktlinie Befreiung arabischer Kernregionen →Kosmischer Krieg gegen den Westen (Israel, USA, EU)	Internationalismus Cleavage Gläubige/Ungläubige Nationsübergreifender Dschihadismus
Multinationale Rekrutierung ‚Aktive' in allen islamischen und Diaspora-Ländern Verbindung mit lokalen Terror-Gruppen	Multi-Hub-Netzwerk Flexible, dezentrale Strukturen mit charismatischer Führungsideologie und assoziierten Kontakten

Al-Qaida hat vieles gemeinsam mit altbekannten Terrororganisationen mit national- oder sozialrevolutionärer Zielsetzung, darunter die RAF[11], namentlich die globale Gegnerschaft zur Weltmacht USA, praktiziert aber Terror mit allerhöchstem Destruktionspotenzial und weltweitem Schockeffekt, agiert auf per se globaler Operationsbasis und mit weltpolitischen Folgen, wie es bisher keiner Terror-Gruppe gelungen ist. Dazu tragen vor allem die Selbstmordattentate bei, die auch die effektive Bekämpfung des Gegners so schwer machen[12], da mit seinem Selbsterhaltungskalkül nicht zu rechnen ist und die wahllosen Opfer als verachtungswürdige oder unbedeutende Kreaturen betrachtet, ihre Täter hingegen als Märtyrer verehrt werden.

Al-Qaida ist also Resultat wie Motor der transnationalen Weltgesellschaft (vulgo: Globalisierung), entstanden als Beiprodukt eines Systemkonflikts im ausgehenden Kalten Krieg und Effekt der großen, uns in ihren Dimensionen kaum bewussten Zeitenwende der späten 1970er Jahre.[13] Den Anstoß gab das Doppelereignis der iranischen Revolution und des Einmarsches der Sowjetunion in Afghanistan für den bewaffneten Aufstand und Befreiungsschlag gegen eine Weltordnung, die junge Muslime weltweit für ihre Deprivation verantwortlich machten. Es begann ein Rückzug auf die eigene, natürlich erfundene Identität, die sich alsbald jeder Diskussion oder Reflexion entzog und im Gefühl moralischer Überlegenheit und in Erwartung eines (auch sexuellen) Paradieses zu abscheulichen Taten bereitfand. Ermöglicht wurde dies – das ist wahr – in der Carter-Reagan-Ära durch eine weltweite, aus heutiger Sicht nur irrwitzig oder selbstmörderisch zu nennende Unterstützung antisowjetischer Konterrevolutionäre, durch die offene Allianz mit reaktionären arabischen Regimen und die zunehmend ideologisierte und militarisierte Koalition mit Israel, was die erste und zweite Intifada auslöste und den Terrornetzwerken zusätzliche Mobilisierung brachte. Genährt wurde das Netzwerk im Übrigen durch die westliche Medienkultur, so dass Al-Qaida tatsächlich eine transkulturelle Genese hat – im Westen gegen den Westen.[14]

Zu klären ist dabei die Bedeutung der Religion, die mit zwei gängigen (und konträren) Behauptungen meist vernebelt wird – der Islam sei eine prinzipiell friedliche Religion oder der Islam sei eine per se kriegerische und gewaltförmige Veranstaltung. Mark Juergensmeyer[15] und andere haben die Logik religiös motivierter Gewalt dargelegt, die nicht allein den Dschihadismus kennzeichnet, sondern genauso andere Ausdrucksformen religiösen Terrors von den christlichen Abtreibungsgegnern in den USA bis zur Aum-Shinrikyo-Gruppe in Japan. Juergensmeyer spricht vom „Theater des Terrors" und meint damit, dass öffentliche Rituale, darunter vornehmlich religiöse Vollzüge, sämtliche Betroffene – Täter, unfreiwillig Mitwirkende, Zuschauer an den Fernsehgeräten – in performative Akte verwickelt, die nicht allein ein symbolisches Statement machen, sondern zugleich die Wirklichkeit verändern. Terroristische Akte haben nicht nur einen religiösen Hintergrund – dieser ist im Fall der Attentäter vom 11. September 2001 offensichtlich –, sie sind von den Ausführenden selbst als religiöse Akte inszeniert und ausgeführt worden. Darauf beziehen sich auch die gewählten Orte und Zeitpunkte des mörderischen Geschehens und der bei bin Laden konstitutive Anspruch, aus vermeintlicher Marginalität weltweite ‚media coverage' zu erhalten und somit auf einen Schlag ein weltweites Publikum zu erreichen und zu beeindrucken.

Theater of Terror (performative Gewalt, symbolische Orte, Media coverage)	*Cosmic War* (vom symbolischen zum realen Krieg, Manichäismus, Todessehnsucht)
Martyrs & Demons (Selbstmordattentat, Satan USA, transnationaler Terror)	*Warrior's Power* (Entmarginalisierung, Hypermännlichkeit, Gotteskrieger)

Massenmord wie Selbstmord werden im Fall des radikalen Islamismus damit begründet, dass sich die Kombattanten in einem Religionskrieg von kosmischem Ausmaß wähnen, der mit den Kreuzzügen im 11. Jahrhundert begonnen hat. Da sie sich und die religiösen Kultstätten ihres Glaubens verteidigen, ist jedes Mittel recht, darunter die Opferung des eigenen Lebens. Besonders attraktiv ist diese manichäische Weltsicht für junge, ihrer Sexualität unsichere Männer, die Juergensmeyer ‚Cowboy-Mönche' nennt und die sich in Männerbünden als Gotteskrieger betätigen. An diesem Punkt wird klar, welche symbolische Bedeutung der Kampf um Palästina für sämtliche religiöse Fundamentalisten (darunter sogenannte ‚christliche Zionisten' in den USA) besitzt und wie er mittlerweile auch bei Hamas und Hisbollah transnationale Züge annimmt. Es geht nicht mehr allein um die Befreiung von *Al-Quds*, sondern um die Niederringung des Satans USA und seiner westlichen Verbündeten.

Medien (virtuelle Umma)

Kommunikationsmittel sind von herausragender Bedeutung für alle terroristischen Kräfte und ein besonderes Mittel in *low intensity-conflicts*, um Asymmetrien der Kriegsführung zu kompensieren. Damit sind sie besonders wichtig für die Innen- wie für die Außenkommunikation von Al-Qaida. Diese reicht von individuellen Boten und Mobil- beziehungsweise Satellitentelefonaten über Printmedien und Tonband- und Video-Bänder, die in elektronischen Medien für ein Millionenpublikum abgespielt werden, bis zu Online-Magazinen, E-Mail-Botschaften, Chatrooms und Internet-Foren. Man muss diese Medien einordnen in eine regionale, arabisch-islamische wie globale Kommunikationslandschaft, die arabische Sprache dominiert, aber auch englisch ist Lingua franca geworden. Die Printmedien der arabischen Welt – zum Teil auch des Exils oder Asyls – stehen weit mehr als früher unter saudischer Kontrolle, was eine kritische Berichterstattung über arabische, zum Teil US-freundliche Regierungen erleichtert.

Wichtiger sind, schon auf Grund ihrer Reichweite, die elektronischen Medien, zunächst das Radio, das in vielen Teilen der arabisch-islamischen Welt weiter das einzige und wichtigste Massenkommunikationsmittel ist, und das Fernsehen, das nach dem Golfkrieg 1991 in einem panarabischen Medienraum agiert und modernste Satellitensender hervorgebracht hat, vor allem Al-Dschasira mit Sitz in Qatar und Al-Arabiya, einem saudischen Konkurrenzsender. Während die unter halb-staatlicher Kontrolle stehenden Printmedien für Al-Qaida-Botschaften schwer erreichbar sind, eignet sich der Rundfunk besonders gut für eine Distribution der Tonband-Mitschnitte und Video-Clips, die Osama bin Laden und andere als Medien-Volkstribune den entfremdeten und verelendeten arabischen Massen anbieten und dabei zunehmend Diaspora-Jugendlichen in Einwanderungsgesellschaften.

Von besonderem Interesse sind die Online-Medien, die eine wachsende Elaboration und Akzeptanz des Dschihadismus ermöglichen. Online-Nutzung ist in der arabischen Welt ein neues und noch nicht allzu verbreitetes Phänomen, das aber gegenüber den herkömmlichen Massenmedien einen echten Befreiungsschub auslöste: Unterlaufen staatlicher und familiärer Kontrolle, Freiheit des religiösen Wortes sowie der erotischen Kommunikation. Al-Qaida hat die Potenziale dieses individualisierten Massenmediums frühzeitig erkannt und genutzt. Eine neuere Analyse der Internet-Nutzung durch Al-Qaida bestätigt eine hochgradige formale wie inhaltliche Affinität: „Die Organisation denkt über und wie das Internet, sie ist vernetzt über und wie das Internet, sie ist allgegenwärtig über und wie das Internet."[16] Dass ‚Al-Qaida' auch mit Datenbank übersetzt wird, verweist auf diese spezielle Eignung des grenzüberschreitenden und wegen seiner hybriden Struktur schwer zu kontrollierenden Internets für die Verbreitung des ‚Al-Qaida'-Denkens auf allen Ebenen:

- als Fernuniversität für die Rekrutierung von Kämpfern, Sympathisanten und Mittelsmännern,
- als Trainingscamp für deren technische und organisatorische Ausbildung,

- als Forum für die Mobilisierung von Unterstützung,
- als Schaufenster für Propaganda und Werbung.

Man darf sagen, dass das Internet heute zur Hauptplattform des Dschihadismus geworden ist, und zwar in all seinen Erscheinungsformen: Webseiten, Foren, IRC-Kanäle, die die vier Hauptfunktionen des Netzwerks der Netzwerke – Information, Propaganda, Training sowie Expression – rundum erfüllen.

Das Internet bietet dazu nur seine bekannten Potenziale und Qualitäten: leichten und kostengünstigen Zugang, Anonymität und Fluidität, Schnelligkeit und Unmittelbarkeit, Reichweite und Ubiquität, Interaktivität und Multimedialität. Kurzum: es steht dem Dschihad als individualisiertes transnationales Massenmedium genauso zu Verfügung wie benevolenten zivilgesellschaftlichen Agenturen, der organisierten Kriminalität oder der National Security Agency. Al-Qaida ist auch hier akephal, als Knotenpunkt des *cyberdschihad* und Keim einer virtuellen radikal-islamistischen *Umma*, worunter man (vor allem im westlichen Sprachgebrauch) die religiöse Gemeinschaft der Muslime auch jenseits der arabischen Nation versteht.

Im Cyberspace werden Terroranschläge ausgedacht und vorbereitet, übrigens auch Hackerkriege ausgetragen und Anschläge auf die digitale Informationsinfrastruktur vorbereitet, vor allem aber ist die virtuelle Umma die lange vermisste Gegenöffentlichkeit für Kämpfer und Sympathisanten – als theologisches Archiv, islamischer Erinnerungsort, als Tribüne für Pamphlete, Strategiepapiere, Bekennerschreiben und vor allem für Videobeweise von Terrorakten, die sich an Brutalität kaum noch überbieten lassen. Oft ist das Ziel eines Terroranschlags die Herstellung und Verbreitung des Videos, das seine Vorbereitung und erfolgliche Durchführung demonstriert.

Während Terrorfahnder noch nach ‚Terror-Webseiten' suchen, deren Zahl sie auf rund 5000 schätzen, hat sich der Al-Qaida-Diskurs längst in weniger sichtbare und erschließbare Mailing- und Diskussionsgruppen sowie Chatrooms verlagert, die Provider wie Yahoo oder Geocities nutzen und Upload-Dateien bei Unternehmen parken, die im Internet Werbung veranstalten. Mit Hilfe von Schlüsselbegriffen kann man diese gezielt suchen oder auf Zufallstreffer hoffen. Das Netz ist vor allem aber eine elektronische Denkfabrik für die Debatte, was Al-Qaida künftig sein soll, nämlich Kern einer globalen sozialen Bewegung, die dank der besonderen Diaspora-Affinität und -Tauglichkeit der digitalen Medien auf Akteure in den westlichen Gesellschaften übergreift. Selbst Seiten für Frauen und Kinder dienen diesem Ziel.

Al-Qaida im Westen: Ausweitung der Kampfzone?

Für ein Netzwerk der Netzwerke ist die Ausdehnung der Rekrutierungs- und Propagandafelder seit 2000 nur konsequent: Al-Qaida bezog sukzessive saudische Militante und indonesische Radikale und zunehmend arabische Immigranten in Spanien und Deutschland, pakistanisch-stämmige Briten und westliche Konvertiten ein. Auch daran erweist sich die Flexibilität eines selbstreproduktiven, lernenden Terrornetzwerkes, das sich in eine weltweite sozialreligiöse Bewegung zu verwandeln sucht und dabei vom Arabischen ins Englische (oder andere lokale Sprachen) und wieder zurück springt. Die Radikalisierung durch die Irak- und Libanon-Kriege, aber auch Vorfälle wie der so genannte ‚Karikaturenstreit' mobilisierten muslimische Einwanderer der zweiten und dritten Generation weit über die Nachrichtendauer dieser Ereignisse in den westlichen Medien hinaus. Immigranten stehen unter dem Eindruck einer westlich-hedonistischen Populärkultur und sind gerade deswegen ein leichtes Ziel für Al-Qaida-Denken, das sich deren Formen zu eigen macht und im ausdrücklichen oder impliziten Rekurs darauf Frustration, Empörung und Selbstviktimisierung der *cultural outcasts* zum Ausdruck bringt, von denen viele keinen Schulabschluss haben, aus zerstörten Familien kommen und wegen Drogendelikten aufgefallen sind. Gesteigerte Verbalradikalität und eine wirklich radikale Tat sollen einigen wieder Lebenssinn verleihen und aus „radikalen Verlierern" (Enzensberger) endlich Gewinner machen. Weniger der Hassprediger in einer Moschee, auch nicht die vom Verfassungsschutz beobachteten islamistischen Zirkel wie Milli Görüs sind Rekrutierungsbüros solcher Einzeltäter, die im Herbst 2006 zwei Kofferbomben auf Bahnstrecken in Nordrhein-Westfalen zur Explosion bringen lassen wollten, sondern isolierte, in marginalen Zirkeln kommunizierende Wanderexistenzen und die Dauer-Beobachtung einer globalen Kommunikationsarena, in der Dschihadisten den Bilderkrieg angenommen haben und westliche Medien sich ungewollt als Verstärker und freie Mitarbeiter von Al-Qaida betätigen.[17]

Der islamische Neofundamentalismus propagiert Glauben als individuelle Erfahrung und radikalen Bruch mit der Tradition. Das macht ihn so anziehend für marginalisierte Migranten in den Vorstädten, die sich einer (nicht bloß imaginären) Weltgemeinschaft des kämpferischen Islam anschließen. Um das vor aller Welt zu bekennen, sind Zeichensetzung (Kopftuch), symbolische Präsenz (Moschee), Orthopraxie (Halal-Konsum) bedeutsam sowie zunehmend die Propaganda der Tat. ‚Steinzeit-Islam' ist das nicht, die Rückkehr einer puritanischen Religiosität bedeutet vielmehr Modernisierung und

Verwestlichung, selbst wo man sich vehement gegen die westliche Konsumkultur auflehnt, in die junge Muslime verstrickt sind – als deviante Drogendealer genau wie als vorbildliche Informatikstudenten. Oder als Bremer Schiffsbauer: Der Lebensplan eines Murad Kurnaz mag einem seltsam vorkommen, in sich ist er ebenso rational und konsequent wie Protestkonversionen zu Al-Qaida.

Das düstere Bild eines in die Diaspora ragenden Netzwerkes muss nun keineswegs in ein Horror-Szenario münden, das heißt: Die von mir festgestellte Indolenz des künstlerischen, zum Teil auch kulturwissenschaftlichen Diskurses soll nicht durch Dämonisierung und Dramatisierung eines Feindes gekontert werden. Die von Kepel, Roy und anderen begründete These, das Aufkommen des radikalen, gewalttätigen Islamismus demonstriere nicht seine Stärke, sondern seine tiefe Schwäche, hat immer noch vieles für sich, auch die terroristische Variante ist besiegbar. Derzeit sind wohl mehrere Szenarien denkbar:

1. *Radikalisierung*: Apokalyptische Aktionsformen wie der Nuklear-Terrorismus[18]
2. *Initiierung* eines Bürgerkriegs in Europa mit sozial-revolutionären Zielen[19], aber auch:
3. *Absterben*: Vereinzelte Verzweiflungsakte im Prozess erfolgreicher Repression und allmählicher Entzug beziehungsweise Versiegen der Organisationsressourcen[20]
4. *Transformation* in eine zivile sozial-religiöse Bewegung mit der Zielsetzung eines Gottesstaates/Kalifats in den arabisch-islamischen Kernregionen[21], die sich mit ihrer Entzauberung in der westlichen Mediengesellschaft womöglich einhegen und pazifizieren lässt.[22]

Aus diesen Szenarien ergeben sich Konsequenzen für den Umgang mit radikalen gewaltbereiten Muslimen.

Von der Feindbildanalyse zur Gegnerforschung?

Ungeachtet dessen, wie man die effektive Gefährlichkeit des Dschihadismus als (geringes) individuelles Risiko und als (mittlere) Gefahr für die Freiheit und Demokratie westlicher Gesellschaften einstuft, tut die selbstbewusste Erkennung des Gegners und eine selbstreflexive „Gegnerforschung"[23] not. Das hat der Träger des Friedenspreises des Deutschen Buchhandels von 2005 – zum Erstaunen der Paulskirche und einer pazifistisch gestimmten Öffentlichkeit – weniger der überforderten Islam- als der gesamten Kulturwissenschaft aufgegeben (und auf jeden bellizistischen Schlenker im vermeintlichen

„Krieg der Kulturen“ verzichtet). Auf die Einlösung dieses Postulats in der öffentlichen Debatte wie im engeren Feld der Kulturwissenschaften wartet man noch. Schlagwörter und Kampfbegriffe wie Islamophobie und Islamofaschismus stehen nur im Weg, wenn endlich eine Debatte und Forschung über Islam und Moderne beginnen soll, die vorurteilslos und ohne die Scheuklappen politischer Korrektheit zu den umstrittenen Sachen selbst kommt. Den Kulturwissenschaften hat Thomas Hauschild in diesem Zusammenhang den Auftrag gegeben, eine Art Ethnographie des Terrors zu schreiben und diese nicht allein den Verhörspezialisten von Guantánamo zu überlassen.

Eine indolente Gesellschaft, die überholte Sicherheitsillusionen verteidigt, und ein hilfloser Staat, der solche mit patriotischen Akten, Luftangriffen und High-Tech-Fantasien vortäuscht – das ist die wahre Erfolgsbilanz des Terrors in den letzten sechs Jahren. Sicherheit als Schutz vor einem Anschlag, darin haben die versammelten Innenminister recht, kann niemand garantieren. Sicherheit in einem übertragenen Sinne, die dem Terror nicht seine gezielte Gewalt, wohl aber seinen grassierenden Schrecken nimmt, bietet allein die gelassene Reaktion einer abgeklärten Bürgerschaft. Der Begriff der wehrhaften Demokratie ist im „Kampf gegen rechts“ und für allerhand symbolisches Pathos fast unbrauchbar geworden. Er stammt aber von deutschen Emigranten, die wussten, dass die Weimarer Republik nicht an der ökonomischen Krise oder am Zangengriff der Extremisten zugrunde gegangen ist, sondern weil es ihr an wehrhaften Demokraten mangelte, die ein klares Bewusstsein von ihren Feinden besaßen. Ende 1942 nahm Herbert Marcuse[24] in den USA eine Stelle beim amerikanischen Geheimdienst an und begann seine ‚Feindanalysen‘, die erst 1998 postum herausgegeben worden sind.

Al-Qaida behauptet die vollständige Inkommensurabilität des wahren Islam mit der westlichen Moderne und beschwört dagegen eine letzte, womöglich endgültige Gewaltanstrengung. Gegen die Unvermeidlichkeit des polemischen Endkampfes kann die Moderne angesichts des praktischen Polytheismus der Werte nur eine Politik des Widerstreits setzen, mit dem Postulat, die Auseinandersetzungen im Politischen, „illusionslos, und das heißt aufgeklärt, sowie regelgebunden auszutragen“ (Max Weber). Mehr können wir nicht, aber das könnten wir immerhin versuchen.

Anmerkungen

1 Der Komponist erklärte fünf Tage nach dem Anschlag: „Also – was da geschehen ist, ist natürlich – jetzt müssen Sie alle ihr Gehirn umstellen – *das größtmögliche Kunstwerk was es je gegeben hat*, dass also Geister in einem Akt etwas vollbringen,

was wir in der Musik nie träumen könnten, dass Leute zehn Jahre üben wie verrückt, total fanatisch für ein Konzert und dann sterben. Das ist das größte Kunstwerk, was es überhaupt gibt für den ganzen Kosmos. Stellen sie sich das doch vor, was da passiert ist, das sind Leute, die sind so konzentriert auf das, auf die eine Aufführung und dann werden 5000 Leute in die Auferstehung gejagt in einem Moment. Das könnte ich nicht" (Pressekonferenz am 16. 9. 2001 in Hamburg, Tonbandmitschnitt Norddeutscher Rundfunk).

2 Knieper, Thomas/Marion G. Müller (Hrsg.): War Visions. Bildkommunikation und Krieg, Köln 2005. Ebenso Beuthner, Michael: Bilder des Terrors – Terror der Bilder? Krisenberichterstattung am und nach dem 11. September, Köln 2003.

3 Hauschild, Thomas: Auf den Spuren von Al-Qaida. Scheichs, Lügen, Videos: Eine Ethnographie des Terrors, in: Internationale Politik (November 2005).

4 Lorenz, Matthias N.: Narrative des Entsetzens. Künstlerische, mediale und intellektuelle Deutungen des 11. September 2001, Würzburg 2004.

5 Kepel, Gilles/Jean-Pierre Milelli (Hrsg.): Al-Qaida. Texte des Terrors, München 2006. Kippenberg, Hans Gerhard/Tilman Seidensticker (Hrsg.): Terror im Dienste Gottes. Die ‚Geistliche Anleitung' der Attentäter des 11. September 2001, Frankfurt 2004. Ders./Kocku von Stuckrad: Einführung in die Religionswissenschaft, München 2003. Guidère, Mathieu: Les ‚Martyrs' d'Al-Qaida. Au cœur de la propagande terroriste, Nantes 2006.

6 Burke, Jason: Al-Qaida. Wurzeln, Geschichte, Organisation, Düsseldorf 2004.

7 Steinberg, Guido: Der Nahe und der Ferne Feind. Die Netzwerke des islamistischen Terrorismus, München 2005.

8 Burke, Al-Qaida S. 30.

9 Burke, Al-Qaida, S. 38.

10 Schneckener, Ulrich: Transnationaler Terrorismus. Charakter und Hintergründe des ‚neuen' Terrorismus, Frankfurt/Main 2006.

11 Hess, Henner: Die neue Herausforderung. Von der RAF zu Al-Qaida, in: Wolfgang Kraushaar (Hrsg.), Die RAF und der linke Terrorismus, Bd. 1, Hamburg 2006, S. 103–122.

12 Croitoru, Joseph: Der Märtyrer als Waffe. Die historischen Wurzeln des Selbstmordattentats, München 2003.

13 Damals hat der Vf. in Algerien, einem zu dieser Zeit noch recht unangefochten säkular und staatssozialistisch regierten Land, miterleben können, wie in einer vom Westen angezogenen Dependenzkultur junge Männer, die dank eines Kompromisses der westorientierten Staatsklassen mit traditionellen islamischen Kreisen arabophon und islamisch sozialisiert waren, ihre tiefe Frustration über die nach wie vor frankophon-westlich und säkular-hedonistisch ausgerichteten und korrupten Wirtschafts- und Gesellschaftseliten in den religiös-politischen Fundamentalismus eintauchten.

14 Roy, Olivier: Der islamische Weg nach Westen. Globalisierung, Entwurzelung und Radikalisierung, München 2006.

15 Juergensmeyer, Mark: Terror in the Mind of God. The Global Rise of Religious Violence, 2. Aufl. Berkeley, CA 2001.

16 Musharbash, Yassin: Die neue Al-Quaida. Innenansichten eines lernenden Terrornetzwerks, Köln 2006, S. 99.
17 Paul, Gerhard: Der Bilderkrieg. Inszenierungen, Bilder und Perspektiven der ‚Operation Irakische Freiheit', Göttingen 2005.
18 Allison, Graham: How to Stop Nuclear Terror, in: *Foreign Affairs*, January/ February 2004.
19 Mekhennet, Souad/Claudia Sautter/Michael Handeld: Die Kinder des Dschihad. Die neue Generation des islamistischen Terrors in Europa, München 2006.
20 Roy, Weg.
21 Musharbash, Al-Quaida.
22 Hauschild, Spuren.
23 Lepenies, Wolf: Friedenspreis des Deutschen Buchhandels 2006. Ansprachen aus Anlaß der Verleihung, Frankfurt/Main 2006.
24 Marcuse, Herbert: Feindanalysen. Über die Deutschen, Lüneburg 1998.

Guido Isekenmeier

Nachrichten vom Irak-Krieg

Ereignis-Medien und visueller Realismus

Es gehört zu den Gemeinplätzen der Betrachtung von Medienereignissen im Allgemeinen und des televisuellen Krieges im Irak im Besonderen, dass (die) Medien das Ereignis nicht einfach wiedergeben oder abbilden, sondern dass sie es erst eigentlich erzeugen oder hervorbringen. Dieser konstruktivistische Common Sense beherrscht die meisten Äußerungen zum Medienereignis, ob deren Modus nun theoretisch oder empirisch ist, auf die Medien des Ereignisses oder die Rezeption des Medienereignisses gerichtet. In einer philosophischen Sprechweise handelt es sich bei Medien folglich um Apparate, „die vorgeben, Ereignisse mitzuteilen, die sie aber in Wirklichkeit interpretieren, hervorbringen oder *machen*".[1] Mit Blick auf die mediale Wahrnehmung von Kriegen lässt sich entsprechend feststellen, dass „[wir] beobachten, was uns die Medien über den Krieg mitteilen (auch wenn wir oft glauben, dass wir mit den Augen der Medien den Krieg selbst beobachten)".[2]

Die wissenschaftliche Beschäftigung mit Medienereignissen hat sich, in der Folge von Dayan und Katz' Monographie über *Media Events,*[3] ganz dem konstruktiven oder interpretativen Aspekt zugewandt, den sie unter wechselnden Bezeichnungen wie Performativität, Inszenierung, Spektakel usw. verhandelt. Diese vorherrschende Perspektive versteht sich als eine Abkehr vom repräsentativen oder evidentiellen Aspekt des Medienereignisses, also seiner Darstellung des Ereignisses, die den (falschen) ‚Glauben' erzeugt, es handele sich um eine Wiedergabe des Ereignisses selbst, während es sich doch ‚in Wirklichkeit' um dessen Hervorbringung handelt.

Diese Abwendung vom dargestellten Ereignis, vom Medienereignis als Ereignis-Darstellung, führt jedoch mitunter gerade zu einer verstärkten Rückbindung an das reale Ereignis, an das, was wirklich geschehen ist. Die Untersuchung der Inszeniertheit der medialen Präsentation des Ereignisses bedeutet dann, den Abgrund, der zwischen „dem realen Kriegsgeschehen und den medialen Abbildern klaffte",[4] zu vermessen. In dieser Richtung tendiert die Analyse des Medienereignisses zur Medien-Kritik, die die prinzipielle Undarstellbarkeit der Realität des Ereignisses im gleichen Atemzug mit deren konkreter Verfehlung im Einzelfall beklagen kann: „Die kriegerische Gewalt in ihrer rauen Wirklichkeit entzog sich einmal mehr ihrer bildlichen Repräsentation und damit dem Blick des Publikums."[5]

Andererseits – und dies ist eine weitaus seltener verfolgte Fährte – eröffnet die Feststellung des grundlegenden Konstruktionscharakters des Medienereignisses gerade die Option, seinen Realismus nicht am Grad der Abweichung von dem, was wirklich vorgefallen ist, festzumachen, sondern an der ihm eigenen Kraft vorzugeben, das Ereignis bloß abzubilden. Gerade weil das Medienereignis ‚in Wirklichkeit' nur eine Konstruktion des Ereignisses sein kann und niemals seine Wiederholung, muss es über die Fähigkeit verfügen, Ereignis-Wiedergabe zu fingieren. Ohne Realismuseffekte, die genauso wirklich sind wie seine (anderen) performativen Effekte, gäbe es überhaupt keine Notwendigkeit für ein kritisches Wissen um die Gemachtheit des Medien-Ereignisses, die offensichtlich wäre. In dieser Richtung gälte die Aufmerksamkeit somit der Kraft des Medienereignisses selbst, von seiner Abbildlichkeit zu überzeugen, also den Weisen der realistischen visuellen Ereignisdarstellung. Der folgende Abschnitt führt eine mögliche theoretische Bestimmung von visuellem Ereignis-Realismus ein und entwirft eine kleine Typologie von realistischen Darstellungsformen. Im zweiten Teil wird das Beispiel des Realismus der Bewegung anhand einer Bildreihe genauer betrachtet.

I.

Als realistisch soll im Folgenden eine Darstellung gelten, für die – erstens – unentscheidbar ist, ob sich ihre Form dem Ereignis, dem Medium oder einer Ästhetik verdankt, und die – zweitens – die Ereignishaftigkeit des Ereignisses zum Ausdruck bringt oder zeigt. Gemäß dem ersten Kriterium lässt sich ein Realitätseffekt von Visualisierungsweisen des Ereignisses erwarten, für die nicht zu entscheiden ist, ob ihre Gestalt dem Ereignis, den zum Einsatz gekommenen Medien oder der Ästhetik des Medienereignisses zuzuschreiben ist. Diese Unentscheidbarkeit resultiert zunächst aus der mit technischen (optischen) Medien gegebenen Möglichkeit indexikalischer, also gleichsam vom Gegenstand selbst induzierter Abbildung:

> „Kommt hinzu, daß wir, seit wir die Photographie kennen, an die Abbildung gern die anspruchsvolle Forderung stellen, sie solle nicht nur dem Gegenstand ähnlich sein, sondern die Garantie für diese Ähnlichkeit dadurch geben, daß sie sozusagen ein Erzeugnis dieses Gegenstandes selbst, d. h. von ihm selbst mechanisch hervorgebracht sei – so wie die beleuchteten Gegenstände der Wirklichkeit ihr Bild mechanisch auf die photographische Schicht prägen."[6]

Unter den Vorzeichen technischer Ablichtung besteht so stets die Möglichkeit, dass das Ereignis für die Art seiner Visualisierung selbst verantwortlich zeichnet. Zur gleichen Zeit bleibt das Ereignisbild, die Form seiner Darstellung, als ein Ergebnis ästhetischer Gestaltung lesbar, etwa weil realistische Darstellungsformen auch in filmischen Reinszenierungen des Ereignisses eingesetzt werden. Die Unentscheidbarkeit, ob die Form der Darstellung dem Ereignis oder der Ästhetik des Medienereignisses zuzurechnen sei, entspricht dem fotografischen Paradox, das wie folgt beschrieben worden ist: „The photographic paradox can then be seen as the co-existence of two messages, the one without a code (the photographic analogue), the other with a code (the ‚art', or the treatment, or the ‚writing', or the rhetoric of the photograph)."[7]

Ihre volle Effektivität erreicht diese paradoxe Konstellation, wenn die Ereignis-Darstellung zudem noch von den verwendeten Medien gezeichnet ist, wenn die Darstellung des Ereignisses augenfällige Spuren seiner eigenen Medialität aufweist. Wenn also an der Abbildung des Ereignisses deren mediale Verfasstheit deutlich zu erkennen ist, tritt neben das Ereignis und seine Ästhetik noch das Medium als ein weiteres Moment der Bedingtheit des Ereignisbildes hinzu. Verfahren des Ereignis-Realismus sind folglich dann am wirkungsvollsten, wenn ihnen eine solche dreifache Unentscheidbarkeit zugrunde liegt.

Das zweite Kriterium besagt, dass eine realistische Ereignisdarstellung die abstrakten Merkmale von Ereignissen oder die Komponenten eines emphatischen Ereignisbegriffs umsetzt oder realisiert. Als Aspekte der Ereignishaftigkeit des Ereignisses lassen sich aus theoretischer Sicht unter anderem ausmachen: Plötzlichkeit, Geheimnis, Örtlichkeit und Unterbrechung. Ausgehend von diesen Eigenschaften lassen sich vier Typen realistischer Ereignis-Darstellung ausmachen und wie folgt charakterisieren und exemplifizieren:

– *Realismus des Geheimnisses oder der (Un-)Sichtbarkeit*: Das Ereignis ist geheimnisvoll, insofern es sich verbirgt: „Das Geheimnis gehört zur Struktur des Ereignisses. Nicht das Geheimnis im Sinne des Privaten, des Klandestinen oder des Verheimlichten, sondern das Geheimnis im Sinne dessen, was nicht erscheint."[8] Realistisch ist deshalb ein Ereignis-Bild, das die Eigenschaft des Ereignisses ausweist, sich dem Blick zu entziehen und ungesehen bleiben zu wollen. Damit sind Formen der Visualisierung gemeint, die – mehr noch als das Ereignis selbst zu zeigen – die Schwierigkeit vor Augen führen, es zu sehen.

Für die (amerikanischen) Kriege im Nahen und Mittleren Osten genießt dabei, schon aufgrund der Zeitverschiebung, die Nachtaufnahme eine besondere Konjunktur. Zu denken wäre also in erster Linie an restlichtverstärkte oder spektrumverschobene Bilder von nächtlichen Ereignissen, wobei unklar bleiben muss, ab welchem Punkt nicht mehr die Dunkelheit das monochrome Bild des Ereignisses bestimmt, sondern die technischen Parameter des jeweiligen Nachtsichtsystems.

Als charakteristische realistische Bilder der Bombardierung von Bagdad etwa können seit dem zweiten Golfkrieg (und noch immer im Irak-Krieg) grünstichige Aufnahmen des von Leuchtmunition und Explosionen erhellten Nachthimmels über der irakischen Hauptstadt gelten. Diese Korrelation geht so weit, dass solche Aufnahmen selbst in einer Szene eines Fernsehfilms über die CNN-Berichterstattung von 1991 (Mick Jacksons *Live from Baghdad*, HBO 2003) Eingang finden. Dort ist der reinszenierte Beginn des amerikanischen Luftangriffs über weite Strecken in filmischer Optik, also bester Qualität und Echtfarben, aus dem Hotelfenster der CNN-Reporter Arnett, Holliman und Shaw zu sehen. Gelegentlich aber wechselt die Einstellung auf die unspektakulären Grünbilder einer am Fenster aufgestellten Fernsehkamera, um deren Realitätseffekt zu zitieren und den Film als dokumentarisch zu autorisieren.

– *Realismus der Vertikalität oder der Unterbrechung*: Das Ereignis unterbricht den gewöhnlichen Fortgang der Geschichte, sofern es augenblicklich und im Nu geschieht. Das Ereignis ist etwas, was sich „gerade ereignet hat und gleich ereignen wird, und niemals etwas, was sich ereignet".[9] Eine Ereignisdarstellung ist realistisch zu nennen, wenn sie diesen Unterbrechungscharakter des Ereignisses wiedergibt, demzufolge das Ereignis die Zeit ohne Dauer in Vergangenheit und Zukunft teilt.

Als Beispiel für diesen Darstellungstyp können die Videos von Kameras in Gefechtskörpern gelten, die das Ereignis aus dem *bomb's eye view*[10] vorführen und deren visuelle Gestalt sich so beschreiben ließe:

> „Die Kamera ist mit Einstellungsbeginn – einer eröffnenden Totalen – auf ein bestimmtes Gebäude fixiert. Der Ausschnitt der Szene verkleinert sich bei gleichbleibendem, nahezu formatfüllendem Bildausschnitt kontinuierlich, während die Größe der zentralen Bildelemente proportional zunimmt. Der starre Blick und die gerichtete Bewegung lassen uns die Bildfolge als ‚Sicht' einer zielgerichtet fliegenden Rakete, das fokussierte Gebäude als fixiertes Zielobjekt lesen. [...] Die letzten Frames zeigen lediglich die weiße Fläche einer Außenwand mit nur wenigen signifikanten geometrischen Strukturen. Daraufhin kommt es zum abrupten Bildausfall – vergleichbar dem ‚Bildrauschen' bei Empfangsstörungen oder Sendeschluss."[11]

Der Augenblick des Ereignisses besteht in diesen Bildern genau in dem bloßen Übergang von der Anflugsequenz zum Rauschen, dieser unmerklichen Schwelle, an der der Einschlag erfolgt, der sich zwischen dem Bild und seinem Ausfall ereignet, dem „moment of the target's – and the image's own – dissolution"[12]. Der Ästhetik der *smart missile* – „smart not least because it provides its own footage"[13] – gelingt es dabei zwar, die temporale Struktur des Ereignisses wiederzugeben, sie neigt jedoch dazu, das Ereignis selbst – die Explosion, die die Bombe hervorruft – aus dem Blick zu verlieren: „Die plötzliche Bildunterbrechung wird als Zerstörung der Kamera infolge des Einschlags der Rakete in das Gebäude gelesen. Beides aber – Projektil und Detonation – ist nicht explizit dargestellt."[14]

– *Realismus der Örtlichkeit oder der Topologie*: Das Ereignis vollzieht sich an einer bestimmten Stelle, dem Platz seiner Verwirklichung in einem Dingzustand. Das Ereignis geschieht dort, wo es um sich herum einen Raum erschafft, den es erst mit ihm und in seinem Verlauf gibt. Gemeint sind also Visualisierungen des Ereignisses, die seine Lokalität zu erkennen geben, wobei dieser Ort des Ereignisses sich erst mit dessen Vollzug konstituiert.[15]

Die Effektivität dieses Verfahrens ist dahingehend begrenzt, dass es dazu tendiert, sich eher auf den Bildgegenstand als auf die Form seiner Darstellung zu richten, also einen inhaltlichen, nicht formalen Realismus zu konstituieren. Insbesondere hat es hier nur eingeschränkt Sinn, von einer medialen Bedingtheit des Ereignisbildes zu sprechen, obgleich Aspekte der medialen Infrastruktur beim Zustandekommen einer solcherart realistischen Darstellung eine Rolle spielen. So gab es etwa zur Zeit des Irak-Kriegs nur eine begrenzte Zahl von festen Kamerastandorten in Bagdad, was dafür sorgte, dass vor den Augen des ortsunkundigen Zuschauers eine Topologie der Innenstadt entstand, mit wiedererkennbaren Gebäuden, Plätzen und Brücken. In kürzester Zeit und nur im Rahmen des Ereignisses wurde der Raum, in dem es sich vollzog, lesbar und die Ziele einzelner (Luft-)Angriffe identifizierbar: das Planungsministerium, der (neue) Präsidentenpalast, der Firdos Circle (oder Paradise Square) und so weiter.

Aufs Äußerste verkürzt lässt sich die Differenz von einem realistischen Ereignisbild, das den für das Ereignis spezifischen Raum entwirft, und einer eher typologischen Abbildung, die die Lesbarkeit des Ereignisses im Rahmen einer ikonografischen Reihe begünstigt, an einem Beispiel aus dem Irak-Krieg beobachten: einer Flaggenhissung in der Nähe von Umm Qasr am 21. März 2003. Sowohl die ARD- als auch die SF1-Tagesschau blendeten in ihren Berichten über den Kriegsverlauf im Süden eine Fotografie des Vorgangs ein.[16] Die Aufnahmen unterscheiden sich jedoch darin, dass bei der ARD nur ein US-Soldat beim Hissen einer amerikanischen Flagge vor weißem Himmel zu sehen ist, während bei SF1 auch noch ein Teil des Gebäudes zu erkennen ist, auf dessen Dach sich die Szene abspielte. Auf diesem Mauerstück ist ein Schriftzug zu lesen, der dem Ereignisbild auf einfache Weise ermöglicht, den Ort seiner Aufnahme (und also des Ereignisses) selbst anzuzeigen: ‚Aluboor Marine Terminal'. In sich selbst trägt diese zweite Aufnahme präzisere Angaben über die Umstände des Ereignisses mit sich, als sie dem Zuschauer im ersten Fall durch ein dekontextualisiertes Bild, einen gesprochenen Kommentar und Bildbeschriftungen zusammen zuteil werden.

– *Realismus der Plötzlichkeit oder Bewegung*: Das Ereignis tritt plötzlich ein, es bedeutet Überraschung und Unvorhersagbarkeit. Es ist ein Geschehen, das sich Bahn bricht und unerwartete Veränderungen zeitigt. Das Ereignis entfaltet sich in einer Dynamik von Dingen, von Körpern, die in Bewegung sind. Eine Darstellung wäre also realistisch zu nennen, wenn sie den mobilen Charakter des Ereignisses manifestiert, dessen Bewegtheit nachvollzieht.

In diesem Sinne geben unscharfe oder verschlierte Standbilder sowie verwackelte und unruhig geführte Bewegtbilder das Ereignis realistisch wieder: „it is precisely the presence of these marks of enunciation – the blur created by the hurried movement of the camera, the inadequate focus, the awkward framing – that convinces us of the scene's authenticity, for we associate them with reportorial work on live, actual, unpredictable events."[17]

Eine solche Form der Ereignisabbildung ist eine logische Konsequenz der Mobilisierung der Aufnahmegeräte, der Annäherung der Kamera an das Ereignis, die eine natürliche Affinität zum „mobile hand-held shooting"[18] aufweist. Es handelt sich also um eine ‚Ästhetik der Handkamera' – ein Ausdruck, der berücksichtigt, dass sich die Gestalt der Bilder, die wir mit dem Ereignis selbst assoziieren, dem Aufnahmemedium ebenso wie dessen gestalterischem Einsatz verdankt. Diese Form der Ereignisdarstellung soll im folgenden Abschnitt genauer vorgestellt werden.

II.

Die vorausgegangenen, theoretisch geleiteten Überlegungen lassen sich anhand einer Reihe von Ereignisbildern konkretisieren, die dem Realismus der Bewegung zuzuordnen und hinsichtlich ihres Motivs normalisiert sind: Sie alle zeigen formale Varianten ein und derselben Einstellung, die jeweils einen oder mehrere sich im Rahmen des Ereignisses bewegende Soldaten aus kurzer bis mittlerer Distanz von hinten zeigt. Als klassisches Beispiel für eine realistische Darstellung dieses Bildgegenstandes kann eine Fotografie Robert Capas gelten, die dieser von der Landung der Alliierten am Omaha Beach am 6. Juni 1944 machte. Diese zeigt eine Gruppe von Soldaten, die an den gerade noch zu erahnenden Strand stürmen.[19] Die Aufnahme erscheint verwackelt oder verschwommen und besitzt eine geringe Tiefenschärfe.

Die Genese der Art von Combat-Fotografie, für die dieses und andere Bilder Capas beispielhaft stehen, ist dabei auf den Spanischen Bürgerkrieg zu datieren:

> „Die Nähe zum Geschehen wurde fortan zum zentralen Kriterium von Authentizität. Die Fotografen schienen sich wie Hans Namuth und Georg Reisner bei den Straßenkämpfen in Toledo mitten unter den Soldaten zu befinden und den Betrachter auf diese Weise am Kampf teilhaben zu lassen. Als prominentester Wegbereiter dieser neuen Art der Berichterstattung kann ohne Zweifel Robert Capa gelten. Typisch für die neuen Bilder des Krieges wurden seine schemenhaften und verwackelten Aufnahmen unmittelbar vom Frontgeschehen wie die berühmten Fotografien im August 1936 von der Córdoba-Front bei Cerro Muriano oder 1938 von der Aragón-Front. Zumeist hatte Capa die Perspektive der Schützen eingenommen und aus der Deckung oder dem Schützengraben heraus fotografiert. Das Resultat war eine besondere Ästhetik der Verschwommenheit, mit der Bewegung, Dynamik und Dramatik der Situation, aber auch Authentizität suggeriert wurden."[20]

Damit ist jedoch der Realitätseffekt solcher Aufnahmen nur unzureichend beschrieben, sofern der Schluss von der Nähe zum Ereignis zur realistischen Ereignis-Ästhetik etwas zu schnell erfolgt. Die verschwommene und unscharfe Bildqualität ergibt sich keineswegs automatisch und ausschließlich aus der Nähe zum Ereignis, die alleine kein hinreichender Grund dafür ist, dass die Darstellung diese Form annimmt. Die Effektivität der Aufnahme aus der D-Day-Serie besteht genau darin, dass sich anhand des Bildes, anhand der piktoralen Oberfläche, gerade nicht entscheiden lässt, ob es sich um eine von Capa bewusst gewählte Ästhetik des Ereignisses handelt, um einen fotografischen Stil; oder ob diese Darstellungsform ereignisinduziert ist, womit die Unschärfe ganz im Sinne Pauls durch die widrigen Umstände im Umfeld des Ereignisses bedingt wäre; oder ob es sich schließlich um eine medial bedingte Formatierung des Bildes handelt, die von den verwendeten Aufzeichnungs- und Übermittlungstechniken geprägt ist.

Es ist diese Unentscheidbarkeit, diese Unmöglichkeit, anhand des Bildes zu entscheiden, ob die Form der Darstellung das Werk einer künstlerischen Strategie, eine technische Spur oder das Ergebnis einer vom Ereignis diktierten Optik ist, die wesentlich den Realitätseffekt dieser Aufnahme ausmachen. Im Übrigen lässt sich für diesen speziellen Fall rekonstruieren, dass sich die Gestalt des Bildes einem Vorfall in der medialen Übermittlung vom Ereignis zum Publikum verdankt: „Robert Capa took over 100 photographs during the landing on Omaha Beach. Unfortunately, a darkroom technician, eager to see photographs of the invasion, dried the film too fast. The heat melted the emulsion, ruining all but 10 frames."[21]

Im Vergleich mit der Anfangssequenz von Steven Spielbergs *Saving Private*

Ryan (Paramount 1998), die genau jene Landung am Omaha Beach nachstellt, bei der auch Capa zugegen gewesen war, lässt sich zudem die Differenz zwischen Ereignis-Realismus und filmischer Ereignis-Darstellung aufzeigen. Einerseits reproduziert der Kinofilm das Muster der Ereignisfotografie, da das laufende Bild, wenn auch in Weitwinkel und mit größerer Tiefenschärfe aufgenommen, Unschärfen und eine verwackelte Kameraführung aufweist. Die besonders am Beginn und am Ende von Kameraschwenks auftretenden Schlieren legen sogar die Ansicht nahe, der Film zitiere Newsreel-Aufnahmen, die ähnliche optische Effekte aufweisen:

> „Die Kamera wackelt und ruckelt, die Bilder wirken zum Teil betont unkomponiert, haben zuviel Kopfraum oder landen bei Schwenks im scheinbar Nebensächlichen. Die Aufnahmen sind teils schlierig verschwommen, haben Streiflichter, sind dann aber wieder unvermutet klar. Es werden Effekte simuliert, die den alten Bell&Howell-Kameras alliierter Kriegsberichterstatter aus dem Zweiten Weltkrieg entsprechen."[22]

Andererseits simuliert der Kinofilm keineswegs ein Ereignisbild in der Art Capas, sondern zielt auf die Bereitstellung einer Erfahrung, eines nachfühlbaren Erlebnisses:

> „Die Kamera fingiert in den meisten Einstellungen die subjektive Perspektive einer Figur, sie ist ständig in Bewegung, Schüsse schlagen direkt vor dem Bildfeld ein. In Sekundenschnelle taucht die Kamera unter Wasser und taucht schnell wieder auf. Man hört Detonationen, Schüsse[,] Schreie, sieht zerfetzte und verstümmelte Körper der Soldaten. Hektische Schwenks und schnelle Schnitte machen eine Orientierung unmöglich."[23]

Zu diesen optischen Maßnahmen treten dann noch akustische Mittel, wie ein zeitweise ausgefallener oder jedenfalls in seiner Lautstärke stark gedämpfter Ton, der einen Schock oder einen Hörsturz des von Tom Hanks gespielten Captain John Miller simulieren soll. Insgesamt steht daher in der filmischen Repräsentation nicht der Versuch im Mittelpunkt, vom Ereignis zu berichten, das ferne Ereignis medial zur Kenntnis zu bringen, sondern der Versuch, den Zuschauer zur Identifikation mit einer Erfahrung, zur Immersion in die filmische Szene zu bewegen. Der Film vermittelt so „den Eindruck, als wolle der Regisseur sagen: Ich zeige Euch mit allen Mitteln, die mir zur Verfügung stehen, wie Krieg sich anfühlt. Die Inszenierung ist darauf angelegt, die Leinwand vergessen zu machen und den Zuschauern [sic!] in das Geschehen gleichsam hineinzukatapultieren."[24]

Für diesen Eindruck, der über eine realistische Darstellung hinausgeht, sofern er den Zuschauer in das Ereignis involvieren und es nicht nur präsentieren will, zeigt der Film mehr, als zu sehen war, und geht damit über die Fotografie desselben Ereignisses hinaus:

> „Das Kriegsfilmgenre hat gelernt, das Kampferlebnis immer effektvoller zu substituieren. Damit hat es sich aber auch von den Bildern der Kriegsberichterstattung emanzipiert [...], um sie gleichzeitig filmisch zu überbieten und zum Bestandteil dessen zu machen, was die Kriegsberichterstattung ohnehin nicht zu zeigen vermag: den Kampf in der unmittelbaren Konfrontation mit dem Gegner."[25]

Da dem Ereignisbild diese Qualität der Erfahrungssimulation oder der Immersion fehlt, lässt sich etwa von Capas Bildern auch nicht sagen, sie vermittelten die Erfahrung des Soldaten. Zwar fotografierten die Combat-Fotografen seit dem Spanischen Bürgerkrieg das Kampfgeschehen aus nächster Nähe und nahmen in gewisser Weise die Perspektive der Soldaten ein. Die dabei entstehenden Unschärfen vermitteln jedoch nicht „die Unmittelbarkeit und die Gefährlichkeit der Situation"[26], sie erzeugen nicht deren Erlebnis auf Seiten des Zuschauers. Allenfalls konnten sie dem Betrachter suggerieren, „dass sich der Fotograf selbst in Lebensgefahr befand"[27].

Um ein kinofilmisches von einem fernsehvideografischen Ereignisbild zu unterscheiden, ist daher neben der visuellen Gestalt des Ereignisses auch an die dispositive Einbettung des Zuschauers zu denken. Deshalb unterscheiden sich die dem hier beschriebenen Realismus-Typ zuzurechnenden Fernsehbilder vom Irak-Krieg auch dann noch deutlich von ihren filmischen Gegenbildern, wenn sie an Schärfe und Tiefe gewinnen und die Ästhetik der Handicam sich auf ein bloßes Wackeln der Kamera ohne weitere optische Irritationen reduziert, wie dies in folgendem Beispiel der Fall ist.

Am 9. April 2003 zeigte CBS einen Bericht von Byron Pitts mit dem Archiv-Titel ‚Baghdad Street Fighting' (CBS 548597).[28] Darin ist zu sehen, wie Pitts im Gefolge von Soldaten der Einheit, bei der er eingebettet war, vor Beschuss durch einen Heckenschützen flieht. Seine Aufnahmen setzen den Realismus der Bewegung in einer aufgrund des schnellen Laufs extrem verwackelten, wenngleich (fast) scharfen Sequenz um.

Auf der Tonspur sind dabei zwar die Schüsse zu hören, vor denen sich Pitts in Sicherheit bringt, die Fluchtsequenz beginnt jedoch bereits (ab 0:38), während noch der nachträglich aufgesprochene Kommentar zu hören ist (bis 0:42), mit dem die (narrative) Verbindung zu den eingangs des Berichts behandelten Feierlichkeiten anlässlich der Befreiung Bagdads hergestellt wird: „But suddenly the celebrations stopped, with the crack of a gunfire." Auch ohne auf die Differenz von Kinoprojektion und häuslichem Fern-Sehen zu rekurrieren, unterscheidet sich die televisuelle Ereignis-Darstellung damit deutlich von der filmischen Variante, deren naturalistischer Illusion die Begleitung durch einen Nachrichtentext zuwiderlaufen würde.

Das Video von Pitts illustriert im Übrigen die fließende Grenze zwischen der Bestimmung des Erscheinungsbildes des Ereignisses durch die eingesetzte Handkamera und seiner Formierung unter dem Druck des Ereignisses selbst. Das Ereignis bewirkt gleichsam ein zusätzliches Wackeln einer ohnehin wenig stabilen Aufnahmetechnik, es legt sich als außergewöhnliche Bewegtheit des Bildes über dessen schon durch das Aufzeichnungsmedium bedingte Instabilität.

Damit liefert Pitts so etwas wie eine Grundform des Realismus der Bewegung, über den die folgenden Varianten hinausgehen, indem sie ihren Effekt innerhalb des Feldes der Unentscheidbarkeit der Genese der verwackelten Darstellung überbieten, um zusätzlich oder noch einmal die Medialität der Bilder oder ihre Ereignisbedingtheit zu betonen. Im ersten Fall tritt zur Optik der Fluchtsequenz wieder eine erhöhte Unschärfe oder Trägheit der Bilder hinzu, was einer Wiederannäherung an das fotografische Modell der Aufnahme Capas gleichkommt. Im zweiten Fall wird das Videobild, das ohnehin schon das Ereignis indexikalisch aufzuzeichnen vorgibt, nochmals an seiner Oberfläche von einer Spur des Ereignisses beglaubigt, was eine besondere Emphase der Nähe des Bildes zum Ereignis ermöglicht.

Am 25. März 2003 sendete CBS einen Beitrag von Mike Kirsch (‚Firefighting Outside Basra', CBS 545898), in dem dieser Videosequenzen von Kampfhandlungen im Südirak präsentiert. Der Bericht wird von Kirsch mit den Worten angekündigt: „Many times we may narrate a story with words, but we have the pictures of the last 24 hours that speak for themselves." Dabei sind zunächst britische Artilleristen beim Abfeuern ihrer Geschütze zu sehen, bevor Kirsch zu jenem Abschnitt überleitet, der sich hier zum Vergleich anbietet: „We've also seen the Iraqi army firing back." Tatsächlich ist sogleich zu sehen, wie Kirsch sich im Gefolge eines Soldaten in Deckung bringt.

Was diese Bilder, die für sich selbst sprechen, sagen, was sie an erster Stelle bekunden, ist ihr eigener realistischer Status. Da sie per Videofon aufgezeichnet wurden, besitzen sie eine relativ geringe Auflösung, die an den großen Bildpunkten zu erkennen ist, in denen sich in der Sequenz einige Objekte im Bildhintergrund abzeichnen. Besonders bemerkbar machen sich die Besonderheiten dieser Art der Aufnahme jedoch gerade dort, wo das Ereignis und deshalb die Kamera in Bewegung sind. Dann ergibt sich ein diskontinuierlicher Bildfluss, der bisweilen an eine Folge von Standbildern mit verschwommenen Übergängen zwischen den Einzelbildern erinnert. Gewissermaßen oberhalb oder jedenfalls über das von Pitts bekannte Wackeln der Kamera hinaus ergibt sich bei Kirsch ein zusätzliches Ruckeln der bewegten Bilder, das als technisch bedingte Bildgestalt die unentscheidbare Ereignis-Darstellung nochmals überlagert und einen besonders nachdrücklichen Realitätseindruck erzeugt.

Und auch für den sozusagen umgekehrten Fall, in dem die Spuren des Ereignisses ihrerseits der Ästhetik der Handkamera aufliegen, lässt sich in der Fernsehberichterstattung zum Irak-Krieg wenigstens ein Beispiel finden. Es handelt sich um einen von der BBC am 6. April ausgestrahlten Bericht von John Simpson (‚Kurdish Convoy Bombed'), in dem dieser von einem amerikanischen Angriff auf einen Konvoi im Norden des Landes berichtet, in dem sich neben kurdischen Kämpfern auch Simpsons Team befand. Der Sprecher im Studio erläutert vorweg: „He and other members of his team were slightly hurt. He sent this dramatic report from Northern Iraq, but let me warn you, some of the pictures may upset you."[29]

Das Video zeigt in reichlich, aber nicht übermäßig verwackelten Bildern, wie die Kamera vorbei an Fahrzeugtrümmern und Verletzten auf eine Wiese getragen wird. Dort legt sie der Kameramann schließlich nieder, um stöhnend seine Verletzungen zu begutachten. Die optische Besonderheit dieser Passage besteht nun darin, dass gleich zu Beginn einige Blutstropfen auf das Objektiv der Kamera fallen, die so lange das Bild prägen, bis sie schließlich von ihrem Träger weggewischt werden. Der Blutfleck auf der Linse, der sich der Ereignisästhetik der Handkamera auferlegt, wird dabei zu einem untrüglichen Zeichen dafür, dass die Form der Darstellung des Ereignisses diesem selbst geschuldet ist. Die Blutspur ist der Niederschlag des Ereignisses im Bild (oder auf dem Bild), und sie scheint nichts anderes zu sagen als: Ich bin das Reale.

Anmerkungen

1 Jacques Derrida, Eine gewisse unmögliche Möglichkeit, vom Ereignis zu sprechen. Berlin 2003, S. 23.

2 Petra Grimm und Rafael Capurro, Einleitung, in: Dies. (Hrsg.), Krieg und Medien. Verantwortung zwischen apokalyptischen Bildern und paradiesischen Quoten. Stuttgart 2004, S. 10.

3 Daniel Dayan und Elihu Katz, Media Events. The Live Broadcasting of History. Cambridge 1992.

4 Gerhard Paul, Der Bilderkrieg. Inszenierungen, Bilder und Perspektiven der ‚Operation Irakische Freiheit'. Göttingen 2005, S. 224.

5 Ebd.

6 Rudolf Arnheim, Systematik der frühen kinematographischen Erfindungen, in: Ders., Kritiken und Aufsätze zum Film. München 1977, S. 27.

7 Roland Barthes, The Photographic Message, in: Image Music Text. London 1977, S. 19.

8 Derrida, op. cit., S. 48.

9 Gilles Deleuze, Logik des Sinns. Frankfurt/M. 1993, S. 89.
10 Deborah Esch, In the Event. Reading Journalism, Reading Theory. Stanford 1999, S. 72.
11 Markus Lohoff, Krieg zwischen Science und Fiktion. Zur Funktion technischer Bilder im Zweiten Persischen Golfkrieg, in: Arbeitskreis Historische Bildforschung (Hrsg.), Der Krieg im Bild – Bilder vom Krieg. Frankfurt/M. 2003, S. 109.
12 Esch, op. cit., S. 72–73.
13 Ebd., S. 72.
14 Lohoff, op. cit., S. 109.
15 Aus Platzgründen sei die zeitliche Dimension hier vernachlässigt, die ungleich schwerer in die Darstellung zu überführen ist und nur als Einblendung zu funktionieren scheint (z. B. ‚live').
16 Die Sendungen sind verfügbar unter http://www.tagesschau.de/sendungen/archiv/ respektive http://www.sf.tv/sf1/tagesschau/archiv.php.
17 Robert Stam, Television News and Its Spectator, in: E. Ann Kaplan (Hrsg.), Regarding Television. Critical Approaches – An Anthology. Frederick 1983, S. 35.
18 John Ellis, A Minister is About to Resign: On the Interpretation of Television Footage, in: Anne Jerslev (Hrsg.): Realism and ‚Reality' in Film and Media. Copenhagen 2002, S. 195.
19 Auf der in Gerhard Paul, Bilder des Krieges, Krieg der Bilder. Die Visualisierung des modernen Krieges. Paderborn 2004, S. 302, reproduzierten Doppelseite des *Life*-Magazins die Aufnahme links oben. Online etwa unter http://www.pbs.org/weta/reportingamericaatwar/reporters/capa/photo5.html.
20 Gerhard Paul, Der Krieg der Fotografen. Die fotografische Berichterstattung im Spanischen Bürgerkrieg 1936–1939, in: Ute Daniel (Hrsg.), Augenzeugen. Kriegsberichterstattung vom 18. zum 21. Jahrhundert. Göttingen 2006, S. 151.
21 http://www.pbs.org/weta/reportingamericaatwar/reporters/capa/photo5.html.
22 Manuel Köppen, Das Entsetzen des Beobachters. Krieg und Medien im 19. und 20. Jahrhundert. Heidelberg 2005, S. 362–363.
23 Katja Kirste, Propaganda und Traum. Paradigmen des Krieges in filmischen Darstellungen, in: Petra Grimm und Rafael Capurro (Hrsg.), Krieg und Medien. Verantwortung zwischen apokalyptischen Bildern und paradiesischen Quoten. Stuttgart 2004, S. 90–91.
24 Ebd., S. 90.
25 Köppen, op. cit., S. 363.
26 Paul, Bilder des Krieges, S. 213.
27 Ebd., S. 179.
28 Online unter dieser Nummer im CBS-Videoarchiv ‚America at War' unter http://www.cbsnews.com/elements/2003/03/20/iraq/videoarchive544824_0_1_page.shtml.
29 Online verfügbar im ‚War in Iraq: Day by day guide' unter http://news.bbc.co.uk/2/hi/in_depth/middle_east/2002/conflict_with_iraq/day_by_day_coverage/default.stm.